あの映画に、この鉄道

川本三郎

キネマ旬報社

あの映画に、この鉄道

目次

北海道　9

北海道で撮影された作品とその撮影地……46

東北　49

青森県……50
秋田県……56
山形県……60
岩手県……66
宮城県……74
福島県……76
東北で撮影された作品とその撮影地……82

関東　85

栃木県……86
茨城県……87
群馬県……94
埼玉県……102
神奈川県……107
千葉県……120

関東で撮影された作品とその撮影地……122

中部……125

新潟県……126
富山県……135
静岡県……143
山梨県……150
長野県……157
石川県……169
岐阜県……182
福井県……190
滋賀県……191
伊勢、志摩（三重県）……192
中部で撮影された作品とその撮影地……198

関西……201

京都府……202
大阪府……204
兵庫県……209

山陽本線、伯備線（岡山県、広島県）…… 214
関西で撮影された作品とその撮影地…… 222

中国 225

広島県…… 226
山口県…… 232
山陰本線（京都府、兵庫県）…… 239
鳥取県…… 244
島根県…… 254
中国地方で撮影された作品とその撮影地…… 262

四国 265

愛媛県…… 266
予讃線（香川県、徳島県）…… 268
高知県…… 273
四国で撮影された作品とその撮影地…… 284

九州 287

福岡県……288
佐賀県……298
熊本県……301
長崎県……303
大分県……310
宮崎県……312
鹿児島県……316
九州で撮影された作品とその撮影地……320

あとがき 323
参考文献 328
作品別索引 [332] *11*
地域別索引 [342] *1*

本文・装丁デザイン＝精興社ディレクション

北海道

日本最東端の駅といえば根室本線の東根室駅だが、この駅の開設は昭和三十六年（一九六一）と新しいし、無人駅（ホームだけで駅舎はない）なので、実質的な日本最東端駅はその先の終着駅、根室駅といっていい。大正十年（一九二一）の開設。現在、根室駅には「日本最東端有人の駅」の標示板がある。

根室駅が出てくる映画というと山田洋次監督「男はつらいよ」シリーズの第三十三作「夜霧にむせぶ寅次郎」（84年）がすぐに思い浮かぶ。渥美清演じる寅が釧路で、理容師の風子（中原理恵）と知り合い、一緒に彼女の故郷の根室に行く。しかし、テキヤ稼業では、かたぎの女性とは一緒になれない。

寅は根室で風子と別れ、また旅に出る。

根室駅から釧路方面に向かう上り列車に乗る。二両の気動車。根室駅が画面にとらえられる。木造平屋の小さな駅舎。小学校の分校のよう。実際、根室本線に乗ってこの駅に着くと、本線の始終駅なのにこんな小さな駅かと驚く（現在も、撮影当時のまま）。駅周辺もどこか寂しい。寅の乗る列車も乗客は多くない。

寅はボックスシートの窓側に座わる。進行方向に向かって左側。これは正解。根室本線の上りは太平洋に沿って走るから、左側に座わると、海の絶景を楽しめる。さすが寅は旅慣れている。

根室本線は滝川から、帯広、釧路を経て根室に至る。道央と道東を結ぶ北海道の長大な幹線。

ただ、車社会になり利用客が減ったため、現在、札幌—根室間を走る列車はない。釧路—根室間は独立した状態になっていて、この区間は、途中に花咲駅があったこと、また、花咲ガニが知られるので花咲線と名付けられている。

この現在の花咲線（当時は根室本線）が出てくる映画が、連城三紀彦原作、神代辰巳監督の「離婚しない女」（86年）。根室に住む私設気象予報官の青年、萩原健一が、根室の女性（倍賞千恵子）と、釧路に住む女性（倍賞美津子）の二人と関係を持ち、根室本線に乗って根室—釧路間を行き来する。二人とも夫のいる女性。危険な、しのび逢いとなる。

冬に撮影されていて、白い雪原を走る根室本線の気動車が孤独な人間たちの姿によく合う。ある時、萩原健一と倍賞美津子は途中、花咲駅で下車する。雪原のなかに建つ無人駅。人の姿はまったくない。荒涼した風景のなかで二人は刹那的に抱き合う。花咲駅は極端に利用客が少なく、二〇一六年三月に廃止になった。

根室本線は、萩原健一主演、神代辰巳監督の、北海道を舞台にしたもう一本の映画、丸山健二原作の「アフリカの光」（75年）にも登場する。

マグロ漁船に乗ってアフリカ行きを夢見る二人の男（萩原健一、田中邦衛）が、道東の漁師町にやってきて働くが、夢は果せない（知床半島の羅臼《らうす》でロケされている）。

田中邦衛は身体を壊わし、故郷に帰る。鉄道の駅から列車に乗る。萩原健一がそれを見送る。

この駅は根室本線の初田牛《はったうし》駅。現在は無人駅だが、撮影当時は駅員がいたようだ。待合室には通学の高校生の姿も見える。

高倉健主演、石井輝男監督の「網走番外地」（65年）では、網走刑務所を脱獄した高倉健と南原宏治が手錠のまま雪原を逃げる。根室本線沿いの別寒辺牛《べかんべうし》湿原。人家のほとんどない白い大雪原。二人が手錠を切る時に利用する鉄道は、根室本線か石北本線だろう。

この映画では、冒頭、高倉健ら受刑者が冬の「網走駅」に降り立つ。雪のなかに建つ、小屋のような駅舎。撮影に使われたのは網走駅より東にある、より小さな北浜駅（釧路と網走を結ぶ釧網《せんもう》本線）。無人駅。「オホーツク海に一番近い駅」と謳っている。「網走番外地」でこの駅が網走駅に見立てられたのは、小さな駅の方が荒涼感が出るためだろう。

実際の網走駅は山田洋次監督「幸福《しあわせ》の黄色いハンカチ」（77年）に登場する。東京から車で北海道旅行にやって来た武田鉄矢が網走駅前で、やはり北海道を一人旅している桃井かおりに声を掛ける。夏なのでさすがに駅前には観光客が多い。

オホーツク海に沿ってかつて名寄《なよろ》本線が走っていた。内陸部の遠軽《えんがる》（石北本線）からオホーツク海に面した紋別《もんべつ》を経て、再び内陸部の名寄（宗谷本線）まで行く。一九八九年に廃線になった。

この名寄本線の小駅、元紋別駅が出てくる映画がある。一九六三年の日活映画、山中恒原作、若杉光夫監督の「サムライの子」。北海道の小さな町に住む小学生の女の子（田中鈴子）は、母

釧網本線北浜駅（1974 年）。「網走番外地」で網走駅に見立てられた

親に死なれ、別れて暮していた父親（小沢昭一）に引き取られ、小樽に行くことになる。
元紋別の駅から気動車に乗る。駅舎は雪原のなかにぽつんと建つ平屋。周囲に人家は少ない。この時代の北海道の冬の暮しの厳しさがうかがえる。

根室本線に戻ろう。「男はつらいよ　夜霧にむせぶ寅次郎」には根室本線の茶内駅《ちゃない》が出てくる。寅と風子は釧路の安宿で、中年のサラリーマン、佐藤B作と相部屋になる。彼の妻は、幼ない子供を残して男と駆け落ちしたという。その妻の行方がやっと分かった。根室本線の沿線、霧多布《きりたっぷ》湿原にいるという。

寅と風子も、女房に逃げられたこの男の旅に付合うことになる。釧路から根室本線の下りに乗り、降り立った駅が茶内駅。有人駅で、霧多布湿原の入り口になる。三人はここからタクシーで湿原に向かう。

結局、逃げた女房は男と幸せに暮していることが分かり、サラリーマンは泣く泣くあきらめる。寅と風子は、東京へと戻る彼を見送り、自分たちは前述したように、ここから反対方向の根室に向かう。彼らが乗るのはもう気動車。一九六〇年代から、徐々に気動車が増えてゆき一九八〇年代には、北海道から蒸気機関車が消えていっている。

茶内駅のある浜中町は漫画家、モンキー・パンチの出身地。そのため茶内駅には現在、ルパン三世の看板が置かれている。

近年の映画にも根室本線が出てくる。新垣結衣《ゆい》、生田斗真《とうま》主演、土井裕泰監督の青春映画「ハナミズキ」(10年)。二人は釧路の高校に通う。根室本線を通学に利用する。通学の列車のなかで恋が生まれる。

はじめて列車で出会う時、釧路行きの上り列車が事故に遭う。なんと、列車がエゾシカに衝突した。北海道らしい。

二人はこのあと愛し合うようになる。二人が、根室本線の駅に降り立つ場面がある。劇中では「関別駅」と仮名になっているが、茶内駅で撮影された。無人の小駅の多い根室本線のなかでは、駅前に商店もあり、大きいほう。

生田斗真が、好きになった新垣結衣に受験参考書をプレゼントする場面の駅は、劇中では架空の「白幌《しろほろ》駅」となっているが、根室本線、釧路駅から帯広駅側の白糠《しらぬか》駅で撮影されている。他にも、その隣りの西庶路《にししょろ》駅、そして釧路駅が登場していて、「ハナミズキ」は鉄道好きには心に残る映画になっている。

釧路は現在、人口十七万人強。道東の中心都市。小畑友紀の人気コミックの映画化、三木孝浩監督の「僕等がいた」（12年）は釧路の高校に通う女の子（吉高由里子）と男の子（生田斗真）のラブストーリー。男の子は根室線で釧路の高校に通っている。別れのシーンは、釧路駅。男の子を乗せて去ってゆく気動車を女の子がホームを走って見送る。駅での典型的な別れだが、こういう別れの場面は、新幹線の無機的な駅より、在来線の昔ながらの駅のほうが似合う。

釧路駅は、昭和三十六年（一九六一）に改築され、現在の四階建ての駅ビルに変わったが、それ以前の木造平屋の駅舎が登場する映画がある。

昭和三十五年に公開された高城高《こうじょうこう》原作、村山新治監督の北海道を舞台にした犯罪サスペンス「消えた密航船」。霧多布沖で謎の漁船が沈没する。東京から事件を調べに来た青年（今井俊二）が、列車で釧路駅に到着する。カメラは釧路駅の正面を映し出す。木造時代の駅舎をとらえた映像として貴重。

ただし、犯罪映画だから釧路と実名を出すのはまずかったのだろう、劇中では「知床《しれとこ》」と架空になっている。

昭和三十一年に出版された、新人作家、原田康子の『挽歌』は大ベストセラーとなり、舞台となった釧路は一躍、全国に知られるようになった。当時の釧路は漁業、石炭、製紙が盛んで町に活気があった。原作には「この市は終戦当時六万だった人口が、十年間に倍の十二万に膨れあがり、なお人が増えつづけている街である」とある。一種のブームタウンだった。だから『挽歌』のようなモダンな小説が書かれたのだろう。

この小説は昭和三十二年に、五所平之助監督、久我美子、森雅之、高峰三枝子主演で映画化されたが、この映画には印象的な鉄道が出てくる。

久我美子演じる主人公は、妻子のいる建築家、森雅之を好きになる。一方、彼の妻、高峰三枝子には、若い愛人、渡辺文雄がいる。ある時、高峰三枝子と渡辺文雄は荒漠とした湿原を流れる川に架かった橋の上で逢いびきをする。木で出来たトラス橋に線路が走っている。趣きがある。この鉄道はどこか。ずいぶん長い間、分からなかったのだが、九〇年代の終わり頃、釧路に行った時に確認出来た。

釧路と網走を結ぶ釧網本線の、釧路湿原のなかにある塘路《とうろ》駅から湿原へと走っていた馬車鉄道(馬鉄)、久著呂《くちょろ》線の橋だった。一九六五年に廃線になっている。川は釧路川。塘路駅から歩いて十分ほどのところに橋があった。私が行った時は、残念ながら橋はもうなくなっていた。「挽歌」はこの馬鉄の木橋をとらえていて貴重。

塘路駅(昭和二年開業)は無人駅だが、釧路湿原観光の拠点になっていて、夏は観光客でにぎわう。近くに塘路湖がある。

高倉健がアイヌ民族の誇り高い青年を演じた、武田泰淳原作、内田吐夢監督の「森と湖のまつり」（58年）に塘路駅が出てくる。前半、東京から北海道に絵を描きに来た画家、香川京子を乗せた釧路行きの蒸気機関車が、ゆっくりと塘路駅に入ってくる。香川京子はこの駅で降り、アイヌ民族と深く関わってゆく。

高倉健といえば、他の映画でも釧網本線に乗っている。山田洋次監督の「遙かなる山の呼び声」（80年）。殺人を犯して逃亡の身になり、未亡人（倍賞千恵子）が女手ひとつで営む牧場（別《べっ》海町《かいちょう》にある）で働くことになる。しかし、最後は、警察に捕まる。釧路で判決を受け、網走刑務所に送られる。

最後、釧網本線の列車で二人の刑事に護送される。列車が、ある大きな駅で停車した時、彼を慕う牧場の女性、倍賞千恵子と、世話好きで気のいい土地の男、ハナ肇が車内に乗り込んでくる。二人の会話から、網走に送られる男は、出所するまで彼女が男を待つ決心と知り、思わず涙ぐむ。感動的な場面だが、二人が列車に乗り込んだ駅は弟子屈《てしかが》駅。釧網本線の主要駅。摩周湖、阿寒湖への玄関口で、この映画のあと一九九〇年に摩周駅と改称された。

「遙かなる山の呼び声」にはもうひとつ印象的な駅が出てくる。牧場で働く高倉健は、ある時、函館から訪ねて来た兄（鈴木瑞穂）とひそかに会う。兄はローカル線の無人駅に降り立つ。標津《しべつ》線の上武佐《かみむさ》駅（中標津《なかしべつ》町）。駅周辺にほとんど人はいない。商店もない。二人がひそかに会うには適した小駅だろう。

標津線は、根室本線の厚床《あっとこ》から中標津を経由して根室海峡に面した根室標津までゆく路線と、中標津から釧網本線の標茶《しべちゃ》までゆく路線があったが、二線とも一九八九年に廃線になってしまった。上武佐駅の駅前には、現在、「遙かなる山の呼び声」がここで撮影されたという看板が建てられている。小さな町にとっては、撮影は大きな出来事だったのだろう。

山田洋次監督「家族」（70年）では、長崎県の伊王島《いおうじま》の炭鉱で働いていた男の一家（井川比佐志、倍賞千恵子、笠智衆）が、列島を縦断、列車を乗り継いで最後、ようやく北海道にたどりつく。冬の夜。疲れ切って彼らが着いたのは、標津線の中標津駅。

遠く九州の長崎駅から出発した旅の終わりの小さな駅だが、ここが彼らの新しい生活の始まりの駅ともなった。

標津線にはもうひとつ映画に登場した駅がある。前出の「男はつらいよ　夜霧にむせぶ寅次郎」。中原理恵演じる風子が、ようやく見合いで真面目な男と結婚することになり、道東の養老牛《ようろううし》温泉の旅館で式を挙げる。東京から博、さくら夫妻（前田吟、倍賞千恵子）も出席することになる。

二人が降り立つ駅が標津線の計根別《けねべつ》駅。標茶駅と中標津駅のなかほどにあった。

前述したように一九八九年に標津線が廃線となり、上武佐駅も中標津駅も計根別駅も、もうない。映画のなかでその姿を見るしかない。山田洋次監督、よくぞ、こういう小さなローカル線の駅を撮影場所に選んだ。

標津線は前述したように中標津と釧網本線の標茶《しべちゃ》駅を結んだ。この駅が登場した映画が、桜木紫乃原作、篠原哲雄監督の「起終点駅《ターミナル》」（15年）。

妻子と別れ釧路の町で静かに暮す国選弁護人専門の弁護士、佐藤浩市は、学生時代の恋人、尾野真千子と再会し、新しい生活を始めようとするが、その矢先き、彼女に死なれてしまう。

二人で列車に乗ろうと冬の駅のホームを歩いていた時、彼女は彼の目の前で入線してきた列車に飛び込んでしまった。

この駅が標茶駅。ただ、鉄道自殺した駅として実名を出すのはまずかったのだろう、クレジットには出ていない（原作では、彼女が自殺する駅は留萌《るもい》本線の留萌駅）。

恋人に死なれ、世捨て人のような暮しをする弁護士の佐藤浩市だが、ある時、覚醒剤使用事件で逮捕された若い女性（本田翼）の弁護をしたことから、彼女の思いがけない純な心に触れ、次第に生きる力を取戻してゆく。

この映画には、釧路駅が二度出てくる。一度目は、本田翼が新しく人生をやり直すために、釧路駅から旅立つ。二度目は最後、佐藤浩市が何年ぶりかで妻子に会うために釧路駅から東京へと向かう。それまで終着駅だった釧路駅が、二人にとって始発駅になる。ちなみに原作者の桜木紫乃は釧路出身。

北海道では札幌一極集中が進んでいる。しかし、映画のなかでは札幌駅はほとんど登場しない。昔の木造の駅舎が黒澤明監督の「白痴」（51年）に登場するくらい。現在の札幌駅はあまりに近代的すぎて、北海道らしさを感じさせない。それに比べて釧路駅はまだローカル線の駅のよさを残している。そのために数多くの映画に登場するのだろう。

製鉄の町、室蘭の玄関口、室蘭駅は明治二十五年に石炭の積み出し線として開設された。

現在の駅舎は一九九七年に建てられた四代目。ドーム型の駅舎で、室蘭の近海にはクジラが現われることから、それを模したという。残念ながらあまりクジラには見えず、町の人は、酒の肴のちくわキュウリと呼んでいるのが笑わせる。

それ以前の三代目駅舎は、木造の名駅舎として知られた。明治四十五年に建てられた、北海道最古の木造駅舎。

新駅舎が出来たあと、惜しむ声が多く、市に譲渡された。市は改装して保存。現在、観光案内所になっている。

二〇〇四年にこの旧駅舎を見に行った。新駅舎より少し港寄りにある。木造二階建ての和洋折衷のみごとな建物だった。屋根にはドーマー窓、レンガの煙突が付いている。車寄せもある。白壁も美しい。室蘭のシンボルと言えるのではないか。

現役時代のこの駅が登場するのが、吉田喜重監督の「樹氷のよろめき」（68年）。札幌で美容師をしている岡田茉莉子が、現在の男、蜷川幸雄と、過去の男、木村功のあいだで揺れる。

ある時、彼女は木村功に会いにゆく。男は室蘭の製鉄所で事務の仕事をしている。二人が待ち合わせる場所が室蘭駅。旧駅舎がとらえられる。天井の高い待合室は列車を待つ人でごったがえしている。まだ鉄道が町の人によく利用されている時代だった。

二〇一六年の秋、JR北海道が経営困難を発表した。そして十二月に留萌《るもい》本線の留萌―増毛《ましけ》間が廃線になった。北海道の鉄道事情は厳しい。

留萌本線は深川駅（函館本線）から日本海に面した留萌を経て、海沿いに走り、終着駅の増毛に至る。大正十年（一九二一）の開業。

一九九九年にNHKテレビの連続ドラマ『すずらん』に恵比島《えびしま》駅（無人駅）が架空の「明日萌《あしもい》」として登場。撮影に使われたセットの駅舎が残されている。

高倉健が札幌の刑事を演じた倉本聰脚本、降旗康男監督の「駅　STATION」（81年）に

北海道の名駅舎、旧室蘭駅。現在は観光案内所などがある

は題名どおり、北海道のさまざまな駅が出てくる。

冒頭に刑事の高倉健は、妻のいしだあゆみと別れることになる。別れの場所は、函館本線の銭《ぜに》函《ばこ》駅。札幌駅と小樽駅のなかほどにある。開業は明治十三年と早い。北海道最初の鉄道、幌内《ほろない》鉄道（小樽―札幌―幌内を結ぶ。函館本線の前身）開業時の駅。ニシン漁で栄え、銭函が山と積まれたのでこの名が付いた。

いしだあゆみ演じる妻は、雪の降り続く冬の日、幼ない子供を連れて銭函駅から札幌行きの列車に乗って去ってゆく。動き出した列車のデッキで、彼女が見送る高倉健にお道化て敬礼するのがいじらしい。現在の車両は、こういうことが出来るデッキがなくなった。

刑事の高倉健は連続通り魔事件を追う。容疑者（根津甚八）は行方をくらました。妹（烏丸せつこ）が増毛駅前の食堂で働いているのが分かり、刑事たちが駅周辺に張込む。

夏の増毛駅がとらえられる。終着駅だが、駅舎は小さな平屋。烏丸せつこは、夏の一日、増毛駅から列車（気動車）に乗り、子供を堕《おろ》すために留萌に行く。日本海沿いを、二両の気動車が走る。留萌―増毛間が廃線になった現在、貴重な映像。

やがて、逃亡中の兄から連絡があったらしい。妹の烏丸せつこは再び増毛駅から列車に乗る。深川―砂川を経て、函館本線が枝分かれした先にある上砂川駅で降りる。兄はこの町に潜伏している。かつて石炭でにぎわったところだけに、駅構内は広い。石炭を積んだ貨車が多数、行き来したのだろう。一九八四年の、倉本聰脚本のテレビドラマ『昨日、悲別《かなしべつ》で』の悲別駅（架空）はここ。刑事たちは駅構内で、容疑者を逮捕する。

この上砂川駅も一九九四年に函館本線の枝線（砂川—上砂川）が廃線となり、姿を消した。

冬。刑事の高倉健は正月休みに、増毛の先の漁師町、雄冬《おふゆ》の実家に帰る。冬の増毛駅に降り立つ。雪が多く、駅舎も町も雪に埋ったかのよう。高倉健は、増毛から船で雄冬に行くつもりだったが（当時、陸路はない）、冬の海が荒れて、増毛で足どめを食う。

町の小さな飲み屋で美しいおかみ、倍賞千恵子に会い、束の間の恋をする。

大晦日、二人は増毛から列車に乗り、近くの、より大きな町、留萌に出て映画を見る。この町も雪が深い。留萌駅（平成九年までは「留萠」）が映るが増毛駅より大きい。

増毛の町は、吉村昭原作、相米慎二監督の「魚影の群れ」（83年）にも登場する。下北半島、大間《おおま》の漁師、緒形拳が北海道の漁師町、増毛に行く。旅館の窓からたまたま、雨のなかを歩く女を見る。別れた女房、十朱幸代。雨のなか、漁師は逃げる元の女房を追い続ける。あの強烈な場面が撮影されたのが増毛。増毛駅と留萌本線の線路がとらえられている。

近年の映画にも増毛駅は登場する。

小林政広監督の「春との旅」（10年）。増毛に住む老いた元漁師、仲代達矢が、終《つい》の栖《すみか》を求めて、孫娘（徳永えり）と共に親類を訪ねる旅に出る。増毛駅から列車に乗る。結局、どこの家でも迎えられず、また増毛に戻るのだが、増毛駅に着く直前に車内で息絶える。六年ほど前、増毛駅に行ったが、駅員がいないかわりに、駅舎のなかにそば屋があるのに驚いた。

留萌本線は、是枝裕和監督の「三度目の殺人」（17年）にも登場する。多摩川の河川敷で起きた殺人事件を担当することになった弁護士の福山雅治が、容疑者の役所広司の過去を調べるために留萌に行く。この時に留萌本線に乗る。是枝監督は俯瞰で雪原を走る列車をとらえている。いずれ消えてゆくだろうことを思うと、心に残る場面。

「遙かなる山の呼び声」や「駅　STATION」だけではない。高倉健主演の映画には実によく北海道の鉄道、駅が出てくる。

佐藤純彌監督「新幹線大爆破」（75年）には爆弾を試しに爆発させる鉄道として夕張から室蘭本線の追分駅に向かう夕張線（一九八一年に石勝《せきしょう》線に改称）の貨物列車が走る。蒸気機関車が貨車を引く。また、珍しいタブレット（通票）の交換の場面もある。同じく佐藤純彌監督の「君よ憤怒《ふんど》の河を渉れ」（76年）では、無実の罪を着せられた検事の高倉健が、真犯人の手がかりを得るため、日高地方の牧場を訪ねる時に、日高本線の西様似《にしさまに》駅に降り立つ。

「幸福の黄色いハンカチ」では、網走刑務所を出所した高倉健が、若い二人、武田鉄矢と桃井かおりと北海道を旅することになる。

2016年に廃駅になった増毛駅

三人が食堂でカニを食べる場面があるが、この食堂（名前は「かわもと」）は池北《ちほく》線（のち第三セクターのふるさと銀河線）の陸別《りくべつ》駅の駅前にある。また、武田鉄矢がチンピラ（たこ八郎）に殴られ、それを高倉健が助けるのは、根室本線の帯広駅前。高倉健が無免許運転を警官にとがめられ、連れてゆかれるのは新得《しんとく》の警察署（ここに渥美清演じる警察官がいる）。無事、釈放された高倉健は、若い二人と別れ、新得の駅から列車で夕張に向かおうとする。

新得駅（明治四十年開設）は道央にある根室本線と石勝線の主要駅。かつての難所、狩勝《かりかち》峠越えをする蒸気機関車の基地だったところで、駅前には、火夫（いわゆる缶焚《かまた》き）の像が建てられている。高倉健はこの駅から列車に乗ろうとするのだが、若い二人に引きとめられ、また車に乗ることになる。

ちなみにこの映画で高倉健は「汽車」と言う。日本で最後まで蒸気機関車が走っていた北海道では長く「汽車」という言葉が生きていた。

それで思い出したが、「離婚しない女」で萩原健一は根室から花咲線で釧路に行く時、「ディーゼル」と言う。花咲線は非電化だからそれが正しいのだが、「汽車」でも「電車」でもなく、きちんと「ディーゼル」と言うのは珍しい。

高倉健主演映画では蔵原惟繕監督の「南極物語」（83年）に出てきた小駅も忘れ難い。

南極探検隊の隊員でカラフト犬の責任者、高倉健は、十五匹の犬を極地に置き去りにせざるを

「南極物語」に登場した宗谷本線抜海駅

得なかった。その申訳なさから、帰国後、北海道各地にいる犬の飼い主へ詫びの旅をする。夏。草原のなかに建つ小駅に降りて、飼い主の家に行き、頭を下げる。かわりに小犬を置いてゆく。駅に戻って、列車を待っていると、自分の犬を可愛がっていた小さな女の子が先ほどの犬を引っぱってくる。「こんな犬、いらない」「私の犬を返して」「おじさんなんか嫌いだ」。泣きじゃくる女の子を前に、高倉健は黙って詫びるしかない。

この小駅は、宗谷本線の抜海《ばつかい》駅。終着駅、稚内《わっかない》のふたつ手前。駅の左手、丘の向うは日本海になる。無人駅。一日の乗降客はごくわずかだろう。冬には雪にとざされるのではないか。

上武佐駅や中標津駅と同じように「幸福の黄色いハンカチ」で三人がカニを食べた食堂の前の駅、陸別駅も、ふるさと銀河線が二〇〇六年に廃線になったため、消えた。

本当に北海道では廃線になる鉄道が多い。

そして、いま、もうひとつ、高倉健主演の映画に出てきた鉄道が消えようとしている。

浅田次郎原作、降旗康男監督の「鉄道員《ぽっぽや》」(99年)の舞台になった駅。

高倉健演じる主人公は、駅員が自分一人しかいないローカル線の終着駅の駅長。長く、鉄道と共に生きてきた。乗客が減ってゆく鉄道を愛し、大事にしている。

映画のなかでこの駅は「幌舞駅《ほろまいえき》」と架空の名になっているが、撮影は、根室本線の幾寅《いくとら》駅(開設は明治三十五年と古い)で行なわれた。富良野駅と新得駅のあいだにある。ここは撮影に使わ

「鉄道員《ぽっぽや》」の舞台、幾寅駅

れた「幌舞駅」の駅名標を大事に残している。
映画では、この鉄道が廃線になり、高倉健演じる鉄道員は、雪のなか、ホームで倒れて死んでゆくのだが、実際の幾寅駅も近い将来、なくなってしまうようだ。

北海道の廃線が出てくる印象に残る映画がもうひとつある。帯広在住の作家、鳴海章原作、根岸吉太郎監督の「雪に願うこと」(05年)。帯広で開かれている北海道独特の競馬、輓曳《ばんえい》競馬(もとは農耕馬だったという大きな馬がソリを曳《ひ》き、障害を越えるレース)を描いている。

この映画に、鉄道好きにはうれしい場面がある。女性の騎手、吹石一恵が、東京から帯広に戻って来た若者、伊勢谷友介を、自分の好きな場所があると連れてゆく。冬。一面の雪と氷の白い世界のなか、突然、古代遺跡のようなコンクリート橋が現われる。大自然のなか廃墟となった神殿のように神さびている。一九八七年に廃線となった十勝地方を走る士幌《しほろ》線(帯広―十勝三股《とかちみつまた》)のタウシュベツ川橋梁(一九三七年竣工)。長さ約百三十メートル、十一連の長いアーチ橋。

この橋は一九五六年に糠平《ぬかびら》ダムが完成した時、湖のなかに残された。ダム湖(糠平湖)の水位は季節によって変化する。橋は夏から初冬にかけては水没し、冬に水量が減ると姿を現わす。一年の大半は水に沈んでいる。そのため、「幻の橋」と呼ばれている。

「幻の橋」、タウシュベツ川橋梁

吹石一恵はこの橋の下で、伊勢谷友介に、父親はダムに沈んだ村に住んでいたと語る。だから、自分にとってここは大事な場所だと。ダムが出来た時、士幌線の一部が水没し、新線に付け替えられた。タウシュベツ川橋梁はこの旧線に架けられていた。

冬の寒い時にしか姿を現わさないし、山のなかの不便なところにあるので、私はまだ見たことがない。この映画は、「幻の橋」をとらえた貴重な映画になっている。

国鉄の合理化、省力化による労働者の削減が強まってゆくのは、安保闘争、三池闘争があった一九六〇年ごろから。石炭から石油への転換期だった。

この時期の、北海道の国鉄労働者の苦難を描いた映画として記憶されるべきなのは、左幸子が自ら製作、監督、主演を担った「遠い一本の道」(77年)だろう。国鉄労働組合が協力している。

井川比佐志演じる主人公は、国鉄で働く労働者だが、列車に乗るのではなく、保線の仕事に従事する線路工手。こういう下積みの仕事が映画のなかで丹念に描かれるのは珍しい。ツルハシを持ってバラスト(砂利)の保守などをする。「花の建設、涙の保線」と言われるように、保守、保線は地味な、重要な仕事。

妻を演じるのが左幸子。夫の給料だけでは暮せないので、編みものをしたり、保険の外交をしたりして、二人の子供を育てる。

井川比佐志が働くのは、室蘭本線の追分駅の保線区。石炭の時代には、蒸気機関車が行き交う主要駅だったところで、映画には数々の蒸気機関車がとらえられている。

高度成長期になると人の力に頼っていた保線の仕事に、機械が次々に導入され、下積みの労働者にしわ寄せがくる。現在、北海道で鉄道が苦境を強いられているもとはこのあたりにもある。

「遠い一本の道」は最後、思いもかけない場面を用意する。娘（市毛良枝）が長崎県出身の青年（長塚京三）と結婚する。それを機に両親は青年の故郷という島に行ってみる。

近年、注目を集めている軍艦島。かつて炭鉱のあった島も、いまは廃墟になっている。その島を井川比佐志と左幸子の夫婦が歩く。鉄道の衰退と石炭産業の終わりが重ね合わせられている。

ちなみに、井川比佐志は「男はつらいよ」の第五作「望郷篇」（70年）に国鉄の機関士の役で出演しているが、このなかで、三年前までは蒸気機関車を運転していたが、いまはディーゼル（気動車）だと寅に語る。時代が石炭から石油へ変っているのが分かる。

渥美清演じる寅が乗った鉄道も廃線になる。「男はつらいよ」の第三十一作、都はるみ主演の「旅と女と寅次郎」（83年）のラストシーン。寅は、夏、北海道の小さな駅に降り立つ。駅前に大きな建物はなく、空は高く、広々としている。

この駅は、室蘭本線の伊達紋別《だてもんべつ》駅と函館本線の倶知安《くっちゃん》駅を結ぶ胆振《いぶり》線の京極《きょうごく》駅。倶知安駅に近く、目の前に、蝦夷富士と呼ばれる羊蹄山《ようていざん》が大きく見える。一九八六年に廃線になった。よくぞ、ここで撮影した。

国鉄の蒸気機関車の運行は、一九七六年の三月、「遠い一本の道」の舞台となった追分機関区を最後に終わった。

その消えてゆく蒸気機関車を大きく登場させたのが、一九七〇年の夏に公開された「男はつらいよ」の第五作「望郷篇」（主演、長山藍子）。

寅は昔、世話になった北海道のテキヤの親分（木田三千雄）が重病と知って、札幌の病院に見舞う。親分は、昔、旅館で働く女に生ませたきりの息子の行方を知りたいと言う。

寅はその消息を追う。息子（松山省二）は国鉄の機関士をしていて、小樽の機関区で働いていると知る。

鉄道好きの山田洋次監督らしく、機関区の様子が丁寧にとらえられている。D51をはじめとする機関車、転車台《ターンテーブル》、扇形機関庫。

松山省二演じるテキヤの親分の息子は、自分を捨てた父親などには会いたくないと寅の願いを拒絶し、機関車の運転室に乗り込む。

貨車を引くD51。小樽から倶知安へと走る。それを寅と弟分の登（津坂匡章　現・秋野太作）がタクシーで追う。北海道の緑の大地を蒸気機関車が走る勇姿は、まもなく日本から消えてしまうことを知っているいま見ると心たかぶる。

寅と登は、ようやく函館本線の小沢《こざわ》駅で列車に追いつき、息子に父親に会ってくれと頼むが、息子の気持ちは変らない。あきらめて、小沢駅前の旅館に泊る（この旅館はいまも健在）。

小沢駅からは以前、日本海に面した港町、岩内《いわない》に向かう国鉄、岩内線が出ていた。一九八五年に廃線になっている。

岩内町は、当初「トラ・トラ・トラ！」（70年）を監督する予定だった黒澤明が真珠湾の撮影を行なおうとした町。

昭和二十九年（一九五四）に大火にあっている。その大火が発端となる物語が、水上勉の『飢餓海峡』で一九六五年に内田吐夢監督によって映画化された。

冒頭、三國連太郎らが岩内の質店を襲う。その時、町で火災が起る。混乱のなか、犯人たちは岩内駅から岩内線に乗り込み、小沢経由で、函館へと逃げる。画面に岩内駅がしっかりととらえられている。

岩内線が出てくる映画が、もう一本ある。平岩弓枝原作のＮＨＫの連続テレビ小説の映画化、村山新治監督「旅路」（67年）。国鉄の駅で働く鉄道員、仲代達矢と妻、佐久間良子の夫婦愛の物語。原作では、仲代達矢が働く駅は、函館本線の小樽に近い塩谷《しおや》駅だが、この駅は小駅で、丘の上に建つためカメラの引きが出来ず、映画化にあたっては、岩内線の幌似《ほろに》駅が使われた。田園のなかの駅で、北海道の広大さが出ている。

岩内線は廃線になったが、現在、幌似駅の駅舎は、整備されて元の位置（共和町）に保存されている。

また「男はつらいよ　望郷篇」に登場した小樽機関区も、現在、転車台、扇形機関庫の一部が小樽市総合博物館として保存されている。

前述したように、北海道最初の鉄道は、小樽を起点に札幌へ向かう、明治十三年に開業した幌内鉄道だが、小樽機関区（現在の博物館）が当時の起点だった手宮《てみや》駅のあったところ。現在、この手宮駅から小樽市内へと走ったかつての鉄道（手宮線。一九八五年に廃止）の跡が遊歩道になっていて、一部線路も残されている。この遊歩道は篠原哲雄監督の「天国の本屋〜恋火」（04年）にとらえられている。


「男はつらいよ」の第十五作「寅次郎相合い傘」（75年）では寅が北海道を旅する。

青森の安宿で蒸発中のサラリーマン、船越英二と出会い、一緒に旅することになる。まず、青函連絡船に乗って函館へ。青函連絡船は「飢餓海峡」にも出てくる。最後、刑事、伴淳三郎の執念で逮捕された三國連太郎は、青函連絡船の船から津軽海峡の海に飛び込んだ。

八十年間の歴史を持つ青函連絡船は、一九八八年、青函トンネルの開通と共に姿を消した。現

小沢駅を発車する SL ニセコ号

在は青函フェリーが走る。

函館に着いた寅と蒸発サラリーマンは、屋台のラーメン屋で偶然旅回りの歌手リリー、浅丘ルリ子と会う。彼女も旅に加わることになる。

三人は函館本線（いわゆる山線）の列車に乗る。ボックスシートに座わる。寅が言う。「長万《おしやまん》部《べ》で降りてカニでも食おう」。長万部はカニで知られ、駅弁のカニ弁当は人気がある。

寅たちは、カニを食べたために宿代がなくなってしまう。そこで仕方なく小樽の手前の小駅で寝ることになる。いわば野宿。

この駅は函館本線の蘭島《らんしま》駅。無人駅。こういう駅を選ぶのも、寅の旅慣れたところ。

蘭島駅の二つ先が小樽駅。現在の駅舎は、昭和九年（一九三四）に作られた三代目。東京の上野駅を真似たという昭和モダンの機能的な駅舎は堂々としている。

小樽駅がとらえられたのは大島渚監督の「少年」（69年）。両親（渡辺文雄、小山明子）に言われるままに「当り屋」を繰返す小学四年生の少年（阿部哲夫）の物語。

弟を加えた一家四人は高知市から旅をはじめ、倉敷、北九州市若松、松江、城崎《きのさき》、福井、さらに高崎、山形、秋田と北上し、北海道に渡る。稚内から最後、雪の小樽にやってくる。

ここで少年は、小さな弟《チビ》をよけようとした車が事故を起し、乗っていた自分と同じ位の年齢の少女が失神して、救急車で運ばれるのを目撃する。自分たちのせいで少女が負傷した。申訳ない気持ちになった少年は、一人、雪の小樽の町を歩き、小樽駅の前に出る。大きな駅舎が少年にとって大人の社会の壁に見える。

小樽駅は二〇一二年に改装され、色が明るくなった。建物は、当初のまま。石原裕次郎は少年時代を小樽で過した。その縁で、四番ホームは「裕次郎ホーム」と呼ばれている。

北海道の第二の都市は旭川市。旭川駅（明治三十一年開設）は函館本線の始終駅。山田洋次監督の「学校Ⅱ」（96年）では、滝川市の養護学校にいる少年二人（吉岡秀隆、神戸浩《かんべひろし》）が、旭川で開かれる浜崎あゆみのコンサートに行くために、滝川駅から旭川行きの列車に乗る。吉岡秀隆演じる少年は鉄道が好きで、車内で滝川から旭川までの駅名を口にする。江部乙《えべおつ》、妹背牛《もせうし》、深川《ふかがわ》、納内《おさむない》、伊納《いのう》、近文《ちかぶみ》、そして旭川。駅名を覚えるのが好きなようだ。

旭川は戦前は軍都。その軍用の駅として作られたのが旭川駅の隣りの近文《ちかぶみ》駅。芦川いづみが、はじめて汚れ役に挑んだ蔵原惟善監督の「硝子のジョニー　野獣のように見えて」（62年）では、家が貧しいために女衒《ぜげん》、アイ・ジョージに売られた少女、芦川いづみは冒頭、彼から逃れて、近文駅まで走って逃げ、入線してきた函館行きの列車に乗る。近文駅のホームを懸命に走る芦川いづみがいじらしい。

列車が函館駅に着く。切符を買わずに乗車したので彼女は改札を通れず、ホームから線路に降り、ネットの破れをくぐって外に出る。不正乗車がむしろ可愛い。

少し頭の弱い彼女は、函館で、追ってきた女衒と競輪の予想屋、宍戸錠の二人の男に振り回されて、ボロボロになってゆく。疲れ切った彼女は、最後、男たちから逃れ、故郷の稚内に帰ろうとする。小さな鉄道の駅から汽車に乗ろうとするが金がなく、切符が買えない。仕方なく線路を歩き始める。疲れて線路に倒れ、蒸気機関車に轢《ひ》かれそうになる。清純な芦川いづみが異色の汚れ役を熱演している。

この駅は、函館に近い江差《えさし》線の釜谷《かまや》駅。二〇一六年の北海道新幹線の開通により、江差線は第三セクターの道南いさりび鉄道にかわった。新幹線は在来線を圧迫する。

他方、函館に近い函館本線の渡島大野《おしまおおの》駅は、新幹線開通で新函館北斗駅に生まれ変ったが、まだ小駅だった渡島大野駅が出てくる映画がある。

丸山健二原作、森田芳光監督の「ときめきに死す」(84年)。

新興宗教の会長を暗殺する仕事を引受けた男、沢田研二が冒頭、緑の田園のなかに建つ三角屋根の小駅に降り立つ。無人駅で、周囲に商店は見えない。映画のなかで駅名標は「渡島」になっているが、渡島大野駅で撮影された。

こういう駅を選んだのは、がらんとした透明感の好きな森田芳光監督らしい。最後、標的となる会長が駅に到着する。信者たちが出迎える。男はそのなかにまじって暗殺しようと会長に近づくが……。ちなみに、会長を演じたのは、漫画家の白土三平の実弟、岡本真。

森田芳光は東京生まれだが、北海道、とりわけ函館が好きだった。吉本ばなな原作の「キッチン」（89年）では市内を走る市電の姿が繰返しとらえられている。函館の市電は多くの映画に登場する。最近では佐藤泰志原作、山下敦弘監督の「オーバー・フェンス」（16年）で、故郷の函館に戻ってきて、職業訓練学校に通うオダギリジョーが谷地頭《やちがしら》から石川啄木の歌で知られる青柳町へと走る市電に乗っている。

函館駅は二〇〇三年に改築されるまで、長く昭和十七年に作られた四代目駅舎が親しまれてきた。正面が三角屋根で中央の壁に大時計がある。函館を舞台にした日活アクション映画、松尾昭典監督の「夕陽の丘」（64年）では、石原裕次郎が冒頭、この駅に降り立つ。三角屋根の駅舎をカメラは俯瞰でとらえる。

港に近接する函館駅は青函連絡船と接続していた。船を降りた乗客が列車に乗るために連絡通路を走る姿は函館名物になっていた。

この連絡通路が出てくる映画がある。原田康子原作（短編『夜の出帆』）、斉藤武市監督の函館を舞台にした恋愛映画「白い悪魔」（58年）。函館で洋装店を営む森雅之が、娘のように可愛がっていた養女、野添ひとみに愛されていると知り、驚く。年齢が離れているので逡巡するが、彼女の純な気持にほだされて受け入れる。

最後、森雅之に拒絶されたと思い込み、絶望した野添ひとみは好きでもない若い男（新人時代の小林旭）と青函連絡船に乗って函館を去ろうとする。

それを森雅之が追う。船に乗り込み、彼女を連れ戻す。そして、船から降りると彼女を抱きかかえて連絡通路を函館の町へと帰ってゆく。青函連絡船がなくなってしまった現在、このラストシーンは胸に迫るものがある。

函館市は新幹線の誘致に力を入れていたが、結局、函館駅は通らず、隣りの北斗市に新幹線の駅が出来てしまった。北海道の鉄道苦境の現実を象徴している。

函館本線は、函館から北上し、森、長万部、倶知安、小樽、札幌を経て旭川に至る。途中、森—長万部間は内浦湾沿いを走り、車窓からの海の風景が素晴らしい（ただ、列車がひどく揺れるのが難だが）。

函館を出た列車は、森駅のあたりから海沿いを走る。森駅（明治三十六年開設）は、特急がとまる主要駅。人気の駅弁「いかめし」で知られる。

この駅は、内浦湾に接するようにある。駅のすぐ目の前に海が広がっている。線路と海のあいだに人家はない。

李恢成原作、小栗康平監督の「伽倻子《かやこ》のために」（84年）に森駅が出てくる。

昭和三十二、三年頃が舞台。主人公の大学生の青年（呉《オ》昇一《スンイル》）は在日朝鮮人。その夏、北海道の実家から東京へ戻る途中、森町に父の友人（浜村純）を訪ねる。そこで、伽倻子（南果歩）という高校生の少女に会い、愛し合うようになる。

ある時、青年と伽倻子が森町から列車に乗る。カメラは、海に向かっている森駅をやや引いてとらえる。目の前に海の見えるホームで列車を待つあいだ伽倻子はこんなことをいう。

「汽車っていいね。汽車を待つのって、どっか知らないとこに行くみたい。学校行くときでもそんな気することあるわ」

ホームで列車を待つ時、とりわけ駅が海に面していたり、山のなかにあったりする時には誰でもこんな思いにとらわれるのではないだろうか。

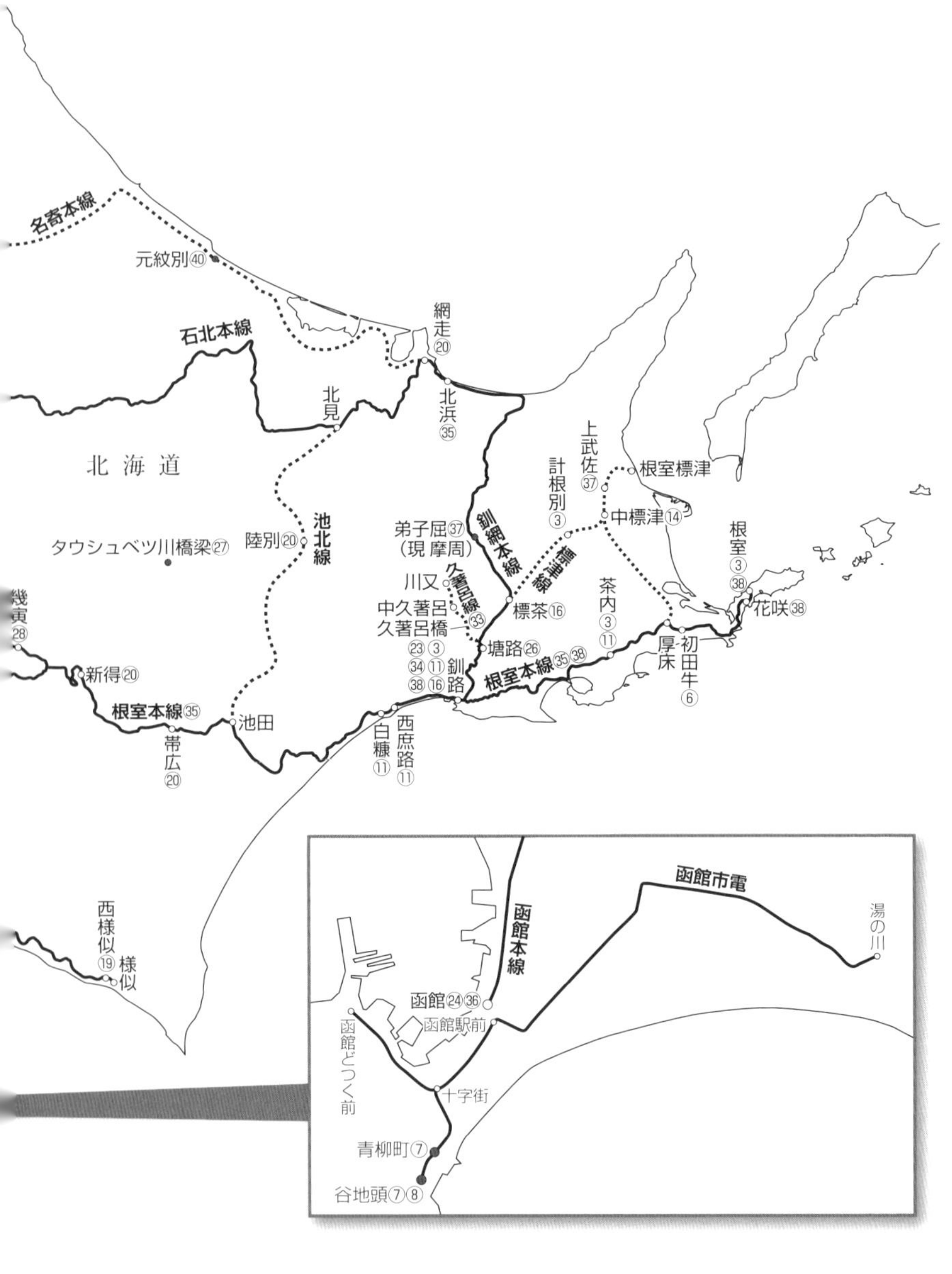

名寄本線
元紋別㊵
石北本線
網走⑳
北浜㉟
北見
北海道
池北線
陸別⑳
タウシュベツ川橋梁㉗
釧網本線
標津線
上武佐㊲
計根別③
根室標津
中標津⑭
弟子屈㊲（現 摩周）
川又
久著呂線㉝
中久著呂
久著呂橋
標茶⑯
塘路㉖
茶内③⑪
根室③㊳
花咲㊳
厚床
初田牛⑥
根室本線㉟㊳
釧路㉓③㉞⑪㊳⑯
幾寅㉘
新得⑳
根室本線㉟
池田
帯広⑳
白糠⑪
西庶路⑪
西様似⑲
様似
函館本線
函館市電
湯の川
函館㉔㊱
函館駅前
函館どつく前
十字街
青柳町⑦
谷地頭⑦⑧

北海道で撮影された作品とその撮影地

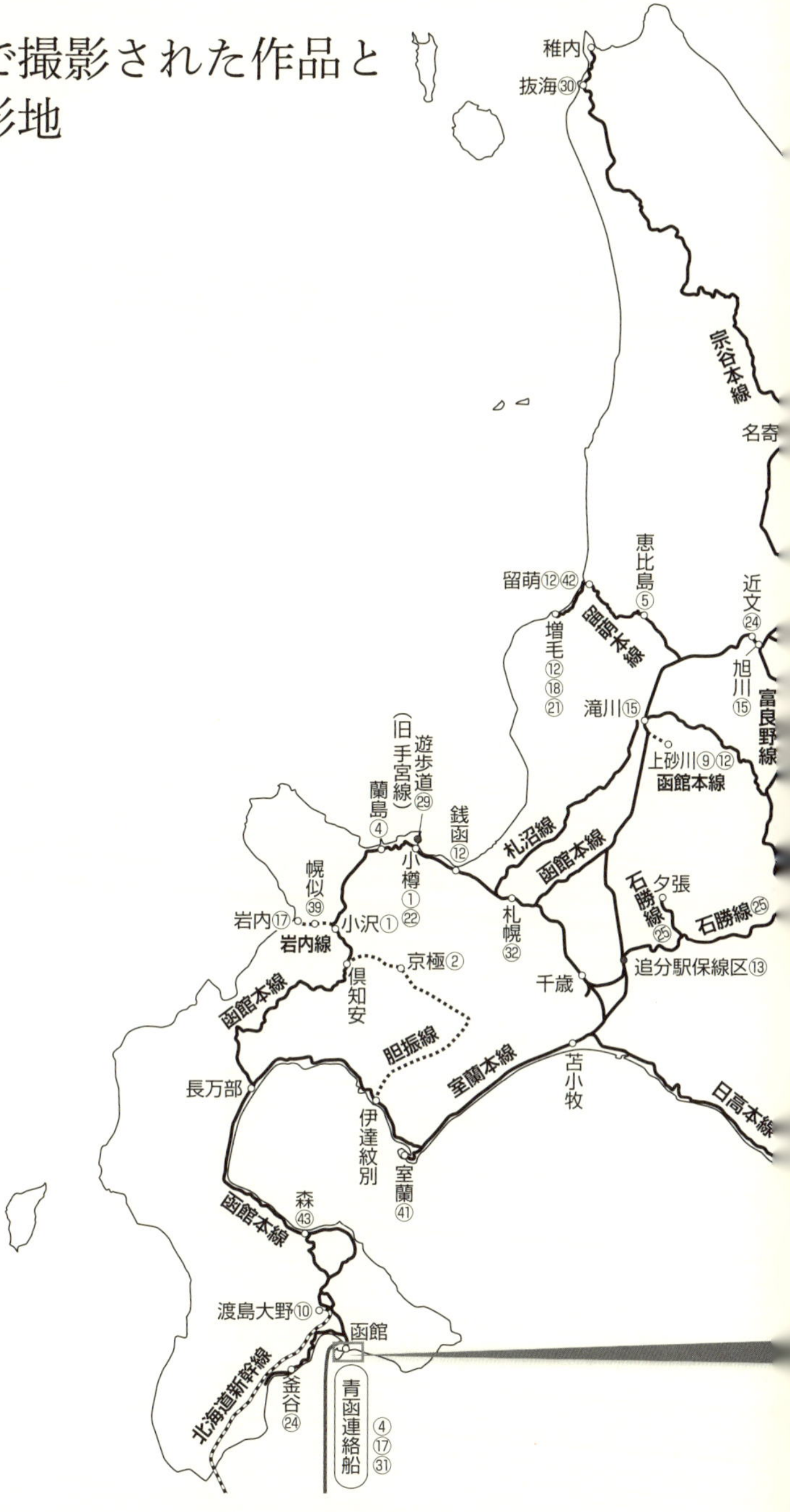

作品一覧

①男はつらいよ 望郷篇
②男はつらいよ 旅と女と寅次郎
③男はつらいよ 夜霧にむせぶ寅次郎
④男はつらいよ 寅次郎相合い傘
⑤『すずらん』
⑥アフリカの光
⑦オーバー・フェンス
⑧キッチン
⑨『昨日、悲別で』
⑩ときめきに死す
⑪ハナミズキ
⑫駅 STATION
⑬遠い一本の道
⑭家族
⑮学校Ⅱ
⑯起終点駅(ターミナル)
⑰飢餓海峡
⑱魚影の群れ
⑲君よ憤怒の河を渉れ
⑳幸福の黄色いハンカチ
㉑春との旅
㉒少年
㉓消えた密航船
㉔硝子のジョニー 野獣のように見えて
㉕新幹線大爆破
㉖森と湖のまつり
㉗雪に願うこと
㉘鉄道員(ぽっぽや)
㉙天国の本屋〜恋火
㉚南極物語
㉛白い悪魔
㉜白痴
㉝挽歌
㉞僕等がいた
㉟網走番外地
㊱夕陽の丘
㊲遙かなる山の呼び声
㊳離婚しない女
㊴旅路(東映)
㊵サムライの子
㊶樹氷のよろめき
㊷三度目の殺人
㊸伽倻子のために

東北

林業がまだ盛んだった昭和三十年代まで日本各地には、切り出した木材を運ぶ専用の鉄道である森林鉄道（多くは営林署が運営する）が走っていた。

とくにヒバ材の産地として知られる青森県はその数が多かった。宮脇俊三編著『鉄道廃線跡を歩くⅣ』（JTB、97年）によれば日本の最初の森林鉄道は、明治四十二年（一九〇九）に津軽半島に作られた津軽森林鉄道だという。

その後、各地に作られてゆく森林鉄道は、木材の運搬だけではなく、人や物資も運び、山地の生活に欠かせない鉄道になった。

青森県の下北半島を走る森林鉄道が出てくる貴重な映画がある。水上勉原作、内田吐夢監督の「飢餓海峡」（65年）。

三國連太郎演じる主人公の犬飼太吉は、北海道の岩内町《いわないまち》で強盗殺人に関わる。函館に逃げ、そこから青函連絡船の沈没事故で混乱の極にある津軽海峡を漁師の舟で渡り、下北半島に辿り着く。途中、仲間の二人を殺し、奪った金を一人占めする。

下北半島の奥地、恐山《おそれざん》の麓《ふもと》の山林を逃げる。ようやく鉄道が走っているのに行き合い、それに飛び乗る。

それが森林鉄道。陸奥湾に面した川内町《かわうちまち》から恐山の麓、湯野川温泉へと走る川内森林鉄道。小さなディーゼル機関車が木材を積んだ貨車と、人を乗せたトロッコのような客車を曳《ひ》く。三國連太郎は走っていって、この客車に飛び乗るのだから、速度はさほどない。客車には、土地の若い女性、左幸子が乗っている。満足な道路もない山のなかでは森林鉄道が山人たちの重要な交通手段になっていたことが分かる。

川内森林鉄道は映画が公開された六年後の昭和四十五年に廃線になった。「飢餓海峡」はその最後の頃の姿を、実際のロケできちんととらえている。

一九九七年の春、「飢餓海峡」のロケ地を探ねる旅をした。川内からバスで森林鉄道の終着駅、湯野川温泉に行った。映画では、左幸子が父親の加藤嘉を連れて、このひなびた温泉に湯治に行く。私が訪ねた時は、共同湯もすっかりきれいになっていたが、そこには「飢餓海峡」のスチル写真が誇らし気に展示されており、また付近には森林鉄道のレールが一部、残されていた。

森林鉄道とバスを乗り継いだ三國連太郎は大湊《おおみなと》の町にたどり着く。左幸子は町の旅館で酌婦をしていて、二人は一夜を共にする。

大湊は下北半島のなかでは大きな町。戦前、海軍の基地があった。陸奥湾沿いに走る大湊線（野辺地《のへじ》―大湊）の終着駅がある。「飢餓海峡」ではこの大湊駅（大正十年開設）が正面からとらえられる。木造平屋の駅舎は現在もさほど変っていない。

駅には「ＪＲ東日本　てっぺんの終着駅」の表示がある。「最北端」としたいところだが、実は、ひとつ手前の下北駅（昭和十四年開設）のほうが北にある。下北駅から線路は西へカーブして大湊に至る。北海道の根室駅と東根室駅の位置関係に似ている。

「飢餓海峡」では、三國連太郎も左幸子もこの駅から東京に向かう列車に乗ることになる。三國連太郎は東京からさらに舞鶴へと。


本州と北海道を結ぶ海底トンネル、青函トンネルが貫通したのは昭和五十八年（一九八三）の一月。昭和六十二年の完成まで、約三十年に及ぶ大工事だった。

その苦闘の歴史を描いたのが、岩川隆原作、森谷司郎監督の「海峡」（82年）。高倉健が工事を指揮する「トンネルさん」と呼ばれる国鉄の技術者を演じる。

青函トンネルの構想は、戦前からあったが、それが本格化するのは、昭和二十九年九月の青函連絡船、洞爺丸沈没事件によって。本州側は津軽半島の北端、龍飛岬《たっぴみさき》から、北海道側は松前半島の南端、白神岬近くの吉岡まで、海底部約二十キロ。

工事の前線基地は龍飛岬に近い漁師町、三厩《みんまや》に置かれた。津軽半島の鉄道は、青森から北の蟹《かに》田《た》までの津軽線が昭和二十六年に開通していたが、その先の三厩までは鉄道がなかった。それが青函トンネルの工事と共に、昭和三十三年に三厩《みうまや》まで延伸した（現在の駅名は「みんまや」と読みが変っている）。

「海峡」では、単身赴任している夫、高倉健のところに、岡山で暮す妻、大谷直子が子供を連れてやってくる。雪のなかの終着駅、三厩駅のホームに降り立つ。駅舎は小さな木造平屋。町の食堂で働く吉永小百合が、出迎えに来ていて、こんなことを言う。「工事が始まって、やっと汽車がここまで来たんですよ」。昭和三十三年に三厩駅が開設されたことを言っている。二〇一六年に開通した北海道新幹線は、三厩を通らない。そのため津軽線も三厩駅も寂しくなってしまった。

津軽半島の鉄道にはもうひとつ、津軽鉄道という私鉄がある。津軽五所川原《つがるごしよがわら》と津軽中里《つがるなかさと》を結ぶ。開業は昭和五年（一九三〇）とJRの津軽線より早い。途中に、太宰治の故郷、金木《かなぎ》がある。太宰は『津軽』のなかで「かりに東京に例をとるならば、金木は小石川であり、五所川原は浅草だ」と書いている。金木が豊かな町だったことが分かる。

津軽鉄道は冬、雪の深い地を走るので「ストーブ列車」があるので知られる。オレンジとクリーム色のツートンカラーの気動車が美しい。

この津軽鉄道が登場する映画が、山田洋次原案、満友敬司監督の「俺は田舎のプレスリー」（78年）。津軽鉄道沿線のリンゴ農家の若者（勝野洋）を中心に、宮沢賢治の好きな小学校の先生（橋本功）、若く美しい女性（鮎川いづみ）ら田舎の若者たちの青春がコメディ調で描かれる。

愉快なのは、若者の兄のエピソード。エリートでフランスに留学している。何年ぶりかで故郷に帰って来る。息子が故郷に錦を飾るので町の有力者である父親（ハナ肇）は大いに張切り、町の人たちを動員して駅でにぎやかに息子を迎えることになる。

津軽中里駅（昭和五年開設）で撮影されている。当時の駅舎は木造平屋。ホームは一面。夏、明るい日ざしのなか、ツートンカラーの二両の気動車が駅に近づいてくる。カメラはそれを正面からとらえる。「森と湖のまつり」での蒸気機関車が塘路《とうろ》に入ってくるところをはじめ、列車の入線風景はわくわくする。

到着した列車から息子が現われる。パラソルをさした女性。なんと息子はパリで性転換手術を受け、女性になっていた（演じるのはカルーセル麻紀）。

そのため、てんやわんやの大騒動になり、彼女は結局、また津軽鉄道に乗って帰ってゆく。列車はゆっくりと五所川原《ごしょがわら》へと去ってゆく。

五所川原駅は五能《ごのう》線の駅でもある。五能線は昭和十一年に、青森県を走る五所川原線と秋田県を走る能代《のしろ》線が接続して開通した。法令上の区間は川部《かわべ》―東能代だが、実際には川部の先の弘前《ひろさき》まで行く。

もともとは東北の日本海側を走る地味なローカル線だったが、近年は、白神山地が世界遺産に登録されたことから人気観光路線になっている。

まだ寂しかった頃の五能線が出てくる映画が、一九七一年に公開された山田洋次監督の「男はつらいよ」シリーズの第七作「奮闘篇」（榊原るみ主演）。

渥美清演じる寅は、旅先の沼津駅前のラーメン屋（主人は柳家小さん）で、少し頭の弱い女の子、榊原るみに会い、その面倒を見ることになる。

この女の子は、青森県の出身。家は五能線の沿線の鰺ヶ沢《あじがさわ》にある。一時は、柴又のとらやで厄介になっていたが、やがて青森から先生（田中邦衛）が迎えに来て、故郷に帰る。失意の寅は、彼女を追うように青森へ旅に出る。

寅の身を案じる妹さくら（倍賞千恵子）が寅を探しに行く。まだ東北新幹線のない時代。奥羽本線の夜行で弘前まで行き、そこで五能線に乗り換える。二両の気動車。春先、リンゴ畑の向こうに、雪をかぶった岩木山が大きく見える。車内は通学の学生たちで混んでいて、さくらははじめ立っている。鰺ヶ沢駅でようやく座われる。鰺ヶ沢は沿線の主要な港町。つげ義春の漫画『リアリズムの宿』の舞台になった。

榊原るみ演じる女の子は、小学校で給食係として働いている。さくらは彼女を訪ねる。降り立った駅は驫木駅《とどろき》。無人駅で、小屋のような駅舎がぽつんと建つ。周囲に家はない。駅の目の前には日本海が広がる。夕日が沈むのを見ることが出来る。近年、秘境駅として人気が高い。

畑山博原作、中田新一監督「海に降る雪」（84年）では、東北から東京に出て来た主人公の和由布子が、東京での暮しに疲れ、最後は故郷に帰る。驫木駅で降り、新しい人生に向き合うように目の前に広がる日本海を見つめる。

五能線は、日本海沿いを走って終着駅の東能代駅に着く。

ここで奥羽本線に乗り換え秋田へ向かおう。秋田新幹線開通前の秋田駅は、大島渚監督のロードムービー「少年」（69年）にとらえられている。秋田で今度は羽越本線に乗り換える。日本海沿いをしばらく走ると、少し内陸部に入った羽後《うご》亀田《かめだ》駅（大正九年開設）に到着する。田園のなかの小駅。言うまでもなく、松本清張原作、野村芳太郎監督の「砂の器」（74年）に出てくる。東京の蒲田で起きた殺人事件を追う二人の刑事、丹波哲郎と森田健作が、「カメダ」という言葉を手がかりに、秋田県の亀田の町に行くことになる。

冒頭、東京から列車を乗り継いで秋田県にやってきた二人の刑事は、朝、羽越本線の羽後亀田駅に降り立つ。原作にはこうある。

「本荘で乗り換えて、亀田についたのは、十時近かった。駅は寂しかった。だが、その前の町並みは家の構造がしっかりしていた。古い家ばかりである。想像していたより、ずっと奥ゆかしい町だった」

「秘境駅」、五能線驫木駅

「本荘」とあるのは、羽越本線の主要駅のひとつ羽後本荘《うごほんじょう》駅のこと（ここから、第三セクターの由利《ゆり》高原《こうげん》鉄道〈旧矢島《やじま》線〉が出ている）。原作は、蒲田から始まるが、映画は、羽後亀田駅に列車が到着するところから始まった。列車の到着から映画が始まる。映画手法の基本とはいえ、やはりうまいと思う。脚本は橋本忍と山田洋次。

二人の刑事は、夜行で上野駅を発《た》っている。駅を出て、駅前に食堂を見つけるとそこに入って、遅い朝食を取る。

九年ほど前、羽後亀田駅に降りたことがあるが、残念ながらもう駅前に食堂はなかった。

秋田県の内陸部を走る鉄道に秋田内陸縦貫鉄道がある。奥羽本線の鷹ノ巣駅と、秋田新幹線／田沢湖線の角館《かくのだて》駅を結ぶ。全長約九十四キロ。気動車が走る。

阿仁《あに》マタギ駅があるので分かるように、かつて沿線の村には、熊を捕獲するマタギと呼ばれる猟師がいた。後藤俊夫監督の「マタギ」（82年）は、西村晃が最後といっていい老マタギを演じている。実際に秋田県阿仁町の山中でオールロケされた。

雪深い山村に住むこの老マタギが、ある時、鉄道に乗って町に出る。秋田内陸縦貫鉄道に乗って鷹巣《たかのす》駅に降りる。冬、列車は両側が雪の壁のようになっているところを走る。冬の厳しさを感じさせる。ちなみに奥羽本線は「鷹ノ巣」、秋田内陸縦貫鉄道は「鷹巣」。

マタギの里を走る秋田内陸縦貫鉄道

この鉄道に、前田南《まえだみなみ》駅という小駅（無人駅）がある。二〇一六年のアニメ映画、新海誠監督の「君の名は。」に出てくる小駅（架空）がこの駅に似ているとしてファンのあいだで話題になった。

「砂の器」に出て来た羽後亀田駅から羽越本線に乗り、さらに南下すると、右手に日本海が、左手に鳥海山が見えてくる。やがて列車は日本海に面した港町、酒田市（山形県）に入る。

酒田は、アカデミー賞外国語映画賞を受賞した、滝田洋二郎監督の「おくりびと」（08年）の舞台になったところ。東京から故郷の酒田に帰って来た元オーケストラの楽団員《チエリスト》、本木雅弘は、この町で納棺夫になる。

一緒についてきた妻、広末涼子は、夫の新しい仕事が嫌になり、実家に帰る。この時、彼女が列車に乗る駅は、羽越本線の余目《あまるめ》駅（大正三年開設）。酒田駅の四つ先。主要駅で特急もとまる。

余目駅は山形県の新庄駅へ向かう陸羽西線の乗換え駅。ここで陸羽西線の気動車に乗り換え、新庄駅（明治三十六年開設）へ行ってみよう。山形新幹線の終着駅であり、在来線の陸羽西線と陸羽東線の始終駅であり、さらに奥羽本線の主要駅でもある。

新庄駅から南へ、山形新幹線では一つ目、奥羽本線では四つ目になるのが大石田駅。明治三十四年の開設。

大石田町はかつては最上川水運の要地。芭蕉の「五月雨をあつめて早し最上川」はここで詠まれている。また歌人、斎藤茂吉は終戦後、大石田に移住し、歌集『白き山』を成している。書名は「大石田を中心とする山山に雪つもり、白くていかにも美しい」ところから付けられた。

大石田駅は、NHKテレビの連続ドラマ『おしん』で全国的に知られるようになった銀山温泉の玄関口になる。

成瀬巳喜男監督の「乱れる」（64年）では戦争未亡人の高峰秀子が、静岡県清水市の夫の生家（酒屋）に次第に居づらくなり、故郷の山形県新庄に帰ることになる。彼女を慕う義弟の加山雄三があとを追って同じ列車に乗り込む。その想いが愛《いと》しくなったのだろう、彼女は、朝、新庄の手前の大石田駅で降りる。義弟も彼女に従う。二人は駅から、銀山温泉へと向かう。しのび逢いである。

大石田駅からさらに南へ下ると山形駅（明治三十四年開設）。蔵王への玄関口。新幹線開通以前の二階建てのローカル色の強い駅舎は、蔵王の雪山を舞台にした新東宝のアクション映画、石井輝男監督の「猛吹雪の死闘」（59年）に映る。三原葉子が冬、悪党たちに連れられて山形駅に降り立つ。

さらに新幹線開通前の山形駅がきれいにとらえられたのは宮崎駿・鈴木敏夫製作、高畑勲監督のアニメ「おもひでぽろぽろ」（91年）。岡本螢作、刀根夕子画の漫画を原作にしている。東京のＯＬ、タエ子（声は今井美樹）は田舎暮しに憧れ、一九八二年の夏、山形県の親戚の農家に十日間ほど滞在することになる。

まだ新幹線の開通前。タエ子は上野駅から一人、夜行寝台特急で山形に向かう。早朝、列車は山形駅に着く。ブルートレインがホームに入線する。明け方の青みがかった画像が素晴しく美しい。列車到着の名場面のひとつといっていい。

早朝なので駅にも町にも人の姿はほとんど見えない。そこへ農家の明るい青年、トシオ（声は柳葉敏郎）が迎えに来て、車で山形市の東にある農家へと連れてゆく。彼は車のなかで有機農業の夢を語る。

タエ子はトシオの家で、山形県の特産品であるベニバナの栽培など農作業を手伝ううちに、農業に、そしてトシオに惹かれてゆく。

十日間の休暇が終わる。タエ子は東京へ帰る。小さな鉄道の駅から出発する。

この駅は、仙台と山形を結ぶ仙山線（昭和十二年開業、法令上の区間は山形駅の手前の羽前千歳《うぜんちとせ》駅までだが、実際には山形まで）の山形駅の四つ先、高瀬駅（昭和二十五年開設）。田園のなかに小屋のような無人の駅舎がひとつ建つ。

タエ子はこの駅から仙台経由で東京へ帰る。小さなホームに山形行きの二両の気動車が入ってくる。トシオとその祖母、妹の見送りを受け、タエ子は気動車に乗り込む。

列車は走る。次の山寺駅に着く。芭蕉が「閑《しず》かさや岩にしみ入《い》る蟬の声」を詠んだことで知られる立石寺《りっしゃくじ》（山寺）の門前駅。この駅で、タエ子は決心する。自分の居場所はあの農家だ、トシオと結婚しよう。山寺駅は島式ホーム。ちょうど向かい側に、下りの列車がとまっている。タエ子は、ためらうことなくそれに乗り込み、いま出発した高瀬駅へと戻ってゆく。

都はるみが歌う〈愛は花、君はその種子《たね》〉（映画「ローズ」でベット・ミドラーが歌った）が流れるこのラストシーンは、鉄道風景のよさもあって感動的。


山形県を走る鉄道の映画といえば、〝ジャズやるべ♪〟の惹句で知られる矢口史靖監督の「スウィングガールズ」（04年）がある。

山形県の高校（高畠町の県立高校でロケ）の女生徒たち（上野樹里、貫地谷しほり、ら）がビッグバンドの楽しさに目ざめる物語。

この映画には、山形県の南部、置賜《おきたま》地方（井上ひさしの故郷、川西町がある）を走る山形鉄道フラワー長井線が登場する。もともとは国鉄の長井線。起点は山形新幹線、奥羽本線が走る赤湯《あかゆ》駅。そこから、今泉、長井を経由して荒砥《あらと》に至る。一九八八年に第三セクターとなった。荒砥駅で行き止まりのいわゆる盲腸線。途中の今泉駅は、紀行作家、宮脇俊三が昭和二十年八月十五日をここで迎えたことで知られる。玉音放送のあとも、列車は通常通りに運行されていた、という。日本の鉄道の底力である。

「スウィングガールズ」では、女の子たちがこの鉄道に乗り、車内でにぎやかに騒いだり、線路を歩いたりする。

六年ほど前に乗りに行ったが、荒砥駅にも赤湯駅にも、また車内にも誇らし気に、「スウィングガールズ」のロケ地になったことが記されていた。

山形県の鉄道は実によく映画に登場する。よくぞこの駅が、とうれしく驚いた映画がある。二〇〇二年に公開された、長尾直樹監督の「さゞなみ」。唯野未歩子《ただのみあこ》演じる主人公は山形県の役所に勤め、温泉（山形県には温泉が多い）の水質調査の仕事をしている。

冒頭、彼女は小さな鉄道に乗って、山のなかの温泉に行く。トンネル内にあるような小さな駅で降りる。無人駅。人の姿はほとんど見えない。

ローカル線の小駅と思ってしまうが、れっきとした奥羽本線の峠駅（山形県米沢市。明治三十二年開設）。同線の最も高いところ（標高六二四メートル）にある駅で、冬は雪が深い。トンネルのように見えるのは、大きな雪囲い。そのなかを唯野未歩子が一人、歩いてゆく。彼女が大変な仕事をしていることが分かる。

大きな雪囲いのなかの峠駅

この映画を見たあと、はじめて峠駅で降りてみた。特急はもちろん止まらない。一日に止まる各駅停車の本数も六本ほど。寂しい。しかも、山形新幹線は、在来線と同じ線路を走るので駅で列車を待っていると、次々に新幹線が通過してゆく。時代から取残された気分になったが、この駅の名物、力餅が健在だったのはうれしいことだった。

ちなみに「男はつらいよ」の第五作「望郷篇」に登場した函館本線の小沢《こざわ》駅ではいまも名物のトンネル餅が駅前で売られている。

岩手県に入ろう。ここも雪の多いところ。鉄道員たちは、冬、豪雪と闘わなければならない。三國連太郎が盛岡機関区の蒸気機関車の機関士を演じた、関川秀雄監督の「大いなる旅路」（60年）は、当時の国鉄が協力して作られているだけに、雪のなかを走る蒸気機関車の勇姿をさまざまな角度からとらえていて、見ごたえがある。

特に驚くのは、豪雪のなか、機関車が転覆する場面。CGなどない時代、実際に、廃車となる蒸気機関車を転覆させたというから驚く。鉄道員の苦闘の物語としては、前出の高倉健主演の「鉄道員《ぽっぽや》」の先駆となる映画。高倉健は「大いなる旅路」では、三國連太郎の息子として機関士のあとを継ぐ。

岩手県の雪の深さを思い知らされた映画は、二〇〇六年に公開された板倉真琴監督の「待合室

－Notebook of Life－」。かつての東北本線の小繋《こつなぎ》駅を舞台にしている。盛岡駅から北に十番目の駅。小さな無人駅。二〇〇二年に東北新幹線が八戸まで延伸されたことに伴い、盛岡から八戸までの、東北本線在来線（途中に小繋駅がある）が、第三セクターのＩＧＲいわて銀河鉄道になった。ＩＧＲは、ＩＷＡＴＥ　ＧＡＬＡＸＹ　ＲＡＩＬＷＡＹの略。

「待合室」は、乗降客が少なくなった小繋駅の駅前で雑貨店を営む女性、富司純子が、毎日のように小さな駅舎を掃除し、乗降客のために、思いを記すノートを置き、それにきちんと返事のメッセージを書き込んでゆく姿を描いている。

真冬の場面が多く、豪雪のなか、特急列車が小繋駅を雪を吹き飛ばしながら通過してゆく姿は迫力がある。この映画を見たあと小繋駅に行った。映画に登場した駅を訪ねるのは、私のささやかな趣味。さすがに冬に行く勇気はなく、夏に行った。無人駅で、駅前に商店は少なく、冬は厳しいところだなと思わせる。待合室のなかに、「待合室」の撮影時の写真が、いまも記念に貼られてあるのがうれしかった。

この映画には、富司純子が母親の風見章子（懐しい！）を訪ねる場面で、釜石線（花巻—釜石）の主要駅、遠野駅に降り立つ場面もあり、洋館のように美しい駅舎が正面からとらえられる。「待合室」の舞台となった小繋駅の北にあるのが二戸《にのへ》駅（岩手県二戸市）。明治二十四年の開設と早い。東北本線（東京—青森）は明治二十四年に開業している。

東北は戊辰戦争の時、奥羽越列藩同盟を結成し、官軍と戦い、敗れた「賊軍」。そのために明治維新後、東北は薩長を中心とする明治政府によって差別された。

それなのに、なぜ東北本線の開設は早かったのか。明治政府が、いったん東北で乱が起きた時に、東京から軍を送るために鉄道の建設を早めたという。

二戸駅は、椎名誠原作、山田洋次監督の「息子」(91年)に登場する。三國連太郎演じる父親は、二戸駅の近郊で農業を営んでいる(タバコの葉を栽培している)。東京に出た息子の永瀬正敏らを訪ねる時に、二戸駅から列車に乗る。まだ東北新幹線が開通する前。平屋の駅舎には「祝・新幹線八戸延長」ののぼりが見える。二〇〇二年の東北新幹線、八戸延伸を前にした二戸がとらえられている。

山田洋次監督は本当に鉄道が好きだ。一九七五年の作品、「同胞《はらから》」は、移動劇団を日本各地で行なう活動家の女性、倍賞千恵子が、岩手県の農村、松尾村にやって来る。村の青年団の若者たち(寺尾聰ら)と、芝居の公演に成功し、最後、村を去ってゆく。若者たちが駅で見送る。

駅は、花輪線(岩手県の好摩《こうま》と、秋田県の大館《おおだて》を結ぶ)の松尾《まつお》八幡平《はちまんたい》駅(岩手県)。撮影当時の駅名は岩手松尾駅。一九八八年に駅名が改称された。蒸気機関車の時代、この駅から隣りの龍ヶ森駅（現在の駅名は、安比高原《あっぴこうげん》）の間は、急勾配で、蒸気機関車の三重連が走り、鉄道ファンに人気の場所だった。

岩手県を走った鉄道で、とうに廃線になった鉄道が登場する貴重な映画をここで紹介しよう。昭和三十一年に公開された、田宮虎彦原作、新藤兼人監督の「銀心中《しろがねしんじゅう》」。理髪店の妻、乙羽信子は、夫の宇野重吉が戦争で兵隊に取られた時、若い甥の長門裕之と関係する。戦争が終わって、夫が帰って来ても、若い男が忘れられない。逃げる男を追い続ける。

最後は、岩手県の花巻市から山奥に入った銀《しろがね》温泉（モデルは鉛《なまり》温泉）で働く男に会いに行く。この場面で、いまは消えた珍しい電車が出てくる。当時、花巻から鉛温泉まで走っていた花巻電鉄の電車。大正四年の開業。昭和四十四年に廃止になった。

この電車は、極端にレールの幅が狭い鉄路を走るため、車体の幅が狭く（いまの都営大江戸線より）、正面から見ると、馬の顔のように見えたので「馬面《うまづら》電車」と呼ばれた。

二〇〇〇年に神保町シアターで「鉄道映画特集」を組んだ時に、プログラミングに関わったが、鉄道映画の貴重な一本として、この「銀心中」を選んだ。上映の時、冒頭、雪のなかを走る「馬面電車」が現われた時には、場内からは、驚きのどよめきが起きた。

この電車は、現在、花巻駅の近くの公園にきちんと静態保存されている。

一九九七年に公開された阪本順治監督の「傷だらけの天使」は鉄道好きには忘れられない映画のひとつ。

二〇〇二年に廃線になってしまった青森県を走る南部縦貫鉄道（野辺地《のへじ》―七戸《しちのへ》）と、東日本大震災で大きな被害を受けながら、その後、みごとに復興した三陸鉄道北リアス線（宮古《みやこ》―久慈《くじ》）が登場する。どちらもいま見ると、貴重な映像。

東京のしがない私立探偵、豊川悦司が、殺されたやくざ、三浦友和の最後の頼みで、小学生の男の子を岩手県の宮古に住む母親（余貴美子）のもとに届けることになる。「ペーパー・ムーン」（73年）を思わせるロードムービーになっている。

子供を連れた豊川悦司が、宮古駅に降り立つ。おそらく（画面には映らないが）、東北新幹線で盛岡まで行き、盛岡からJR山田線で宮古まで来たのだろう。

ちなみに盛岡―宮古を結ぶ山田線は本数が極端に少ない。一時間に一本あるバスのほうが便利。山田線は二〇一九年、第三セクターの三陸鉄道に経営が移る。

前出の関川秀雄監督、三國連太郎主演の「大いなる旅路」（60年）で描かれた蒸気機関車転覆事故は、一九四四年にこの山田線のちょうど盛岡―宮古の中間あたり（平津戸《ひらつと》―川内《かわうち》間）で実際に起きた事故を描いている。

「傷だらけの天使」に戻る。宮古に着いた私立探偵、豊川悦司は、子供の母親が青森県の八戸《はちのへ》

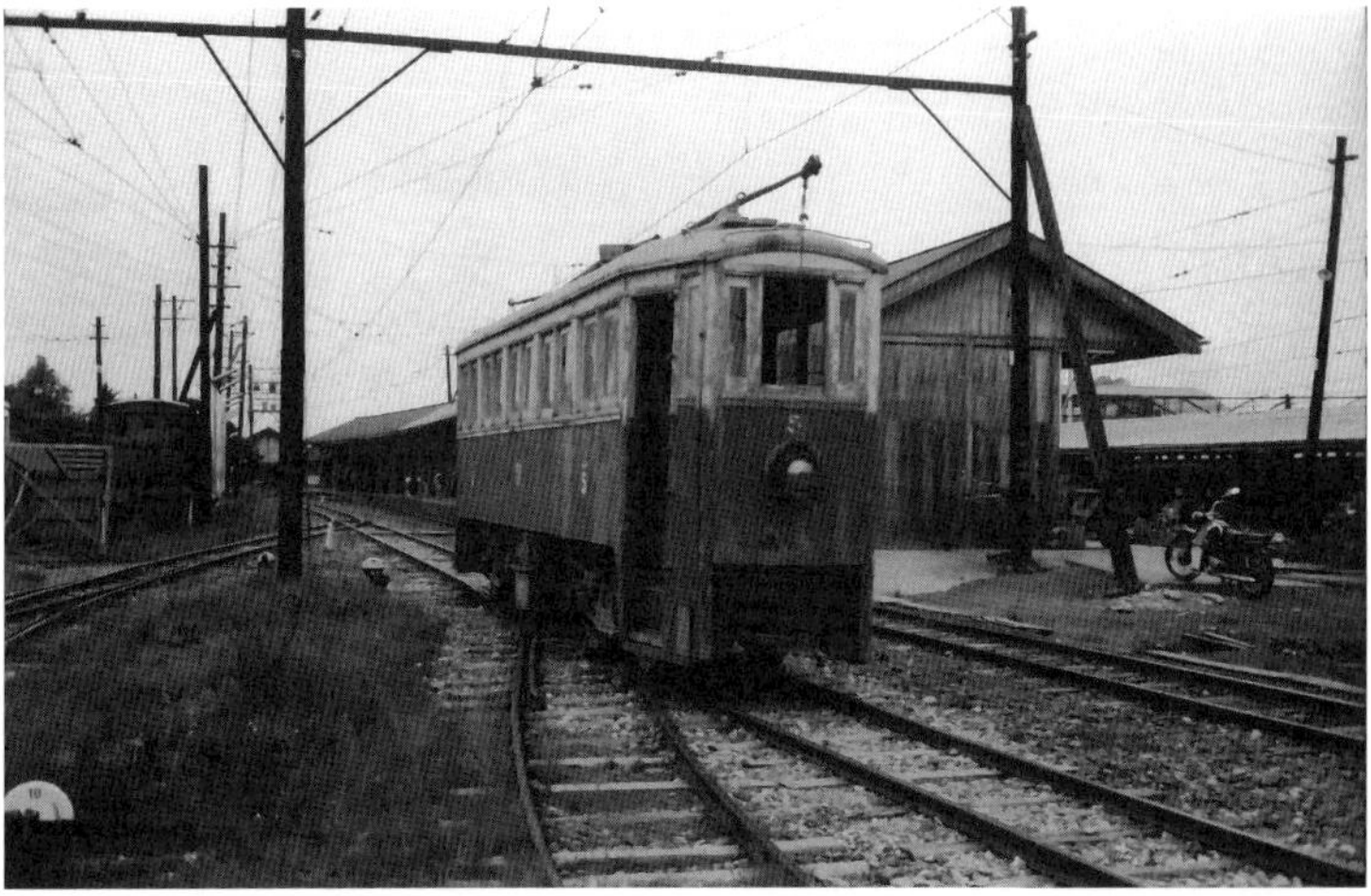

「馬面《うまづら》電車」と呼ばれた花巻電鉄（昭和 43 年）

へ引越してしまったのを知る。

そこで宮古から三陸鉄道北リアス線に乗って北上する。車内できちんとロケされている。三陸鉄道北リアス線は、もともとは、一九七五年に国鉄の久慈線（久慈―普代《ふだい》）として開通した。三陸海岸に鉄道をという地元の悲願だった。

しかし、その後、ご多分に洩れず車社会となり、一九八四年に第三セクターの三陸鉄道北リアス線に生まれ変わった。二〇一三年に放映されたＮＨＫの朝の連続ドラマ『あまちゃん』で、この鉄道は全国に知られるようになった。

「傷だらけの天使」は、３・11よりも『あまちゃん』よりも前に、三陸鉄道北リアス線を登場させている。鉄道映画として貴重。

私立探偵の豊川悦司は、子供を連れこの鉄道に乗る。途中、野田玉川駅で降りて、町を歩く。さらにまた三陸鉄道に乗って、久慈からＪＲ八戸線（久慈―八戸）で八戸へ出る。まだ東北新幹線は八戸まで来ていない（開通は二〇〇二年）。在来線時代の八戸駅がとらえられる。ここで豊川悦司は弟分の真木蔵人と合流する。

八戸に住む母親は子供を引取ろうとしない。豊川悦司は仕方なく、子供の祖父、菅原文太が青森県の七戸で牧場を営んでいることを知り、子供を連れて、八戸からさらに北上する。

東北本線で野辺地駅に出る。ここから南部縦貫鉄道に乗る。

南部縦貫鉄道の開業は昭和三十七年（一九六二）と新しい。私鉄。野辺地と山間部に入った七戸を結ぶ。全長二〇キロほどのローカル鉄道。バスの形をした気動車が走る。いわゆるレールバス。沿線には牧場が多い。「盛田牧場前」という駅もあった。競走馬の生産で知られる牧場だという。「傷だらけの天使」では、子供の祖父、菅原文太が牧場を経営している。そして、祖父が、孫を引取ることになる。

任を果した豊川悦司と真木蔵人は、七戸駅からレールバスに乗る。子供がそれを見送る。お決まりの駅の別れとはいえ、東北のローカル鉄道での別れの場面は心に残る。

二〇〇二年に廃線になることが決まった時、南部縦貫鉄道に乗りに行った。七戸駅の駅舎には、「傷だらけの天使」撮影時の写真が貼ってあった。地元の人にとっては、映画の撮影は忘れられない思い出だろう。

子供の頃に見た忘れ難い映画がある。少年の馬への愛情を描いた、島耕二監督、若尾文子主演の「幻の馬」（55年）。東北の牧場で、少年がタケルという馬を可愛がって育てる。馬は成長し、ダービーで優勝するが、レース直後に死んでしまう。大映映画。社長の永田雅一が馬主だった名馬トキノミノルをモデルにしている（現在、府中の東京競馬場にはこの名馬の像がある）。「幻の馬」の舞台となる牧場は、八戸市のタイヘイ牧場で撮影された。牧場のなかを八戸線が走っている。映画（当時としては珍しかった総天然色映画）で、太平洋に面した広々とした牧場のなかを蒸気機関車が走る美しい姿がとらえられている。

少年が、東京へと送られてゆく馬と別れる場面が撮影されたのは、八戸線の種差駅《たねさし》（大正十三年開設、現在は種差海岸駅）。一九九七年に訪ねたが、もう無人駅で、駅舎がプレハブになっているのが寂しかった。

「男はつらいよ」シリーズ第四十一作「寅次郎心の旅路」（89年、竹下景子主演）には、いまは廃線になった宮城県の田園地帯を走るローカル鉄道が出てくる。

仕事に疲れ切ったサラリーマン、柄本明が鉄道自殺を図る。水田のなかを走る電車の線路に身を横たえる。あわやというところで、電車は急ブレーキでとまる。電車には寅が乗っていて、助かったサラリーマンと親しくなり、ついには一緒にウィーンへ旅することになる。

この鉄道は、栗原電鉄（当時の名称）。東北本線の石越《いしこし》駅を始発駅として、大正十年に開業した。一九四二年には鉛や亜鉛を産出した細倉鉱山まで延長し、電化路線に発展。その後、鉱山が閉山となり、貨物収入がなくなり、私鉄から第三セクターの、くりはら田園鉄道となったが、二〇〇七年に廃線となった。

この鉄道の跡は、いまも随所に残されている。二〇一六年に廃線跡を歩いたが、柄本明が自殺を試みた線路がいまも残っていた。

渥美清の若き日の作品、瀬川昌治監督の「喜劇　急行列車」（67年）には、宮城県の海側を走る鉄道の小さな駅が出てくる。

渥美清演じる東海道本線の特急の車掌は、若い頃、この駅で働いていた。田園のなかの小さな駅で、駅員は、駅長の左卜全と、若き渥美清の二人だけ。列車もめったにとまらないので渥美清はのんびりとストーヴで芋を焼く。

この駅は気仙沼線の陸前階上《りくぜんはしかみ》（昭和三十年開設）。気仙沼線の全線開通は昭和五十二年（一九七七）、気仙沼と前谷地《まえやち》を結ぶ。前谷地駅は石巻線（小牛田《こごた》―女川《おながわ》）と接続する。

東日本大震災で大きな被害を受け、現在ではＢＲＴ（バス高速輸送システム）が走る。

今村昌平監督の「赤い殺意」（64年）は、藤原審爾の原作では舞台が東京の中央線沿線だったのに対し、仙台市に変えられている。春川ますみ演じる平凡な主婦は、東北本線が走る土手の下の家に住んでいる。広瀬川に近い仙台市河原町五ツ谷《いつつや》（若林区）。夫（西村晃）の留守中に、強盗（露口茂）に犯されたことで人生が狂ってゆく。

強盗に犯された主婦、春川ますみは妊娠したことに気づく。ひそかに仙台を離れて、日本三景のひとつ松島の町に行き、産婦人科医に診てもらう。三カ月だと言われる。呆然として一人、町の駅から仙台へと帰る。この駅は東北本線の松島駅。ホームのすぐ脇が崖になっている。そのホームにぽつんと立つ春川ますみの姿がわびしい。

また、彼女が強盗の露口茂に、走る列車のデッキから突き落とされそうになる場面は、東北本線の仙台─小牛田間で車両を借り切り撮影された。春川ますみには命綱（電柱工事に使う補助バンド）が着けられたという。

東北新幹線が開通するはるか前の作品だから、仙台駅に蒸気機関車が入ってくる場面もある。また一九七六年に廃止されてしまった仙台市内を走る市電の姿もとらえられている。


福島県に入る。郡山《こおりやま》駅は新幹線開通以前から、東北本線、磐越《ばんえつ》東線、磐越西線、水郡《すいぐん》線の四路線が集中する鉄道の要衝。日本鉄道線の駅として明治二十年に開設されている。

家城巳代治監督の「裸の太陽」（58年）は郡山駅の機関区でロケされている（映画のなかで明示はされていない）。国鉄の鉄道員たちの青春を描いている。

江原眞二郎演じる青年は、蒸気機関車の機関士の助手。いわゆる缶焚《かまた》き。夏に撮影されているが、真夏、石炭を缶《かま》に放り込む作業は汗だくの重労働になる。

ある時、魚を積んだ冷凍貨物列車をひく蒸気機関車が上り勾配にさしかかった時、すべりどめの砂をレールに敷くパイプが故障してしまう。機関助士の青年は、走る機関車の外に出て、前部デッキから自分の手でバケツに入れた砂をレールに敷いてゆく。命がけの作業に息をのむ。ＣＧ

などない時代、江原眞二郎が身体を張って演じている。磐越東線で撮影されたと思われる。

磐越東線は、郡山と海側のいわきを結ぶ。それに対し、郡山と山側の会津、さらに新潟県の新《にい》津《つ》まで走るのが磐越西線。磐梯山の麓を走る。

会津若松を舞台にした木下惠介監督の「惜春鳥《せきしゅんちょう》」（59年）では、冒頭、磐越西線の蒸気機関車が走る。列車のなかには故郷に帰る青年、川津祐介と先輩の叔父、佐田啓二が乗っている。会津若松駅が映るが、現在の駅舎の一代前の三角屋根の木造駅舎。ローカル感がある。


会津を舞台にした久松静児監督の「続　警察日記」（55年）は鉄道ファン必見。とうに廃止になった会津地方を走る軽便鉄道が出てくる。

冒頭、磐梯山の麓の町を、小さな鉄道が走る。小型の蒸気機関車がトロッコのような客車をひいてゆっくりと走る。玩具の鉄道と間違えそう。車のほうが速い。線路を牛がふさいでしまうと、牛がどくまで、運転士は、汽車をとめなくてはならない。のんびりしている。

この鉄道は、磐越西線の川桁《かわげた》駅と駅の北にある沼尻鉱山を結んでいた私鉄、日本硫黄沼尻鉄道。硫黄を運ぶために作られた（大正二年開業）。その後、人も運んだ。

高原地帯を走る。〽汽車の窓からハンケチ振れば……、岡本敦郎が歌った昭和二十九年のヒット曲〈高原列車は行く〉のモデルはこの軽便鉄道。作曲の古関《こせき》裕而《ゆうじ》も作詞の丘灯至夫《おかとしお》も福島県の出身。この小さな鉄道に思い入れがあったのだろう。

昭和四十四年に廃止になった。「続　警察日記」は、消えた愛すべき鉄道を動態保存していることになる。

日本硫黄沼尻鉄道が出てくる日活映画がもう一本ある。若杉光夫監督の「太陽が大好き」(66年)。鉱山町で生きる十代の少女の青春を描いている。主演は新人の太田雅子(のちの梶芽衣子)。浜田光夫が恋人役。

会津の沼尻硫黄鉱山を舞台にしている。次第に鉱山が立ちゆかなくなっている頃。労働運動も起きている。鉱山労働者の娘、太田雅子は高校生。なんとか自立して生きようと考えている。

町の高校に通う時、この軽便鉄道に乗る。小さなディーゼル機関車が、乗客を乗せた車両二両と、硫黄を積んだ無蓋車二両を引いて水田のなかを走る。客車と貨車が一緒なのがローカル鉄道らしい。

客車は「マッチ箱」と呼ばれたように小さい。町で働く会社の事務員、芦川いづみが、客車に乗る場面があるが、両側のロングシートに座る乗客はくっつきそう。車内が狭いことが分かる。狭い線路を走る軽便鉄道だから仕方がない。

夜の川桁駅の場面もある。駅に「マッチ箱」が入線してくるのと入れ替りに、沼尻行きの下り「マッチ箱」が出てゆく。

昭和 43 年、磐梯山の麓を行く沼尻鉄道

当時の川桁駅は木造の駅舎で駅員もいる。この軽便鉄道が廃止になってからは、川桁駅は磐越西線だけの小駅になってしまい、まさに「マッチ箱」のような待合室があるだけになってしまった。無人駅。

ただ駅前には、この鉄道を偲ぶ碑が建てられていて、「高原列車は行く」の歌詞が刻まれている。また川桁駅の隣り、猪苗代駅が最寄りの「緑の村」には、ディーゼル機関車と二両の客車が静態保存されている。

会津地方には現在、東武鉄道へとつながる第三セクターの会津鉄道が走っている。国鉄時代の会津線を受継いでいる。法令上は、西若松―会津高原尾瀬口間だが、実質は会津若松駅が始終駅になる。

会津線時代のこの鉄道の小駅が出てくる映画がある。

石坂洋次郎原作のオムニバス映画「くちづけ」(55年)の第二話「霧の中の少女」(鈴木英夫監督)。東京の大学生、司葉子が夏休みに故郷の会津に帰省する。妹(中原ひとみ)や弟(伊東隆)が迎える。久しぶりの実家での休日を楽しんでいると、大学の同級生、小泉博が遊びに来る。

司葉子は妹、弟と三人で村の駅に迎えに行く。田園のなかの小駅に蒸気機関車が入って来る。客車と貨車を連結していて、貨車には木材が積まれている。山間部を走る列車らしい。この駅は、会津若松から四つ目の門田駅《もんでん》（昭和二年開設）。会津鉄道となったいま、簡易駅舎に変わった。

大学生の小泉博は、滞在が終わると、この駅から東京へと帰ってゆく。妹の中原ひとみが去る列車を追ってホームを走るのが可愛い。

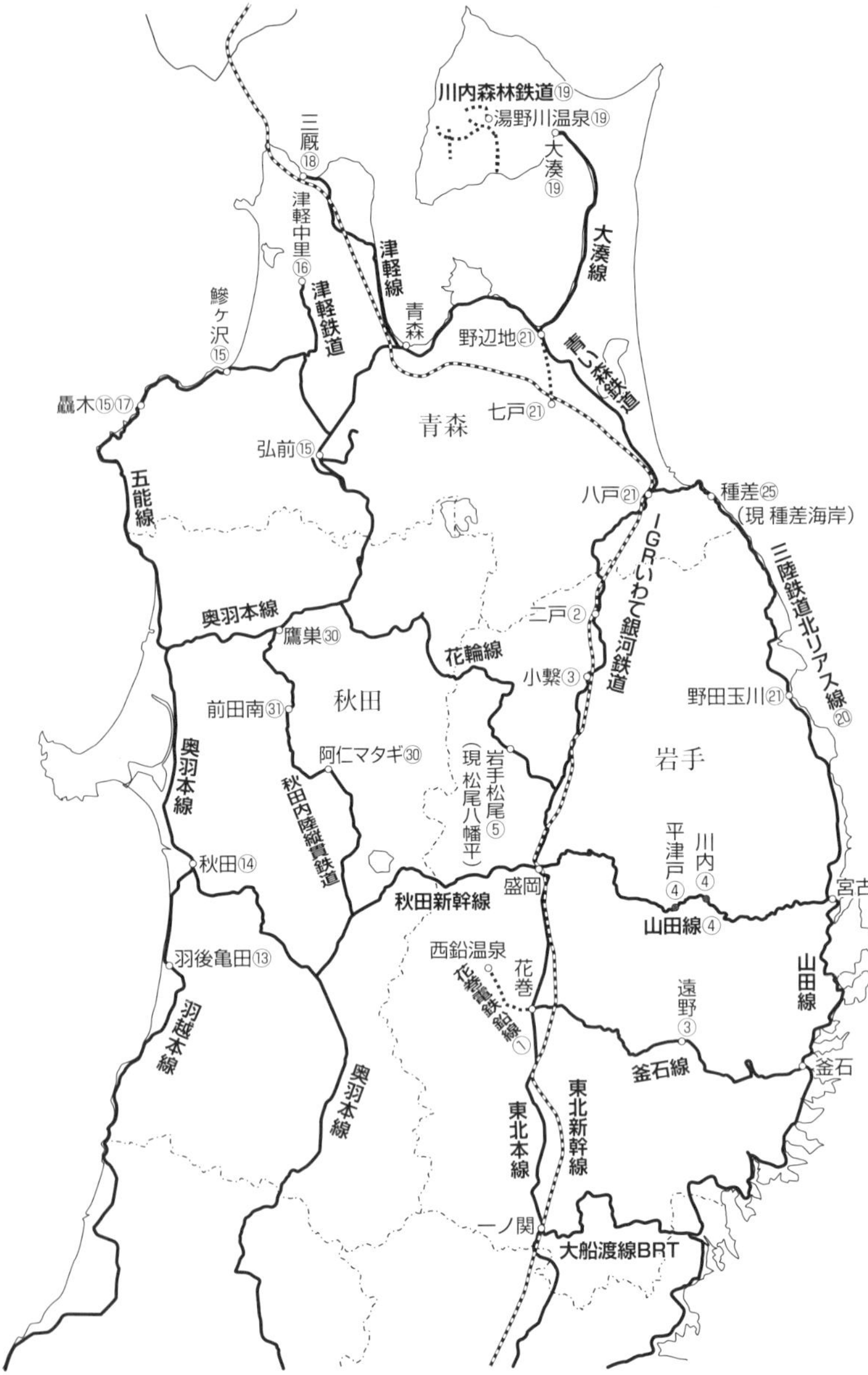

川内森林鉄道⑲
湯野川温泉⑲
大湊⑲
大湊線
三厩⑱
津軽中里⑯
津軽線
津軽鉄道
青森
野辺地㉑
青い森鉄道
鯵ヶ沢⑮
驫木⑮⑰
七戸㉑
青森
弘前⑮
五能線
八戸㉑
種差㉕
（現 種差海岸）
IGRいわて銀河鉄道
三陸鉄道北リアス線⑳
二戸②
奥羽本線
鷹巣㉚
花輪線
小繋③
前田南㉛
秋田
野田玉川㉑
阿仁マタギ㉚
岩手松尾⑤
（現 松尾八幡平）
岩手
奥羽本線
秋田内陸縦貫鉄道
平津戸④
川内④
秋田⑭
盛岡
秋田新幹線
宮古㉑
山田線④
羽後亀田⑬
西鉛温泉
花巻
花巻電鉄鉛線①
遠野③
山田線
羽越本線
釜石線
釜石
奥羽本線
東北本線
東北新幹線
一ノ関
大船渡線BRT

東北で撮影された作品と
その撮影地

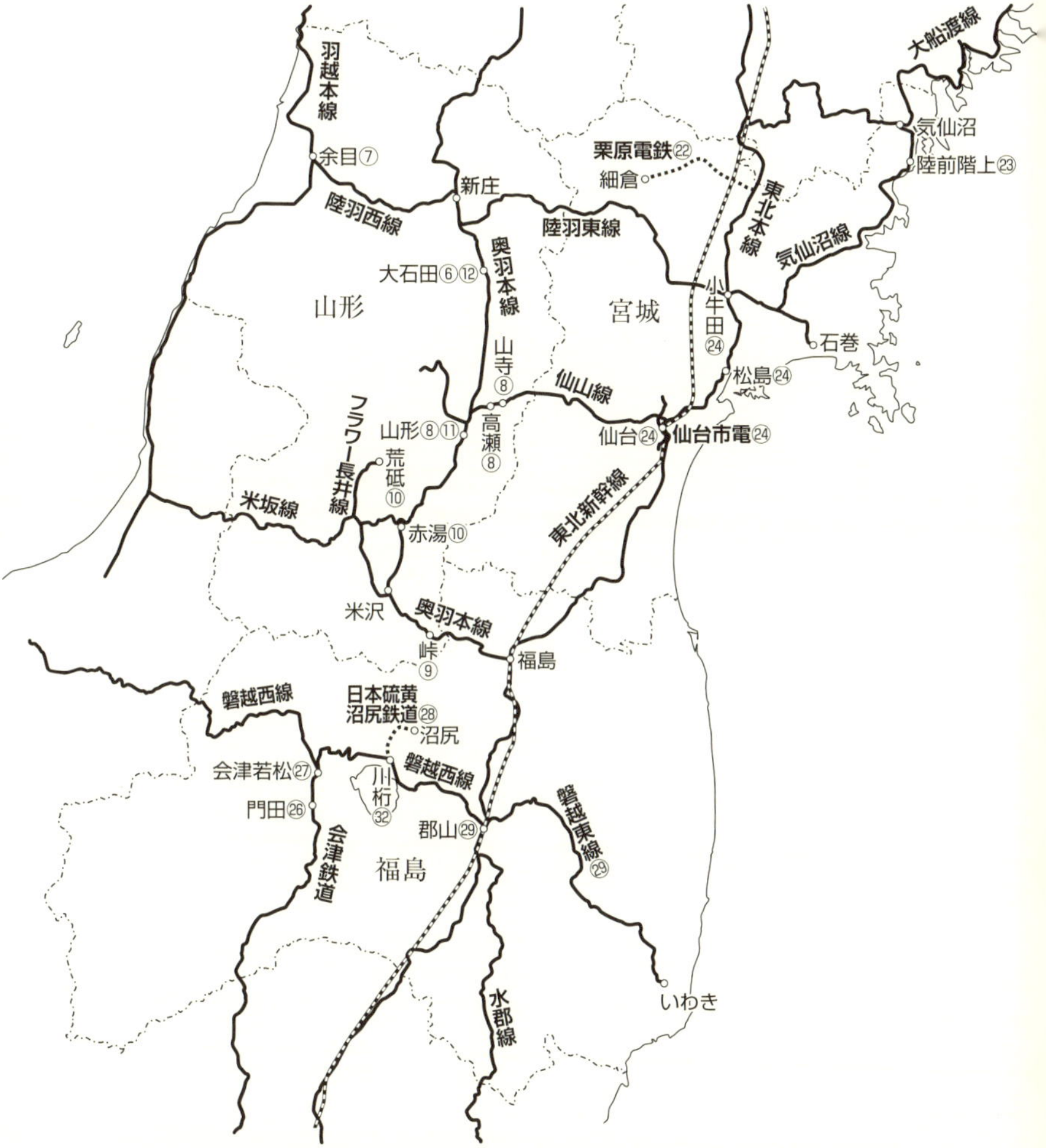

作品一覧

①銀心中
②息子
③待合室
④大いなる旅路
⑤同胞(はらから)
⑥『おしん』
⑦おくりびと
⑧おもひでぽろぽろ
⑨さゞなみ
⑩スウィングガールズ
⑪猛吹雪の死闘
⑫乱れる
⑬砂の器
⑭少年
⑮男はつらいよ 奮闘篇
⑯俺は田舎のプレスリー
⑰海に降る雪
⑱海峡
⑲飢餓海峡
⑳『あまちゃん』
㉑傷だらけの天使
㉒男はつらいよ 寅次郎心の旅路
㉓喜劇 急行列車
㉔赤い殺意
㉕幻の馬
㉖くちづけ 第2話 霧の中の少女
㉗惜春鳥
㉘続 警察日記
㉙裸の太陽
㉚マタギ
㉛君の名は。
㉜太陽が大好き

関東

東北本線で栃木県に入る。まず最初の主要駅は黒磯駅、明治十九年の開設と早い。那須の御用邸の入口で、駅には貴賓室が設けられている。

上野からここまでは直流、その先は交流のため、直通列車はほとんどない。以前はここで機関車の付け換えが行なわれた。現在は車上切換え方式、デッドセクションで一瞬、車内灯が消える。

丹羽文雄原作、中平康監督の「四季の愛欲」（58年）には、機関車切換え時代の黒磯駅が出てくる。非常に貴重。

山田五十鈴演じる男出入りの多い女性を主人公に、その息子の安井昌二、娘の中原早苗、桂木洋子の恋愛がからむ物語。

最後、黒磯駅で偶然、母親と息子、娘たちが出会う。駅では直流、交流の電気機関車の付け換えが行なわれるので、停車時間が長い。そのため東京に向かう上り列車に乗っている息子の安井昌二は、ホームの向こうに停車中の下り列車に、母親の山田五十鈴がパトロン（永井智雄）と乗っているのを見てしまう。黒磯駅の機関車付け換えという特色を生かしている。

黒磯から宇都宮へ。この駅からは西の日光に向かう日光線と、東の烏山に向かう烏山線が出ている（烏山線は戸籍上は東北本線の宝積寺《ほうしやくじ》からだが、実質は宇都宮から）。どちらもＪＲで、終点で行き止まりになる盲腸線。烏山線は単線非電化。

烏山線の終点、烏山駅は大正十二年の開設。烏山町（現在、那須烏山市）は和紙や「山あげ祭」で知られる。「男はつらいよ」の第四十六作「寅次郎の縁談」（93年、松坂慶子主演）ではタイトルシーンで寅がこの祭りを訪れ、店を開いている。

二〇〇七年に公開された、豊島ミホ原作、岩田ユキ監督の「檸檬のころ」は、烏山でロケされた高校生の少女たちの物語。最後、高校を卒業し、東京の大学に入学する榮倉奈々は、烏山駅から気動車に乗って出発する。始終駅だが片面ホームがひとつ。小さな駅のホームを出た二両だけの列車はゆっくりとホームを離れ、単線を走ってゆく。ローカル鉄道が少女のつましい旅立ちに合っている。

二〇〇八年公開の塚本連平監督の青春コメディ「ぼくたちと駐在さんの700日戦争」も烏山でロケされている。駐在さん（佐々木蔵之介）の妹（豊田エリー）が東京から町に遊びに来る。烏山駅に降り立つ。映画のなかでは木造の駅舎だが、二〇一六年、烏山線に乗りに行ったら、新しい駅舎に建て替えられていた。アトリエのようなしゃれた建物になっていた。

栃木県から茨城県に入る。この県のローカル線として人気が高いのは水戸と郡山を結ぶ水郡《すいぐん》線。特急が走らない。田園地帯を走るので、田植えの時期に乗ると、まるで水の上を走っているよう。「男はつらいよ」の第四十二作「ぼくの伯父さん」（89年、檀ふみ主演）では、冒頭、寅が水郡線の気動車に乗る。車内は混んでいる。通学の学生たちは座わっていて、老人（イッセー尾形）は立っている。見かねた寅が、学生たちに、席を老人に譲れと怒る。ところが老人は、自分はまだ若い、余計なお世話だと怒り出し、寅ともめる。

大喧嘩になった二人は、途中の駅で降りる。駅長（じん弘）があいだに入ってやっとおさまる。この駅は袋田駅。近くに名瀑、袋田の滝があるので観光地ではあるが、駅舎は地味。

茨城県を走るローカル線では、ひたちなか海浜鉄道湊線が知られる。常磐線の勝田駅と、途中、那珂湊《なかみなと》を経由して、太平洋に面した阿字ヶ浦《あじがうら》を結ぶ。私鉄（茨城交通）だったが、二〇〇八年に第三セクターになった。

プロ野球のスカウト合戦を描いた小林正樹監督の「あなた買います」（56年）では、冒頭、スカウトの佐田啓二が茨城県にいい選手がいると聞いて、この鉄道に乗る。那珂湊駅で降りる。この鉄道の主要駅。大正二年開設。車両基地がある。小さなローカル線だから電車が走っていたかと思ってしまうが、映画を見ると大きな蒸気機関車が那珂湊駅に到着するので驚く。常磐線の支線のような存在だったのだろう。

二〇〇六年に公開された李相日《リ・サンイル》監督の「フラガール」にも那珂湊駅が登場する。東京から福島県の炭鉱町（現在のいわき市）にフラダンスを教えに来た先生、松雪泰子は、地元の人間たちと

5月の田園を行く水郡線

のトラブルに嫌気がさし、東京に帰ろうとする。駅で列車を待っていると、蒼井優ら女の子たちが駅に駆けつけ、フラダンスのしぐさで「帰らないで」と呼びかける。あの感動的な場面が撮影されたのが那珂湊駅。

また二〇一一年公開の前田弘二監督のコメディ「婚前特急」で、ヒロイン吉高由里子が最後、花婿の浜野謙太と、ウェディング・ドレス姿で列車に乗り込んだのも、那珂湊駅。

大正二年開業時の木造駅舎はいまも健在。東京駅より一歳年上になる。本社の機能も果している。五年ほど前に行った時、「おさむ」という黒猫が住みついて話題になっていたが、まだ元気だろうか。

ひたちなか海浜鉄道は、東日本大震災で被害を受けたが、この駅舎は無事だった。

映画に登場した茨城県の鉄道の駅で忘れ難いものがある。水戸線（東北本線の小山《おやま》駅と常磐線の友部駅を結ぶ。明治二十二年の開業）の結城《ゆうき》駅。結城紬で知られる城下町の玄関口。この駅が出てきたのが、昭和三十一年に公開された、劇団民藝製作の「夜あけ朝あけ」。住井すゑ原作、若杉光夫監督。

鬼怒川べりの農村に住むきょうだいの物語。両親を失なったあと、子供たちが懸命に農作業をして生きてゆく姿を描いている。地元の子供たちが出演している。

苦しい家計を支えるため長男が東京に出稼ぎにゆく。連絡が途絶える。村では「夜の仕事」をしているという悪い噂が立つ。心配した小学生の妹が東京に行き、兄に会おうとするが会えない。噂は本当だったのか。

夜遅く茨城に戻った妹は悄然として、人気《ひとけ》のなくなった結城駅に降りる。小さい兄が妹を迎え、いたわる。結城駅の駅舎は現在はビルだが、当時は木造。夜の寂しさが迫り、この場面は胸に痛い。最後、兄は実は東京で、夜、地下鉄工事で働いていたことが分かり、きょうだいに笑顔が戻る。結城駅は、この映画で記憶に深く残る。

茨城県の農村を舞台にした映画は他に、今井正監督の「米」（57年）がある。

霞ヶ浦の水郷地帯に暮す零細農家（母親は望月優子、娘は中村雅子）を描いている。この村では次男や三男は、家を継げないので余計者扱いされる。農家の次男たち（木村功、江原眞二郎ら）は自棄《やけ》になって霞ヶ浦で密漁したり、酒で憂さを晴らしたりする。

彼らが遊びにゆくのが霞ヶ浦の北に位置する土浦の町。常磐線が通る。土浦駅は明治二十八年の開設。現在の駅舎は一九八三年に改築されたビルだが、「米」ではまだ木造平屋。開設当時の面影を残している。今村昌平監督の「復讐するは我にあり」（79年）では殺人を犯して逃亡中の犯人、緒形拳が、浜松駅に降り立つ場面があるが、当時、浜松駅周辺は新しくなりすぎていたので、昭和三十年代の雰囲気を残す土浦駅を浜松駅に見立てて撮影された。

「男はつらいよ」の第三十四作「寅次郎真実一路」（84年）では、寅は、蒸発中の夫（米倉斉加年）を無事に、茨城県の牛久沼の近くに住む妻（大原麗子）のもとに帰し、冬の寒い夜、一人、土浦駅からまた旅へと発《た》ってゆく。画面に映る駅舎は前年に改築された新しいビル。


土浦から常磐線の上りに乗る。利根川の手前にあるのが取手駅《とりで》。逆に上野から下りに乗ると、利根川を渡り、茨城県に入って最初の駅になる。

常磐線の取手駅と水戸線の下館《しもだて》駅を結ぶのが、私鉄の関東鉄道常総線（大正二年に常総鉄道として開業）。

嶽本野ばら原作、中島哲也監督の「下妻物語」（04年）は、この鉄道の主要駅、鬼怒川沿いの下妻駅周辺が舞台になっている。

深田恭子演じるロリータ・ファッションに身を固めた少女は、東京の代官山に買物に行く時に、下妻駅から常総線の気動車に乗って取手に出る。「一時間に二本しかない」とぼやいている。田舎の駅の待合室にピンクのお姫様衣裳はアンバランスで笑わせる。

深田恭子は、土屋アンナ演じる地元のヤンキー娘と親しくなる。二人が駅のホームで話をする場面があるが、この駅（対面式ホームがある）は下妻駅より下館駅寄りにある騰波ノ江《とばのえ》のようだ。

「男はつらいよ」シリーズ第三十九作の「寅次郎物語」（87年、秋吉久美子主演）の冒頭、寅が夢から覚める小駅は、この鉄道の取手に近い中妻駅。昭和を思わせる懐しい駅舎はいまも健在。常総線は二〇一五年の秋、台風で鬼怒川が氾濫した時に被害を受けたが、現在は復旧している。

群馬県に入る。高崎市を本拠地とする、当時としては珍しかった市民楽団、群馬交響楽団の苦闘の歴史を描く、水木洋子脚本、今井正監督の「ここに泉あり」（55年）は、蒸気機関車が高崎駅に到着するところから始まる。

昭和二十二年、まだ戦後の混乱期。列車は買出し客などで超満員。窓にぶらさがっている客もいれば、客車の屋根の上に乗っている客もいる。先頭を走る蒸気機関車Ｃ50にも大勢の客がしがみついている。

エキストラを使い、終戦直後の列車の混雑ぶりを再現したという。列車が高崎駅に着くと、交響楽団のメンバーやマネージャーの小林桂樹らが超満員の列車に乗り込む。大きな太鼓をかかえた加東大介など改札口を入るだけでひと苦労する。

撮影当時の高崎駅（明治十七年開業）の駅舎は、現在のビルと違って、雪山のロッジを思わせるようなハーフティンバーの美しい建物。三つの三角屋根が西洋館を思わせる。

カメラはこの駅舎を正面からとらえ、そこに「ここに泉あり」とタイトルが出る。音楽映画が、駅舎から始まるのは、群馬交響楽団が県内各地に演奏しにゆく「旅する楽団」だったからだろう。

高崎駅からは信州方面に向かう私鉄の上信電鉄上信線が出ている。明治三十年開業と私鉄のなかでは古い。途中に、世界文化遺産となった富岡製糸場があったためだろう。

高崎から妙義山の山麓、下仁田《しもにた》まで行く。下仁田はネギとコンニャクで知られる。歴史のある鉄道だけに大正生まれの、カブト虫のような凸形電気機関車デキが保存されている。「上州のシーラカンス」と呼ばれている。

この上信電鉄が出てくる映画が、台湾の侯孝賢《ホウ・シャオシェン》監督が日本でロケして作った「珈琲時光《コーヒーじこう》」（04年）。一青窈《ひととよう》演じる主人公は、東京都豊島区の鬼子母神あたりのアパートに住むフリーライター。実家は群馬県にある。

夏に帰省する。高崎線から上信電鉄に乗る。頭端式のホームは始終駅ならでは。列車は四人掛け、ボックスシートがある。

一青窈は町なかの駅に降り立つ。主要駅の吉井駅。木造の駅舎が昭和を感じさせる。侯孝賢監督は「川の流れに草は青々」（82年）や「恋恋風塵《れんれんふうじん》」（87年）を見ても分かるように鉄道好き。「珈琲時光」では、日本の地方を走る地味なローカル鉄道を登場させた。

夏の一日、雨が降っているなか、一青窈は自転車に乗って、小さな駅に遊びに行く。この駅には、彼女の高校時代から猫が住みついていて、それを見に来た。画面には映らないが、女性の職員が「いまでも、皆んなに可愛がられているよ」と教える。

この駅は根小屋《ねごや》駅。高崎駅から三つ目の小さな駅。「珈琲時光」を見たあと、上信電鉄に乗って根小屋駅に行った。本当に猫がいた。野良猫がいつのまにか居ついてしまったらしい。利用客に可愛がられていた。

群馬県の県庁所在地は前橋。残念ながら、ここには新幹線が通っていない。前橋からは、私鉄の上毛《じょうもう》電気鉄道（上電）が出ている。赤城山麓を走り、西桐生まで行く。起点である中央前橋駅も、終点の西桐生駅も他の鉄道と接続しない。独立路線。

昭和三年の開業。中央前橋駅の駅舎は近年新しくなったが、西桐生駅の駅舎は、開業時のまま。洋風でマンサード屋根がしゃれている。この電車は、以前、井の頭線を走っていたものが使われているので親しみが持てる。

上毛電鉄の小さな駅が出てくるのが、乙一《おついち》原作、天願大介《てんがんだいすけ》監督の「暗いところで待ち合わせ」（06年）。このサスペンスあふれるラブストーリーの舞台に選ばれたのが、前橋中央駅と西桐生駅のほぼ中間にある大胡《おおご》駅。構内に車両検修所のある主要駅だが、駅舎は昔ながらの木造でこぢんまりしている。

田中麗奈演じる目の不自由な若い女性は、ローカル鉄道の駅を見下ろす坂の上の一軒家に住んでいる。そこに殺人容疑で警察に追われる若者（台湾のチェン・ボーリン）が忍び込み、やがて孤独な二人が心を寄せ合うようになる。

劇中では「おおや駅」と仮名になっているが、大胡駅で撮影されている。木造駅舎と島式ホームがひとつ。昔ながらの切符の発売機があり、硬券が売られている。

二〇一六年に大胡駅に行ったが、映画が作られてから十年たつのに、映画のなかと同じ駅の風景が残っていた。

わたらせ渓谷鐵道（わ鐵）は、その名のとおり、渡良瀬川の上流の渓谷に沿って走る。群馬県桐生市の両毛線の桐生駅から、栃木県日光市の間藤《まとう》駅を結ぶ。約四十四キロ。もともと足尾銅山のために明治四十四年（一九一一）に作られた。国鉄時代は足尾線。一九八九年に第三セクターのわたらせ渓谷鐵道となった。

国鉄時代の足尾線が登場するのが、いまも鉄道好きに愛されている映画、井上和男監督の「喜劇　各駅停車」（65年）。原作は清水寥人『機関士ナポレオンの退職』（光風社出版、一九六〇年）。松山善三の脚本。森繁久彌演じる主人公は、足尾線のベテラン機関士。ナポレオン好き。五十歳を過ぎて、上司に退職をすすめられるが、「国鉄には停年はない」と突っぱね、頑固に蒸気機関車に乗り続ける。三木のり平演じる助士が缶を焚く。足尾線でロケされていて、全編といっていいほど蒸気機関車が勢いよく走る。

主要駅の大間々《おおまま》駅や、転車台のある桐生駅の様子もとらえられる。この鉄道は、渓谷沿いを走り、カーヴが多いので、落石や土砂崩れがよく起る。映画のなかでは、蒸気機関車の転覆事故も描かれる。まだCGのない頃、国鉄が撮影に協力していて、実際に老朽化した機関車を転覆させたという。

わたらせ渓谷鐵道になってからは、まず、井筒和幸監督の「のど自慢」（99年）に登場する。

四季折々の景色も美しいわたらせ渓谷鐵道

冒頭、室井滋演じるどさ回りの演歌歌手が田舎町での仕事を終えて、マネージャーの尾道イサオとこの鉄道に乗り込む（駅は大間々駅か）。二両の気動車が桐生へと走ってゆく。

森田芳光監督の遺作となった「僕達急行　A列車で行こう」（12年）では、冒頭、鉄道好きの二人の若者、松山ケンイチと瑛太がこの鉄道に乗る。

吉田秋生の漫画を映画化した是枝裕和監督の「海街diary」（15年）では、父親の葬儀のために山形県の田舎町に来た三姉妹（綾瀬はるか、長澤まさみ、夏帆）が、腹違いの妹（広瀬すず）に見送られ東京に戻る駅は、終点のひとつ手前、足尾駅でロケされている。

西川美和監督「永い言い訳」（16年）で、最後、作家の本木雅弘が列車に乗り込む駅は神戸《ごうど》。

わたらせ渓谷鐵道には古い駅舎が多いが、とくに知られているのは、上神梅《かみかんばい》駅。開業当時の古寺のお堂のような木造駅舎がいまも残る。建物の外側に回廊のように木のベンチが置かれている。

オムニバス映画「BUNGO〜ささやかな欲望」（12年）の第六話、林芙美子の『風琴と魚の町』からアイデアを得ている「幸福の彼方」（谷口正晃監督）では、幼ない子供を連れた行商人の一家が、この駅の前で商売をする。また一家が列車に乗る場面は、上毛電鉄で撮影されている。

この鉄道の終点の間藤駅は、全国鉄の路線に乗車した紀行作家、宮脇俊三が最後に降り立った駅として、鉄道ファンの聖地になっている。待合室には「ここは間藤『時刻表2万キロ』の終着駅」と宮脇俊三を顕彰するコーナーが作られている。

「海街 diary」が撮影された足尾駅

赤羽駅を出た下りの京浜東北線が荒川（隅田川の上流）に架かる長い鉄橋を渡ると埼玉県に入る。最初の駅は川口駅。

川口は、現在では様変りしてしまったが、昭和三十年代までは、江戸時代から続く鋳物の町として知られた。町には鋳物を作る工場の、キューポラと呼ばれる煙突が並んだ。

少女時代の吉永小百合が、川口の鋳物職人（東野英治郎）の中学生の娘を演じた浦山桐郎監督の「キューポラのある街」（62年）では、開巻、空中撮影で荒川の鉄橋がとらえられ、川口が荒川を越えた、東京の隣り町であることを見せてゆく。

京浜東北線や東北本線が行き交う鉄橋に近い荒川の土手は、狭苦しい家に住む町の子供たちにとって格好の遊び場所になっている。中学生の吉永小百合が親しい女友達や、工員の浜田光夫と話をするのは、鉄橋の見える草土手。また、吉永小百合がある時、突然、初潮を知るのは鉄橋下の河川敷の草むら。

川口駅（明治四十三年開設）は当時、まだローカル色の濃い木造駅舎。吉永小百合が仲良くしている女の子（鈴木光子）は在日。父親（浜村純）や弟と共に北朝鮮に帰ることになる。現在では信じられないが、北朝鮮が理想の国家とされていた時代。

祖国を夢見て帰還する在日の家族たちは、川口駅から見送りの人々に送られて、新潟へと旅立つ。ただ、小学生の弟（森坂秀樹）は、父親と離婚して日本に残る母親（菅井きん）に会いたくて、途中の大宮駅で降り、一人、川口に戻ってしまう。

しかし、結局はまた、北に行く父親と姉を追うことになる。一人、川口駅から新潟に向かう列車に乗る。

姉の吉永小百合と弟の市川好郎が、この子供を川口駅近くの跨線橋から見送る。子供たちの駅での別れが、映画の終わりになる。


子供たちの駅での別れといえば、この映画を忘れてはいけない。水木洋子脚本、今井正監督の「キクとイサム」（59年）。終戦後、日本人の女性と黒人の米兵とのあいだに生まれた姉のキク（高橋恵美子）と弟のイサム（奥の山ジョージ）は、会津、磐梯山の麓《ふもと》で農家の祖母（北林谷栄）に育てられる。

祖母は孫たちを可愛がるが、「混血児」はやはり日本にいるより、アメリカのほうがいいだろうと、大人しい弟のイサムをアメリカに養子に出すことにする。

駅での別れになる。小さな駅に汽車が入ってくる。イサムが乗る。汽車が走りだす。それまで黙っていたキクが突然、ホームを走って汽車を追う。弟を追う。定石とは分かっていても、女の子が懸命に走る場面はやはり感動する。

この駅は映画のなかでは福島県の小駅に設定されているが、撮影されたのは、『今井正「全仕事』スクリーンのある人生』（ACT、一九九〇年）によると、東京都の八王子駅と群馬県の高崎駅（法令上は高崎駅のひとつ手前の倉賀野《くらがの》駅）を結ぶ八高《はちこう》線の寄居《よりい》駅で撮影されたという。

現在では駅周辺は建物が多く建っているが、昭和三十年代はまるで野の駅。東京の近くに、当時まだこんなローカルな駅があったのかと驚いてしまう。

寄居駅はJRの八高線の他に、私鉄の秩父鉄道と東武東上線が接続する。主要駅だが、近年、ご多分に洩れず過疎化が進み、駅前が閑散としてきているのが寂しい。

二〇〇八年に公開された熊切和嘉監督の「ノン子36歳（家事手伝い）」の主人公、坂井真紀演じるノン子は、寄居に住んでいるという設定で、この映画には寄居駅をはじめ、池袋方面に向かう東武東上線の寄居駅の次の駅、玉淀《たまよど》駅などが登場する。

玉淀駅の次の次の駅が、難読駅として知られる男衾《おぶすま》駅。松本清張原作、野村芳太郎監督の「鬼畜」（78年）では、緒形拳が愛人の小川真由美を訪ねるためにこの小駅に降り立つ。

二〇一五年、神保町シアターで上映された芦川いづみ特集のなかで、「キクとイサム」と同じ年に公開された日活映画「その壁を砕け」をはじめて見た。

新藤兼人脚本、中平康監督のプログラムピクチャーだが、実に面白い。

田舎の小駅の駅前にある酒屋で強盗殺人事件が起きる。たまたま車で通りかかった自動車修理工の青年、小高雄二が容疑者として逮捕されてしまう。

恋人の看護婦、芦川いづみが、冤罪《えんざい》を晴らそうと町の巡査、長門裕之の協力を得て犯人を探す。ほぼ全篇、小駅とその周辺でロケされている。映画のなかでは新潟県の「鉢木駅《はちき》」となっているが、これは架空。

どこで撮影されたのか、気になっていたら、製作会社の日活のSさんから教示を受けた。八高線の高麗川《こまがわ》駅とその周辺で撮影されたという。高麗川駅（昭和八年開設）は八王子駅と寄居駅のあいだにある（埼玉県）。川越線との分岐点。

これまで何度か行っているが、駅の様子は昭和三十年代とはまったく変っていて、映画を見ていてもそれと気づかなかった。

寄居駅を走る秩父鉄道は、埼玉県の羽生《はにゅう》駅（東武伊勢崎線と接続する）と埼玉県秩父地方の三峰口《みつみねぐち》を結ぶ私鉄。昭和五年の開業。秩父や長瀞《ながとろ》への観光、武甲山《ぶこうざん》で産出される石灰の輸送が目的だった。現在、日によってSLが走る。

この秩父鉄道が出てくるのが、二〇一四年に公開された加納朋子原作、深川栄洋監督の「トワイライト　ささらさや」。

新垣結衣は夫（大泉洋）が若くして事故死したため、生まれたばかりの赤ん坊を連れて田舎町で新しい人生を始める。

映画のなかでは明示されていないが、新垣結衣が赤ん坊を連れて降り立つ駅は、秩父鉄道の終点、三峰口駅。昔ながらの木造駅舎と、残されている転車台でそれと分かる。

三峰神社への玄関口だが、平日などひっそりとしていて、シングルマザーが住みたくなるのも分かる気がする。

東京から多摩川を渡ると神奈川県の川崎市。市の玄関口の東海道本線の川崎駅の開設は明治五年と早い。新橋―横浜間を鉄道が走った年。

大島渚監督の第一作「愛と希望の街」（59年）では川崎に住む貧しい少年（藤川弘志）が川崎駅の前で鳩を売った。恩地日出夫監督の「めぐりあい」（68年）では川崎の自動車工場で働く黒沢年男と、女店員の酒井和歌子が通勤に川崎駅を利用した。

川崎駅と東京の立川駅を結ぶのがＪＲの南武線。もともとは私鉄。多摩川の砂利を運ぶために昭和四年に開業した。

成瀬巳喜男監督の「めし」（51年）で原節子演じる妻は、夫（上原謙）との仲がこじれて、大阪から実家に帰る。実家は、母親の杉村春子、妹夫婦の杉葉子と小林桂樹が洋品店を営んでいる。店は、南武線の矢向《やこう》駅に近い商店街にある。川崎駅から二つ目。

林芙美子の原作にはこうある。

「新開地の、溝《どぶ》っ川に沿った、商店街で、さびしい町並ではあったが、割合い住みいいところである。東京にも、横浜にも近く、町の周囲には、工場が多かったので、終戦後、急速に、商店街がひらけた」

戦後の新開地だったことが分かる。ちなみに矢向は横浜市鶴見区になる。

矢向駅のひとつ手前、川崎駅の次が尻手《しって》駅で、ここは川崎市になる。成瀬巳喜男、川島雄三共同監督の「夜の流れ」（60年）では、新橋の芸者の一人、草笛光子が前の男、北村和夫との仲がこじれ、無理心中させられるが、男は彼女を道連れにして、尻手駅のホームから入線してきた南武線の電車に飛び込む。

川崎市は工場地帯。とくに東京湾岸に工場が多い。そのため、工場地帯に鉄道が網の目のように張りめぐらされている。ほぼ全体を鶴見線（JR）と呼ぶ。

ここには鉄道ファンによく知られている駅がある。始発駅の鶴見駅（京浜東北線）の次の国道《こくどう》駅。昭和五年に作られた。鶴見駅を出たあと、電車は東海道本線と京浜急行、さらに第一京浜国道（国道15号線）、鶴見川を越さなければならないので、高架に駅が作られた。京浜国道に接しているのでその名も国道。駅のホームそのものは普通と変りがないが、「異空間」があらわれるのはホームの下。アーチ型の長いコンコース（通路）になっていて暗い穴蔵のよう。両側は一階が店舗、二階が住居に作られているのだが、現在、多くの商店が店を閉じ、シャッター通りになっている。そのためがらんとしていて「都会のなかの秘境駅」になっている。入り口の壁には戦時中の米軍による機銃掃射の弾痕が残るので驚く。

是枝裕和監督のデビュー作、宮本輝原作の「幻の光」（95年）では、主人公が少女時代に住む家が、この国道駅のコンコースにある家になっている（設定は大阪だが）。家の上を電車が通る。

鶴見線にはもうひとつよく知られた駅がある。国道駅の先の終点、海芝浦駅《うみしばうら》。京浜運河の上に作られていて、ホームは水の上に浮かんでいる。駅の出口は、目の前の東芝京浜事業所の入り口になっている。一般の乗客はなかに入れない。つまり駅の外に出られない。東芝のために作られた行き止まりの駅。

森田芳光監督の遺作「僕達急行　A列車で行こう」（12年）では、蒲田あたりで町工場を営む笹野高史が、ある時、気分転換に、息子の瑛太を連れて、海芝浦駅のホームに立つ。工場街の海を見ながら「子供の頃、海といえばここだった」と言うと、息子も「僕も時々、ここに来る」と答える。町工場で育った親子には、工場街の駅が大事な場所になっている。

海芝浦の隣りの新芝浦駅は、円地文子原作、五所平之助監督の「愛情の系譜」（61年）に登場する。

岡田茉莉子演じる主人公の愛の遍歴を描いているが、最後、彼女は少年鑑別所帰りの川崎の工員、宗方勝巳に慕われる。しかし、工員はある夜、娼婦を殺してしまう。自首することになり、最後に岡田茉莉子に会うことになる。場所は早朝の新芝浦駅。この駅も海芝浦と同じように運河に面していて、小さなホームが海に浮かんでいるよう。早朝の人の姿がほとんど見えない工場街の海に浮かぶ小駅が二人の寂しい別れにふさわしい。

川崎駅から多摩川に沿うように工場街を走る私鉄がある。京急大師線。途中に初詣のにぎわいで知られる川崎大師があるのでこの名が付いた。終点は小島新田《こじましんでん》駅。木造の駅舎で、プラットホームはひとつだけ。小さな終着駅で、周辺は工場が並ぶ。

北野武監督の「キッズ・リターン」（96年）では、二人の若者、金子賢と安藤政信がこの駅に近い陸橋を走る。金城一紀原作、行定勲監督の「GO」（01年）では、窪塚洋介演じる在日の若者が、北朝鮮にいる兄の死を知って悲しみ酔いつぶれた父親、山﨑努をこの駅に迎えに行く。よほどの鉄道好きでないと知らないような小さな鉄道の駅を登場させる。映画のロケハンの力に感服する。

横浜駅といえば、以前はホームのシューマイ売りの若い女性が名物になっていた。沢田美喜が設立した戦後の混血孤児のための施設、エリザベス・サンダース・ホーム（神奈川県大磯町）をモデルにした、獅子文六原作、渋谷実監督、淡島千景主演の「やっさもっさ」（53年）は米軍基地が多数あった時代の横浜を舞台にしているが、桂木洋子が横浜駅のシューマイ売り嬢を演じていて可愛い。

松本清張原作、橋本忍脚本、野村芳太郎監督の「張込み」（58年）では冒頭、殺人犯（田村高廣）の行方を追う二人の刑事、宮口精二と大木実が佐賀に行くため、横浜駅から、夜の十一時六

海に浮かぶ船のような海芝浦駅

分発の鹿児島行き急行「さつま」に飛び乗る。新幹線のない時代、横浜から佐賀まではまるまる一昼夜かかる。鳥栖駅で長崎本線に乗り換え、佐賀駅には翌日の夜に着く。

東京の刑事が、東京駅からではなく横浜駅から乗ったのは新聞記者を避けるため、と説明されている。

東海道線を大船駅で離れ、横須賀線に乗ってみよう。次の北鎌倉駅が小津安二郎監督「麦秋」(51年)に出てくるのはよく知られている。朝、オフィスに出勤する原節子と、病院に出勤する医師の二本柳寛がホームで顔を合わせ、『チボー家の人々』をどこまで読んだかの話をする。

北鎌倉駅は昭和五年の開設。当時のままの一代目の木造駅舎と、対面ホームがいまも残っているのは凄い。大事に使われているのだろう。

鎌倉駅の開設は明治二十二年と早い。これは横須賀線が軍港のある横須賀に行くために敷かれたから。鎌倉駅が出てくる映画は数多いがひとつだけあげれば、小林正樹監督のデビュー作、林房雄の家庭小説をもとにした「息子の青春」(52年)。

鎌倉に住む作家(北龍二)とその家族(母親は三宅邦子)の物語。高校生の次男、石濱朗には可愛い女学生のガールフレンド、小園蓉子がいる。ある時、二人はデートをし、東京へ遊びに行くことになる。

朝、鎌倉駅のホームで待合せをする。二人ともいつもの制服ではなく、大人のようにおしゃれをしてきたのですぐには相手に気がつかない。十代のういういしいデート。

鎌倉駅の駅舎は、この時代、二代目。三角屋根の北欧風で住民に愛されていた。そのため、一九八四年、開業九十五年を機に現在の三代目駅舎に替えた時、前の駅舎の形を尊重した。正面は三角屋根、屋根にはとんがり帽子の時計塔が置かれている。

鎌倉駅からは海岸沿いに藤沢駅まで私鉄の江ノ島電鉄が走る。通称、江ノ電。現在、観光客に極めて人気が高い。明治三十五年の開業。

江ノ電が登場する早い映画は、鎌倉に住んだ川端康成原作の、新藤兼人脚本、成瀬巳喜男監督「舞姫」（51年）。主人公の高峰三枝子は東京にバレエ教室を開き、鎌倉に家がある（夫は大学教授の山村聰）。夫がありながら昔の恋人、二本柳寛との仲を続けている。家は洋館。江ノ電の鎌倉駅の隣り、和田塚《わだづか》駅の近くにある。画面にこの小駅が映る。

江ノ電が出てくるものでもっともよく知られる映画は、黒澤明監督の「天国と地獄」（63年）だろう。

誘拐犯（山﨑努）を追う刑事の一人、木村功が、録音した犯人からの電話を何度も聴くうちに、公衆電話の向こうで電車の音が聴こえてくるのに気づく。この電車はどこか。

早速、テープレコーダーを持って横浜駅（シナリオによる）に行き、鉄道に詳しい国鉄の職員たちに録音を聴いてもらう。職員の一人がすぐに、江ノ電のものだと気づく。「あのチチチーッって音は、パンタグラフの音じゃない。旧式のポールが架線にすれて出る音ですよ。今時ポールで走ってるのは、この辺じゃ江ノ電くらいのもんでさあ」と得意気に語る。さすが鉄道のことをよく知っている。国鉄の職員としてローカル私鉄を低く見てもいる。演じているのは名傍役、沢村いき雄。

このあと、刑事たちは江ノ電の沿線をシラミつぶしに捜査してゆく。

また、この映画で、子供、正確には運転手の子供を誘拐された製靴会社の重役、三船敏郎は身代金を支払うことになる。犯人の指示するままに、東京駅発の東海道本線下り、特急「第二こだま」に乗る。新幹線が開通する一年前のこと。列車が小田原駅の手前、酒匂《さかわ》川の鉄橋を渡り切ったところで、犯人の指示どおり三千万円を入れた鞄を洗面所の窓の隙間から投げ落とす。鉄道を使った巧妙な方法。犯人は頭がいい。特急の窓は開かないが、洗面所の通風窓だけは七センチほど開く。それを利用した。犯人は鉄道に詳しい。

江ノ電に戻ろう。この電車でいちばん人気の高い駅は、鎌倉高校前駅。目の前に海（相模湾）が広がり、右手に江の島が見える。撮影名所で、さまざまな映画に登場するが、ひとつだけあげれば「男はつらいよ」シリーズの第四十七作「拝啓車寅次郎様」（94年）。寅が旅先の琵琶湖で出会った写真好きの主婦、かたせ梨乃のその後が気になり、甥の満男と、鎌倉の彼女の家に行ってみる。なんとか幸せに暮しているのが分かる。その帰り、寅と満男は「鎌倉高校前」から江ノ電に乗る。この頃から、江ノ電は人気電車になってゆく。

近年、鎌倉人気、江ノ電人気を高めたのは吉田秋生の漫画の映画化、是枝裕和監督の「海街diary」だろう。四人姉妹は鎌倉の、江ノ電、極楽寺《ごくらくじ》駅の近くに住んでいる。山裾の小駅で木造駅舎が懐しい。この駅には電車の工場がある。

駅の手前（鎌倉寄り）にはこの電車で唯一の極楽寺トンネルがある。トンネルを出た電車を跨線橋から眺めることが出来る。「天国と地獄」では、金持の息子と間違われて、運転手の子供（島津雅彦）が誘拐される。三船敏郎は他人の子供のために多額の身代金を払うことになる。

責任を感じた運転手（佐田豊）は、無事に戻った子供を車に乗せ、犯人たちの車でどこを通ったかを思い出させてゆく。車が極楽寺駅の跨線橋を通った時、子供は、鎌倉行きの江ノ電の電車がトンネルのなかに入ってゆくのを見て、「お父ちゃん、僕、ここ通ったよ」と父親に伝える。江ノ電のなかでも特色のある風景だから記憶に残ったのだろう。

藤沢駅から再び、東海道本線に乗る。次が辻堂駅。木下惠介脚本、青柳信雄監督の「愛の砂丘」（53年）では、若い会社員の高島忠夫が辻堂駅から東京の会社へと通う。木下惠介監督の

「今日もまたかくてありなん」（59年）では、東京のサラリーマン、高橋貞二が湘南の海辺の松林に家を建てる（妻は久我美子、子供は子役時代の中村勘九郎）。毎朝、バスで辻堂駅に出て、東京へと出勤する。大船に撮影所のあった松竹の映画人には湘南が身近かに感じられたのだろう。

辻堂駅の隣りは、茅ヶ崎駅。森田芳光監督の自主映画時代の代表作「ライブイン茅ヶ崎」（78年）は、茅ヶ崎の農家で生まれ育った気のいい若者たちの青春をユーモラスに、描いている。若者の一人には、東京に恋人がいる。彼女はよく東海道本線に乗って茅ヶ崎にやってくる。

いつもは茅ヶ崎駅から東海道線に乗って東京に帰ってゆくのだが、ある時、茅ヶ崎駅から、横浜線の橋本駅（京王相模原線と接続している）までゆく相模線があることを知り、遠回りだが、この電車に乗って帰る。森田芳光の鉄道好きぶりがうかがえる。

相模線は茅ヶ崎から北上してゆく形で延伸していった。橋本まで到達したのは昭和六年。この鉄道は相模川の砂利を運ぶのを目的にした。事情は、南武線と似ている。

相模線の沿線には相模一の宮になる寒川《さむかわ》神社がある。高倉健がよく参拝した神社で、撮影に入る前と、無事に終わったあと、必ず訪れたという。

東海道本線はよく知られているように、以前は現在の御殿場線（国府津《こうづ》—沼津）を走っていた。しかし、箱根の山裾を走るため勾配が急で運行に難儀した。そのため丹那トンネルが作られ、昭和九年に完成すると現在の熱海経由が東海道本線となり、国府津―沼津間はローカル線に格下げになった。

山北《やまきた》駅は御殿場線の主要駅で、かつては、蒸気機関車の機関庫もあった。町は鉄道の町としてにぎわったが、電車の時代になった現在は、山裾のひっそりとした町になっている。

黒沢清監督の「岸辺の旅」(15年)では、浅野忠信演じる謎の男がこの小さな町に現われ、一時、住みつくことになる。蒸気機関車の時代の役割を終えた小さな町は、流れ者にとって隠れ里になる。この映画には、山北駅の隣りの谷峨《やが》駅(無人駅)の山小屋のような三角屋根の駅舎もとらえられている。映画のなかに御殿場線が登場するのは珍しい。

東海道線に戻る。国府津から小田原を過ぎると根府川《ねぶかわ》駅。目の前は相模湾。崖の上に建つから、眺めはいい。絶景。詩人の中桐雅夫は詩『海』で「根府川と真鶴《まなづる》の間の海の　あのすばらしい色を見るといつも僕は　生きていたのを嬉しいと思う」と詠んだ。

しかし、美しい海に接しているだけに、相模湾を震源地とする関東大震災では大きな被害を受けた。地滑りで、駅も、列車も海に消え、多数の死者を出した。関東大震災で駅そのものが消滅したのは根府川駅だけという。

根府川駅は現在、無人駅だが、駅の改札口横には「関東大震災殉難碑」が建てられている。被害の大きさがうかがえる。

根府川駅の近くには、鉄道の名所がある。真鶴駅とのあいだにある、白糸川《しらいと》という渓谷のような川に架かる高い鉄橋。通常は線路の上に付けられるトラスだが、この橋では箱型トラスが下に付けられている。ＪＲの鉄橋のなかでも、鉄道写真を撮るファンに人気が高い。

この白糸川橋梁も映画によく登場する。主人公が東海道線を西へと下る時に、この鉄橋をとらえる。海を背景にするので広々とした感じが出る。

この鉄橋がもっとも印象的に使われたのは松本清張原作、大庭秀雄監督の「眼の壁」（58年）だろう。手形詐欺に遭った会社の経理課長、織田政雄が責任を感じ、自殺する。白糸川橋梁を走ってきた列車に飛び込む。そのあと、部下の佐田啓二が課長のために詐欺犯を追うことになる。

昭和二十三年に公開された木下惠介監督の「女」は、オールロケ、主な登場人物が二人だけ、アップの多用などの斬新なカメラワークで知られる異色作だが、鉄道好きにとっても忘れ難い。

強盗事件を引き起した男（小沢栄太郎）が、付き合いのある踊り子（水戸光子）と逃避行に出る。東京から浜松に行こうとする。踊り子は嫌々ながら、くされ縁で引きずられてゆく。

女はまず、男に会うため、東海道本線で小田原に行く。そこで、箱根登山鉄道（小田原―強《ごう》羅《ら》）に乗り換え、箱根温泉郷の入り口、箱根湯本駅に降り立つ。現在はロマンスカーが走るが、この時代はまだ一両の小さな電車が走る。あくまで牧歌的。

女は箱根湯本駅で男と落合う。男はこれから浜松に逃げようと誘う。女は仕方なく男に従う。二人は小田原駅に戻り、東海道本線の下りに乗って、浜松に向かう。カメラは相模湾沿いを走る列車をさまざまな角度からとらえる。前述の、根府川―真鶴間の白糸川橋梁をトラスの下からとらえているのは珍しい、貴重な映像になっている。

列車が根府川の次の真鶴駅に着いた時、女は男から逃れようと、列車から飛び降りる。男がそれを追う。二人は真鶴駅に降り立ち、そこから隣りの熱海へ歩くことになる。

真鶴駅の駅舎は小さい平屋。大正十一年の開業で、温暖な地らしく、南国風のオレンジ色の屋根はいまも変らない。東海道本線のなかで早川駅と並んでもっとも古い駅舎（東京駅を除く）。

松本清張原作、石井輝男監督のサスペンス「黄色い風土」（61年）には、旧日本軍が作った贋札をめぐる殺人事件を追う週刊誌記者の鶴田浩二が、事件を追って真鶴駅に降り立つ場面もある。「女」「黄色い風土」撮影当時といまも、駅舎も、駅周辺の風景もほとんど変っていない。小田原と熱海のあいだの小駅だからだろう。

木下惠介監督は、昭和二十八年公開の「日本の悲劇」で再び、神奈川県から静岡県へと走る東海道本線を取り上げる。

戦後の混乱期、夫を失なった女性（望月優子）が、熱海の旅館で「女中」として働きながら二人の子供を育ててゆく苦労物語。せっかく子供を育てながら、成長した娘（桂木洋子）からも息子（田浦正巳）からも、貧しい母親はうとまれてゆく。

絶望した母親は、ある時、湯河原駅のホーム（島式ホーム）で突発的に、入線してきた東京行きの列車に飛び込んでしまう。

撮影に当って、望月優子は決死の覚悟だったというが、真昼のホームでのこの自殺のシーンは衝撃的で、いまも湯河原駅のホームに立つと、「日本の悲劇」を思い出す。

千葉市は戦前、軍都だった。

軍の施設が多く、町には軍人、兵隊が多く住んだ。千葉駅の北に少し行った千葉公園一帯は鉄道第一連隊の演習場があったところ。現在、公園内に訓練用に使用した鉄道の橋脚やトンネルが残されている。

鉄道第一連隊は、物資輸送で働く部隊。昭和十六年に公開された熊谷久虎監督の「指導物語」は、この連隊の若い兵隊、藤田進が、国鉄の老機関士、丸山定夫の指導を受け、蒸気機関車の運転技術を学んでゆく姿を描いている。丸山定夫の娘役は若き日の原節子。

千葉機関区を中心に撮影されている。戦時中の映画なので国威発揚になっているのは仕方がないが、蒸気機関車が次々に登場して、鉄道映画として見ると本物の迫力がある。

機関室内部の運転の様子、投炭作業、吹き出す蒸気とピストンの動きなど細部が充実している。転車台が蒸気機関車を乗せたまま回転してゆく様子をとらえたのは、鉄道映画多しといえどもこの映画だけではないか。

さらに驚くのは、タイトルシーンで、二両の蒸気機関車が複線の線路を併走する姿を正面からとらえるところ。まるで蒸気機関車が百メートル競走しているような迫力。撮影は戦後、小林正樹監督の「人間の條件」（59年〜61年）を撮る宮嶋義勇。他の映画では、こんな場面はまず見られない。国威発揚映画ならではは。

千葉市は軍都だったため空襲の被害が大きかった。そのためもあって、千葉駅は戦後、少し西へ移動した。「指導物語」の撮影がされた機関庫があったところで、現在の千葉駅の南側には「千葉機関区の碑」が建てられている。

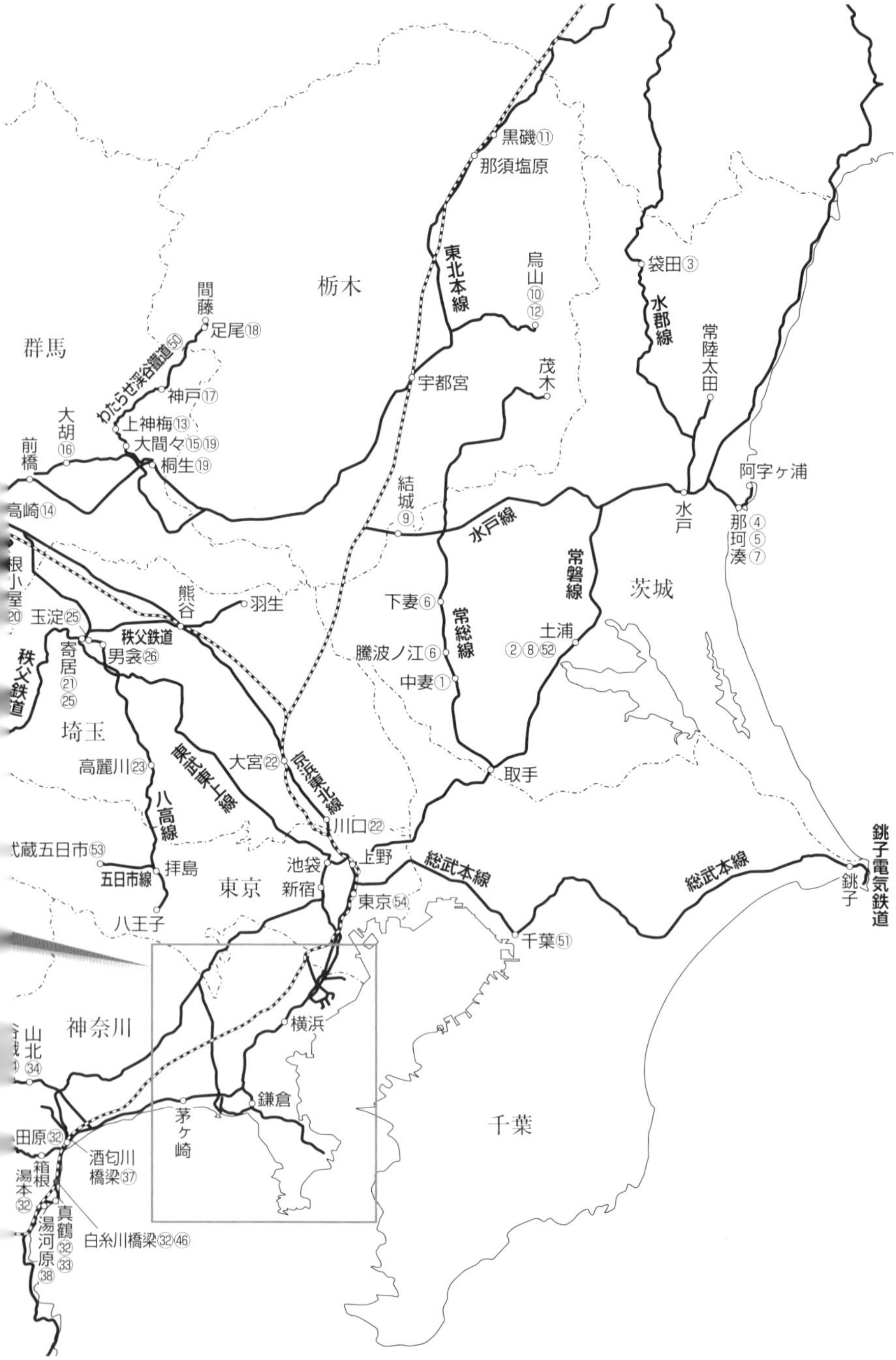

黒磯⑪
那須塩原
東北本線
烏山⑩⑫
栃木
袋田③
水郡線
常陸太田
間藤
足尾⑱
群馬
わたらせ渓谷鐵道㊿
神戸⑰
上神梅⑬
大間々⑮⑲
桐生⑲
大胡⑯
前橋
高崎⑭
宇都宮
茂木
阿字ヶ浦
結城⑨
水戸線
水戸
那珂湊④⑤⑦
常磐線
茨城
熊谷
羽生
玉淀㉕
秩父鉄道
寄居㉑㉕
男衾㉖
下妻⑥
常総線
騰波ノ江⑥
中妻①
土浦②⑧52
埼玉
高麗川㉓
東武東上線
大宮㉒
京浜東北線
取手
八高線
川口㉒
五日市線
拝島
池袋
上野
総武本線
銚子電気鉄道
銚子
東京
新宿
東京54
八王子
千葉51
神奈川
山北㉞
横浜
鎌倉
茅ヶ崎
田原㉜
酒匂川橋梁㊲
箱根湯本㉜
真鶴㉜
白糸川橋梁㉜㊻
湯河原㉝㊳
千葉

関東で撮影された作品とその撮影地

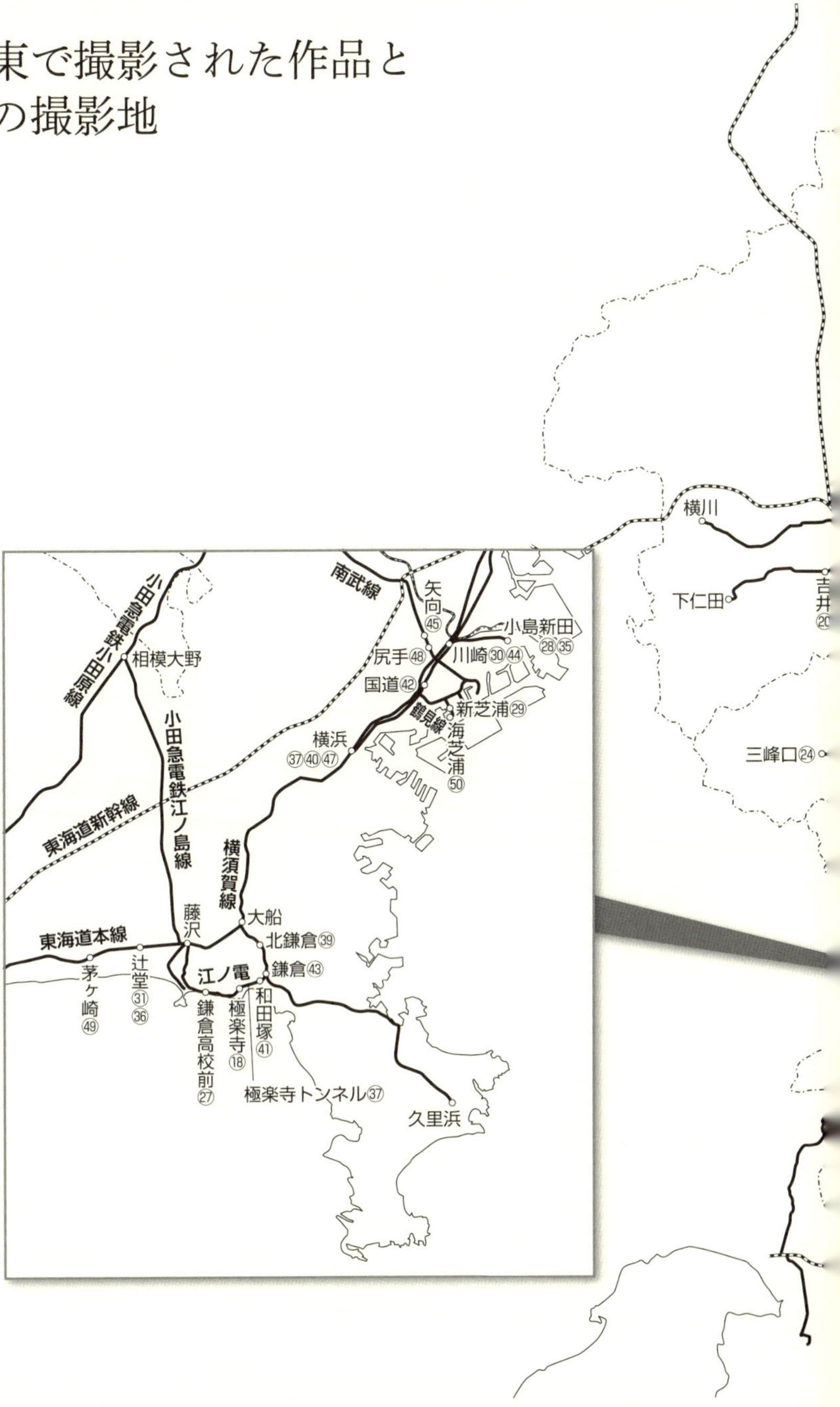

作品一覧

①男はつらいよ 寅次郎物語
②男はつらいよ 寅次郎真実一路
③男はつらいよ ぼくの伯父さん
④あなた買います
⑤フラガール
⑥下妻物語
⑦婚前特急
⑧米
⑨夜あけ朝あけ
⑩ぼくたちと駐在さんの700日戦争
⑪四季の愛欲
⑫檸檬のころ
⑬BUNGO～ささやかな欲望～
第6話 幸福の彼方
⑭ここに泉あり
⑮のど自慢
⑯暗いところで待ち合わせ
⑰永い言い訳
⑱海街diary
⑲喜劇 各駅停車
⑳珈琲時光
㉑キクとイサム
㉒キューポラのある街
㉓その壁を砕け
㉔トワイライト ささらさや
㉕ノン子36歳(家事手伝い)
㉖鬼畜
㉗男はつらいよ 拝啓車寅次郎様
㉘GO
㉙愛情の系譜
㉚愛と希望の街
㉛愛の砂丘
㉜女
㉝黄色い風土
㉞岸辺の旅
㉟キッズ・リターン
㊱今日もまたかくてありなん
㊲天国と地獄
㊳日本の悲劇
㊴麥秋
㊵張込み
㊶舞姫
㊷幻の光
㊸息子の青春
㊹めぐりあい
㊺めし
㊻眼の壁
㊼やっさもっさ
㊽夜の流れ
㊾ライブイン茅ヶ崎
㊿僕達急行 A列車で行こう
51指導物語
52復讐するは我にあり
53浮草
54喜劇 急行列車

中部

「国境の長いトンネルを抜けると雪国であった」とはじまる川端康成の『雪国』だが、実は、作中では地名は明示されていない。ただ、川端の随筆などから舞台となる雪国の温泉地は新潟県の湯沢町と分かっている。上越線と上越新幹線の越後湯沢駅の近くには現在、『雪国』の文学碑が建てられている。

従って「国境の長いトンネル」とは、群馬県と新潟県を結ぶ上越線の約十キロに及ぶ長大な清水トンネルになる。大正十一年に着工し、昭和六年に完成した。

『雪国』は、昭和三十二年に八住利雄脚本、豊田四郎監督によって映画化された。東京から湯沢にやってくる主人公の島村は池部良(島村は原作では舞踏研究家だが、映画では画家)、芸者の駒子は岸惠子、妹分の葉子は八千草薫。

冒頭、列車の運転席から前方の線路がとらえられる。トンネルに入り、抜け、雪国に入って、小さな駅に着く。列車には、島村と葉子が乗っている。このトンネルが清水トンネル。停車する駅は土樽《つちたる》駅。原作では「信号所」とある。原作が書かれた当時(最初の単行本は昭和十二年の出版)はまだ駅ではなかった。昭和十六年に信号場から駅に昇格した。

映画「雪国」では、すでに駅になっている。「列車」と書いたが、池部良と八千草薫の乗っている上越線の下りは蒸気機関車ではなく、すでに電気機関車。映画のなかの時代設定は原作と同じ、昭和十年ころ。そのころ上越線に電気機関車が走っていたのか。

走っていた。当時としては珍しい。昭和六年に上越線が全線開通した時に、水上《みなかみ》（群馬県）―石打《いしうち》（新潟県）間は電化された。言うまでもなく、長大な清水トンネル内での煙害防止のため。従って、昭和三十二年の映画「雪国」を、上越線の走る湯沢で撮影してもおかしくなかった。土樽駅で停車したあと電気機関車は越後中里駅を経て越後湯沢駅に到着する。当時はまだ木造駅舎。無論、まだ新幹線は走っていない（上越新幹線の開業は一九八二年）。

池部良演じる島村は雪のなかの越後湯沢駅で降り、なじみの旅館に入り、一年前に会った駒子をまた呼ぶ。旅館のモデルになったのは湯沢の高半《たかはん》旅館。川端が『雪国』を書いた部屋が今も残されている。

映画「雪国」は雪深い冬の湯沢でロケされていて、「鳥追い祭」の様子などが幻想的にとらえられている。

越後湯沢の雪をかぶった木造の駅舎（原作では「停車場」の語が使われている）、除雪用のラッセル車も、冬の雪国らしい光景。

『雪国』は昭和四十年に松竹でリメイクされた。大庭秀雄監督。駒子は岩下志麻、葉子は加賀まりこ、島村は木村功。ロケは湯沢では行なわれていない。

DVDの特典「シネマ紀行」で、美術監督の芳野《よしの》尹孝《のぶたか》が語っているところによると、当時、湯沢はスキー場として人気が出て、マンションやペンションが建つようになり、原作に描かれた昭和十年代の温泉町の情趣はなくなっていた。芳野をはじめスタッフは、日本各地の温泉地を歩き、長野県北部の野沢温泉に決めたという。町の名前は、「越後湯村」と架空にした。

鉄道のシーンは、当時まだ蒸気機関車が走っていた篠ノ井線で撮影された。

現在でも地方の鉄道は、通学の高校生によく利用されている。毎朝、男女が乗り合わせているうちに恋も生まれるだろう。

富島健夫の『雪の記憶』の映画化、昭和三十六年に公開された東映映画、楠田芳子脚本、村山新治監督の「故郷《ふるさと》は緑なりき」は、新潟県を走る信越本線の車内で出会った男子高校生の海彦、水木襄と、セーラー服の女学生、雪子、佐久間良子が愛し合うようになる純愛物語。まだ「純愛」という言葉が生きていた昭和三十年ころを舞台にしている。

信越本線の長岡と柏崎のあいだでロケされている。はじめ、海彦が雪のなか、家から駅まで歩き、ホームに入線した列車に乗り込む。この時代、まだ蒸気機関車。駅は、長岡と柏崎のあいだ、長岡寄りの来迎寺《らいこうじ》駅。シナリオにそうある。

朝の列車は通学の高校生で混んでいる。海彦は、四人掛けの席に座っている美しい少女、雪子を目にとめる。雪子の家は長岡にある。おそらく始発から乗ったので席に座れたのだろう。二人はともに柏崎駅で降り、それぞれの高校に向かう。

当時の列車は通学時間には、すし詰め状態。二人が親しくなったのは、ある下校時、満員の列車に飛び乗ってきた雪子を、海彦がデッキの取っ手をつかみ、かばい、守ったことがきっかけ。身体が外に出たままの海彦は学生帽を風に飛ばされてしまう。途中の駅で降りた二人は、帽子を探して線路脇を歩く。ようやく見つけ、再び列車に乗ることになる。

この駅は信越本線、長岡寄りの小駅、越後岩塚駅。田園のなかにホームがある。米どころの越後らしい。

ある休日、海彦は雪子の家へ遊びに行く。長岡駅で待合せる。二人は緑の多い、立派な家が並ぶ住宅地のなかにある雪子の家に行く。ちなみに、この場面は長岡ではなく、千葉県市川市の真間《まま》で撮影されている。

高校を卒業した海彦は東京の大学に進学する。久しぶりに帰省し、長岡駅に降り立つ。出迎えた兄（中山昭二）に、雪子が急病で亡くなったことを知らされる。

鉄道で始まった純愛は鉄道で終わる。

昭和四十年公開の日活映画、倉本聰脚本、柳瀬観監督の「北国の街」は「故郷は緑なりき」のリメイク。海彦は舟木一夫、雪子は和泉雅子。

「故郷は緑なりき」で二人が通学で乗るのは信越本線だったが、「北国の街」では長野県の豊野駅と、新潟県の越後川口を結ぶ飯山線になっている。千曲川、信濃川に沿って走る高原列車。途中に十日町がある。海彦の父親（信欣三）は、十日町で絹織物の職人をしている。海彦は十日町から飯山線で小千谷《おぢや》の高校へ通う。一方、雪子は医者の娘で、戸狩駅（現在は戸狩野沢温泉駅）からやはり小千谷にある女子校に通う。二人は通学の列車のなかで知り合い、愛し合うようになる。この映画では「故郷は緑なりき」と違って、雪子は死ぬことなく、最後、東京の大学に入り、海彦は地元に残って、父と同じ絹織物の職人になる。

飯山線の名は、途中に飯山の町（現在、市）があるため。雪深いところで知られる。市内の真宗寺は島崎藤村『破戒』の「蓮華寺」のモデル。寺が多く、仏壇作りの町でもある。

飯山駅は飯山線の主要駅。

二〇〇一年に公開された古既《ふるまや》智之脚本、監督の「まぶだち」は、飯山市の多感な中学生たちが主人公。飯山駅近くの公園に静態保存されている蒸気機関車で少年たちが遊ぶ場面がある。飯山線も気動車が走るようになり蒸気機関車は消えた。

「故郷は緑なりき」で海彦と雪子が通学のために利用した信越本線の柏崎駅は、松山善三脚本、豊田四郎監督の青春映画「千曲川絶唱」（67年）にも登場する。

星由里子演じる看護婦は、柏崎の病院で働いている。日本海沿いを走るトラックの運転手、北大路欣也と愛し合うようになるが、若者は白血病で死んでゆく。

この映画のなかに、海沿いの信越本線、青海川《おうみがわ》駅あたりを走る星由里子の乗った上り列車を、北大路欣也がトラックで追いかける場面がある。青海川駅は小さな無人駅。目の前に日本海が広がる。このあたり、信越本線は海に接近する。「千曲川絶唱」は、その海辺を走る列車を大きくとらえている。星由里子は青海川駅の先の柿崎駅で降りる。

信越本線は直江津《なおえつ》駅（新潟県）で北陸本線に接続する。北陸本線は二〇一五年に北陸新幹線が開業するまで、滋賀県の米原《まいばら》と直江津を結んだ約３５０キロの長大な幹線鉄道。途中、富山県、石川県、福井県を走る。

直江津駅を出た富山や金沢に向かう列車はすぐに海沿い、海岸すれすれのところを走る。水上勉原作、今井正監督の「越後つつい《つつい》し親不知《おやしらず》」（64年）は、この北陸本線の海沿いの町、筒石《つついし》、親不知あたりの貧しい農家の人間たちが、冬のあいだ、京都、伏見の造り酒屋に出稼ぎにゆく暮しを描いている。

小沢昭一演じる大人しい主人公が、美しい妻、佐久間良子を、同じ村の乱暴な三國連太郎に犯されてしまう悲劇。

小沢と三國の二人は伏見への行き来に北陸本線の親不知駅を利用する。昔から、親不知、子不知と言われた難所に北陸本線のトンネルが掘られ、トンネルとトンネルのあいだに親不知駅が作られた（大正元年）。「越後つついし親不知」は、昭和三十九年の映画で、物語は昭和十年代の設定だが、日本海に面した、冬の寒々とした小駅の風景は撮影時も、昭和十年ころと変っていなかっただろう。現在、駅舎は改築されているが、小駅（無人駅）であるのは変りがない。小沢昭一が伏見に働きに出る時にこの駅を利用しているのは、北陸本線の開業（全線は大正二年）によって、越後の人間に京都が近くなったことをよくあらわしている。北陸本線では京都に向かう列車が上り、新潟方面は下りだった。

筒石駅（大正元年開設）は映画には登場しないが、この駅は昭和四十四年に頸城《くびき》トンネルが開通した際、全国でも珍しいトンネル地下駅となり、鉄道ファンによく知られるようになった。

北陸新幹線の開通により直江津―市振《いちぶり》（新潟県）間は第三セクターの、えちごトキめき鉄道日本海ひすいライン（ちょっと気恥しい名前）に変り、親不知駅、筒石駅はこの鉄道に入った。

北陸本線の出てくる忘れ難い映画に斎藤耕一監督の「約束」（72年）がある。北陸本線の車内で乗り合わせた年上の女性、岸惠子と、若者、萩原健一が束の間の恋をする。

女性は酒乱の夫を殺してしまい、現在、刑務所に入っている。母親の墓参りに行くことを許され、日本海沿いの海辺の町に向かうため北陸本線の下りに乗る。看守（南美江）が付添う。

ある駅で、萩原健一演じる若者が乗ってくる。駅は明示されていないが、駅のアナウンスが列車は「しらゆき」で、「次は糸魚川《いといがわ》」と言っているところから、当時の時刻表で確認すると泊駅《とまり》ではないかと思われる。「しらゆき」は昭和三十八年に登場した金沢—青森間の気動車急行（昭和五十七年に廃止）。泊駅には停車し、親不知など小駅を通過し、次は糸魚川に停車する。

乗り込んで来た若者は、あとで警察（刑事は三國連太郎）に追われていると分かる。強盗を働いたらしい。

二人を乗せた北陸本線の「しらゆき」は、日本海に沿って北上する。季節は冬。車窓には、暗い荒海が迫っている。市振から親不知あたりの海と思われる。

列車は糸魚川駅に着く。若者はホームに降り駅弁を三つ買う。車内に戻り、女性と付添いの看守に渡す。駅弁を食べるうちに、それまで冷然としていた女性も、若者に関心を持ってくる。列車は次に、柏崎に着く。「故郷は緑なりき」の学校があったところ。

——、とここまでは「約束」は順調に北陸本線を北上してゆく。ところが、ここからあと、おかしなことになる。映画というフィクションに対し、現実の鉄道と違っていると指摘するなど野暮とは分かっているが、念のため、書いておくと——。

二人はこのあと、ある大きな駅で降り、町を歩き、海辺の墓地に行き、再び元の駅に戻る。北陸本線で糸魚川、柏崎と北上してきたのだから、次は信越本線の長岡か新潟になる筈だが、二人が降りる駅は「うえつ」とアナウンスされる。架空の駅名。「約束」のロケ地を調べた映画評論家、田沼雄一氏は、斎藤監督にインタビューしているが、監督によれば北陸本線といっても西の、福井県、敦賀《つるが》駅でロケしたという（「キネマ旬報」97年8月下旬号）。

柏崎まで行った二人が敦賀で降りるのは、さすがにまずい。それで駅名を「うえつ（羽越か）」といかにも秋田県あたりの架空の名にしたのだろう。斎藤監督によれば、映画用に敦賀駅の駅員に「うえつ」と構内アナウンスしてもらったという。入念。

野暮を承知で、鉄道から見て、もうひとつおかしなところを書く。二人は「うえつ」から再び「しらゆき」で日本海に沿って北上する。車掌が検札に来る。切符を持たずに乗った若者は、あわてて切符を買う。「どこまで」と車掌に聞かれ「終点まで」と答えると、車掌は「名古屋ですね」と言う。あれっ、この「しらゆき」、青森に向かっていたのでは!?

さらに。夜、列車が闇のなかで止まってしまう。車掌が「温海《あつみ》、五十川《いらがわ》間で崖崩れが起きました」とアナウンスする。温海、五十川は羽越本線の実在の駅（山形県。温海は現在、あつみ温泉に駅名が変っている）。「しらゆき」がここを走っておかしくないが、架空の「うえつ」から、実在の駅に行くことになると少し驚いてしまう。

以上、細かなことを書いた。作品の評価とはなんの関係もない。最後、岸恵子演じる女性は看守に付添われて服役中の刑務所に戻ってゆく。若者がそれを見送る。この刑務所は三重県津市のないだろう。

刑務所と思われる。若者は、女性と別れたあと刑事に逮捕されてしまう。二人が再会することは

市振駅（新潟県）を出た北陸本線は、すぐに富山県に入り、泊、黒部、魚津、富山、高岡などを経て、金沢の手前の倶利伽羅《くりから》に至る。北陸新幹線開通後、この区間も第三セクターになり、「あいの風とやま鉄道」となった。これも少し恥しい名前。

前出の「千曲川絶唱」には、北陸本線時代の富山駅が出てくる。看護婦の星由里子とトラックの運転手の北大路欣也が富山の町で会う。夜、星が病院のある柏崎に帰る時、富山駅のホームで北大路が見送る。

富山駅の開設は明治三十二年。前年に金沢まで開通した当時の北陸線が富山まで延長された。長いあいだ富山駅が北陸線の終点だった。そのためだろう、富山駅には操車場があった。郡山駅と並ぶ近代操車場のはしり。

富山市周辺は私鉄も充実している。

富山県は黒部川、常願寺川などが流れ、早くから水力発電所が発達したためという。

地方の鉄道の運転士を主人公にした「ＲＡＩＬＷＡＹＳ」シリーズの第二作「愛を伝えられない大人たちへ」（11年、蔵方政俊監督）では、三浦友和が富山地方鉄道（愛称「地鉄」。昭和五年

開業）の電車の運転手を演じる。

地鉄は、ＪＲ富山駅に隣接する電鉄富山駅から立山へ向かう路線と、宇奈月温泉に向かう路線が主となる。

映画の冒頭、三浦友和の運転する電車が、ゆっくりと電鉄富山駅に着く。白い車体に赤い線が入っている。東京、埼玉を走っていた西武鉄道のレッドアロー号。若い運転手（中尾明慶）は埼玉県出身で、子供の頃、家の近くを走るレッドアロー号に憧れていた、その電車がいまは地鉄を走っていると知って、埼玉から富山に移り住み、地鉄の運転手になったという。鉄道少年が好きな道を選んだ。

この映画は、富山県内を走る地鉄の姿をさまざまにとらえる。水田のなかを走る。ひまわり畑やチューリップ畑のなかを走る、鉄橋をわたる。背景に雪をかぶった立山連峰が見える。市内を走る路面電車もある。富山県はこの富山地方鉄道の充実した運行のため、路面電車王国と言われている。

三浦友和演じる運転士は、三十五年間、無事故無違反を通してきた。じきに停年を迎える。ラストランは、宇奈月温泉駅からレッドアロー号で終点の電鉄富山駅まで走る。途中の駅では先輩や後輩たちが、また、踏切では娘が手を振って電車を見送る。そして終点の電鉄富山駅のホームには妻の余貴美子が待っている。

この映画、もうひとつ、鉄道好きには知られた鉄道が出てくる。余貴美子は看護師をしている。ある時、電車に乗って、癌で余命が限られている老婦人（吉行和子）を訪問する。

この電車は、第三セクターの富山ライトレール。ＪＲの富山駅の北口から、神通川に沿って走り、日本海に面した岩瀬浜まで行く。

七キロほどのミニ鉄道。もともとはＪＲの富山港線。二〇〇六年三月にいったんは廃線になったが、同年四月、富山ライトレールとして再出発した。

全線、路面電車（ＬＲＴ）になり、バリアフリー対策としてホームを低くした。さらに超低床路面電車を走らせ、運転本数も増やした。そうした経営努力の結果、乗客が増加。成功した第三セクターとして注目されている。余貴美子が、患者の家に行く時、車ではなくこの電車に乗るのも納得する。地鉄と共に路面電車王国富山を支えている。

富山県を走る蒸気機関車の機関士を主人公にした映画がある。昭和四十六年に公開された東宝映画、石田勝心監督の「父ちゃんのポーが聞える」。難病と闘いながら生きようとする少女（吉沢京子）の物語。

少女の父親、小林桂樹は国鉄の蒸気機関車の機関士。撮影に当って国鉄が協力していて、蒸気機関車が走るさまざまな姿がとらえられている。富山県の高岡でロケされている。

「ポー」は、病院にいる娘を力づけるために父親が鳴らす蒸気機関車の汽笛のこと。少女は幼ない時からこれを聞いて育ってきた。

もう身体が弱ってきた時、父親におぶってもらい、機関庫に蒸気機関車を見に行く。いわば、見おさめ。「石炭の匂いって、いい匂い」と言うのが、いじらしい。

この少女は、もう自分の命がないこと、そして、蒸気機関車も、もうじき消えてしまうことを知っている。実話だという。

ＪＲ高岡駅からは、ＪＲ氷見《ひみ》線が出ている。ブリ漁が盛んな漁港、氷見まで行く。十六キロほどのミニ鉄道。途中に、雨晴《あまはらし》という面白い名の駅があるので知られる。東国へ逃げる義経が、ここで雨にあい、晴れるのを待ったという伝説がある。ホームから富山湾（海）と立山連峰（山）が見える眺めのいい駅。

辺見庸原作、今村昌平監督の「赤い橋の下のぬるい水」（01年）では、東京から氷見の町に行く役所広司が、氷見線の気動車に乗り、この駅で降りた。

立山連峰をうしろに控えた雨晴駅

神奈川県の湯河原駅を出た東海道本線は、泉越《いずみごえ》トンネルなど四つのトンネルを抜けると静岡県に入り、最初の駅、熱海駅に着く。

駅の開設は大正十四年。昭和九年に丹那トンネルが出来る前は、国府津から来る熱海線の終点だった。

それ以前は、小田原から熱海まで大日本軌道という軽便鉄道が走っていた。芥川龍之介の短篇『トロッコ』（大正十一年）は、冒頭に「小田原熱海間に、軽便鉄道敷設《ふせつ》の工事が始まったのは、良平の八つの年だった」とあるように、明治末、この軽便鉄道の建設期の物語。軽便鉄道の前は、人車鉄道が走っていた。熱海は有名温泉地だっただけに早くから鉄道が出来ていたことになる。

木下恵介監督の昭和二十五年公開の「婚約指環《エンゲージ・リング》」は、病弱の夫（宇野重吉）を持った女性（田中絹代）が、若くたくましい医者（三船敏郎）に惹かれてゆく物語。熱海と、その周辺を舞台にしている。

冒頭、熱海駅が正面からとらえられる。開業時の駅舎だが、三角屋根を持ったハーフティンバーの瀟洒な建物。駅前に旅館の番頭がずらりと並んでいるのは、温泉町ならでは。

田中絹代演じる女性は、東京で宝石店を営んでいる。病弱の夫は、熱海の隣町、網代《あじろ》の家で静養している。田中絹代は、東京から夫を見舞うため熱海駅に降り立つ。網代まではバスで行く。

そこで若い医師の三船敏郎と乗り合わせる。

バスを降りて夫の家へ行こうとする田中絹代は鉄道の踏切にさしかかる。電車がやってくる。電車が通り過ぎて踏切を渡ろうとすると、向こうから三船敏郎がやってくる。二人は踏切の中央で会う。踏切が出会いの場になる。

踏切の向こうには明るい伊豆の海が広がる。踏切を走る鉄道は、昭和十三年に開業した熱海と伊東を結ぶ現在のＪＲの伊東線。網代あたりの牧歌的な沿線風景は、現在でも、映画の当時とさほど変っていない。

熱海駅は高台にある。そのため海岸沿いの温泉街から駅に歩いてゆくには、急坂を登らなければならない。

木下惠介監督の「日本の悲劇」（53年）では望月優子演じる、熱海の旅館で「女中」として働く母親が、東京に帰る息子（田浦正巳）を追って急坂を走って登り、熱海駅へ急ぐ。あの坂を走るのは大変だったろう。

この映画ではまた、望月優子が客の柳永二郎と東京へ遊びに行く時、東海道線に乗る。その列車が前述の、根府川―真鶴間の白糸川橋梁を走る時、カメラはその姿をロングでとらえる。広い海を背景に、高い橋の上を走る列車は空中に浮かんでいるよう。この橋梁が撮影ポイントになっていたことがよく分かる。

東海道新幹線の東京―新大阪間が開通したのは、東京オリンピックがあった昭和三十九年。この時、新幹線の熱海駅も開設された。

新幹線開通後の映画、瀬川昌治監督の「喜劇　急行列車」(67年)では、在来線と新幹線両方の熱海駅をうまく使っている。

渥美清演じる国鉄の車掌が、東京駅から在来線を走る特急「富士」に乗る。奥さんの楠トシエは、夫の渥美清がどうも浮気しているらしいと思い込んで、あとを追う。東京駅から新幹線の「こだま」に乗る。途中で「富士」を追い抜く。熱海に先に着き、あとから来る、夫が車掌として乗っている「富士」に乗り込む。新幹線時代ならではの早業。

この映画の渥美清は、長距離列車に乗務する客扱専務車掌。いわゆるカレチ。車内に鉄道好きの少年がいて渥美清に「おじさんカレチって言うんでしょ。カは客のカ、レは列車のレ、チは長」。なかなかの「鉄ちゃん」だ。ちなみに明治時代、車掌は「列車長」と呼ばれていて、それが略されて「レチ」となったという。

伊東線は、熱海駅が東海道線の駅になった時に、伊豆半島へ行くための鉄道として計画された。昭和十年に熱海―網代、昭和十三年には網代―伊東が開通した。はじめから電化されていた。戦前では珍しい。その後、昭和三十六年には私鉄の伊豆急行による伊東—伊豆急下田間が開通。現在、ＪＲが伊豆急に乗り入れている。

昭和三十四年公開の日活作品、井上梅次監督の「東京の孤独」は野球映画。二人の新人、小林旭と宍戸錠がプロ野球のチームに入団する（監督は大坂志郎、妻は月丘夢二、妹は芦川いづみ）。

球団の春のキャンプは温暖な伊東で行なわれる。新人たちは東京駅から伊東に向かう。ここでもまた白糸川橋梁を走る列車がとらえられる。本当にこの橋は、鉄道名所になっている。

新人たちは伊東駅に降り立つ。オレンジ色の瓦屋根は南欧風でいかにも温かい伊豆らしい造り。駅前のロータリーには、これも南国らしくヤシの木が植えられている。

伊東から熱海に戻り、再び東海道本線に乗る。丹那トンネルを抜け函南《かんなみ》、三島を経て、沼津駅へ。この駅は御殿場線と接続している。明治二十二年の開設。

昭和九年に丹那トンネルが開通し、東海道本線は沼津までが電化された。沼津以西が電化されたのは戦後の昭和二十四年から三十一年にかけて。それまで沼津駅で電気機関車と蒸気機関車の交換が行なわれた。

鉄道紀行文で知られる宮脇俊三は『増補版　時刻表昭和史』（角川書店、一九九七年）のなかで、少年時代、母親と兄と三人で丹那トンネルの開通直後、沼津まで行った思い出を書いている。

「丹那トンネルを通ることと、沼津での（特急）『燕』の機関車の付け換えを見るためであった」。

下りの「燕」が沼津駅に着くと、すぐに作業員が連結器にとりついて、電機機関車を切り離す。代って蒸気機関車がうしろ向きに入ってきて、付け換えられる。作業は手早く、その間、五分もかからなかったという。

機関車の付け換えで、沼津駅は鉄道好きには特別な駅になっていた。

東海道本線は、前述のように昭和二十四年に静岡まで電化され、宮脇少年が見た沼津駅での付け換えもなくなった。

沼津駅の駅舎は、昭和二十八年に現在の二階建てのビル駅になった。

駅前広場には、旧制中学時代を沼津で過した井上靖の文学碑がある。その井上靖原作、中村登監督「河口」（61年）では、冒頭、銀座で画廊を営む岡田茉莉子が、恩人の葬儀に出るため、沼津駅に降り立った。

山田洋次監督の「男はつらいよ」シリーズの第七作「奮闘篇」（71年）では、渥美清演じる寅が、駅前の路地にあるラーメン屋（主人は柳家小さん）で、少し頭の弱い少女（榊原るみ）と出会い、故郷の青森県鰺ヶ沢《あじがさわ》に帰るという彼女を、心配気に沼津駅の改札口で見送った。

沼津駅のあたりから東海道本線の車窓には大きく富士山が見えてくる。山田洋次監督の「家族」（70年）では、九州から北海道に行く一家が新幹線に乗り、富士山を見るのを楽しみにしていたのに、いざ秀峰が姿を現わした時には疲れて寝ている。よく知られている名場面。

小津安二郎監督の「お茶漬の味」（52年）では、育ちのいい妻、木暮実千代が、田舎育ちの夫、佐分利信と趣味が合わず、喧嘩して旅に出てしまう。東京から関西、須磨の友人の家に行く。

この時、木暮実千代は特急の二等に乗る。展望車に行く。観光列車を除いて展望車がなくなった現在、この場面は貴重。

カメラは最後尾の展望車から、走り過ぎる風景をとらえる。とくに、浜松に近づく手前で、天竜川に架かる、トラスが十九もある全長約千二百メートルを超える長い鉄橋を渡るのを長々と見せるのは心躍る。

東海道線から離れよう。静岡県は私鉄のローカル鉄道が多いところだが、そのなかに岳南《がくなん》電車がある。県内のローカル鉄道のなかでは、いちばん小さい。東海道本線の吉原駅から出ている。へアピンカーブをして終点の岳南江尾《がくなんえのお》駅まで行く。全長九キロほどのミニ私鉄。戦後、昭和二十四年に岳南鉄道として開業した。沿線は製紙工場を始めとして工場が多いため、貨物輸送が主だった。工場への引込み線も多い。

観光と縁がないので、一般にはあまり知られていない。ところが、二〇一五年、この地味な鉄道が映画に登場したのでうれしく驚いた。アイドルグループ、ももいろクローバーZが高校の演劇部の少女たちを演じる、平田オリザ原作、本広克行監督の「幕が上がる」。

富士山の見える静岡県の町の女学生たちが岳南電車に乗る。工場地帯を走る鉄道をよくぞ青春映画に選んだ。

いい場面がある。ある夜、演劇部の部長となった三年生の百田夏菜子が、転校して来た有安杏果と一緒に岳南電車の小さな駅（比奈《ひな》駅）で電車を待つ。待ちながら転校生を演劇部に誘う。転校生は、前の学校で演劇部にいたが、口べたで、ついてゆけず辞めてしまった。いま、部長に誘われて、また演劇をやってみようと決意を新たにする。その時、上りの電車が入線してくる。岳南電車は、工場のイルミネーションのために、夜景が素晴らしいことで知られる。思わず彼女は言う。『銀河鉄道の夜』みたい」。彼女たちは、高校最後の舞台で宮沢賢治のこの童話を上演することになる。

静岡県を走る私鉄で有名なのは、大井川鐵道だろう。東海道本線の金谷《かなや》駅から大井川の渓流に沿って走る。金谷―千頭《せんず》間の本線（昭和二年開業）と、千頭からダムのある井川まで行く井川線（昭和三十四年開業）の二本から成る。

「男はつらいよ」シリーズの第二十二作「噂の寅次郎」（78年、大原麗子主演）では、寅が大井

工場街を走る岳南電車

川鐵道に乗って旅をする。

大井川鐵道が有名なのは、一九七六年から蒸気機関車を走らせているため。いわゆる動態保存。「噂の寅次郎」ではラスト、蒸気機関車C11が、煙を上げて走る姿がとらえられている。鉄道好きの山田監督は、大井川鐵道がSLを走らせていると知って、すぐに映画に取り入れたのだろう。

大井川鐵道の蒸気機関車は、戦前を舞台にした映画によく使われる。宮尾登美子原作、山下耕作監督の「夜汽車」（87年）で芸者の十朱幸代が乗る夜汽車は、大井川鐵道でロケされている。

また、谷崎潤一郎原作、市川崑監督の「細雪」（83年）でも、大井川鐵道が、戦前の東海道本線に見立てられる。蒔岡家の長女、鶴子（岸惠子）が、夫（伊丹十三）の東京転勤によって、大阪を離れることになる。

昭和十四年の冬、一家は大阪駅から東京行きの列車に乗る。三女の雪子（吉永小百合）たちがホームで見送る。次女の幸子（佐久間良子）は、泣いてしまうからと見送りは遠慮し、夫の貞之助（石坂浩二）は顔を見せる。雪子の結婚相手となった東谷（江本孟紀）も加わり、見送りはにぎやかになる。ホームには懐しい赤帽の姿も見える。

無論、当時は蒸気機関車の時代。現在の新幹線と違って列車の窓が開くから別れの場面にはふさわしい。やがて汽笛が鳴って、蒸気機関車がゆっくりと走り出す。

この別れの場面は、大井川鐵道の千頭駅で撮影されている。

SL を走らせている大井川鐵道の千頭駅

蒸気機関車が夏の日ざしを浴びながら、田舎の駅に入りこんでくる。空は広く、高く、すぐ近くに山々が迫っている。ホームに着いた列車から、若い女性のグループが降りてくる。ハイキングに来たように楽しそう。大学の夏の課題で田舎の暮しの調査に来たと分かる。

昭和二十六年公開の五所平之助監督の「わかれ雲」。ローカル色豊かに、都会の女性たちが田舎の穏やかな暮しに惹かれてゆく姿が温かく描かれている。

冒頭に列車が到着する駅は中央本線の小淵沢《こぶちざわ》駅。山梨県の、長野県との県境にある。八ヶ岳山麓の高原の駅で、ここから長野県の小諸《こもろ》に向かう小海《こうみ》線が発着する。

女子大生たち（有名スターはいない。若き日の宮崎恭子、大塚道子ら）は、小淵沢駅で小海線に乗り換える予定。向かいのホームに停車している軽便鉄道のような小さな列車を見て、一人が「クラシカルね」と笑う。東京の女子大生たちには古臭い鉄道に見えるのだろう。乗り換えの時間が三十分ほどあるので彼女たちは町を歩く。

現在でもそうだが、小淵沢の町は大きくない。映画のなかの駅舎は小さい平屋。中央本線の主要駅、小海線との接続駅なのに意外とこぢんまりしている。この時代はまだ林業が盛んだったから駅には積込む木材が大量に置かれている。

町を歩いているうちに彼女たちの一人（沢村契恵子）が熱を出して倒れてしまう。そのあと、駅前の宿屋の仲居（川崎弘子）ら、町の人たちの温かさに触れる。いい思い出を持って彼女たちは最後、また列車に乗って、東京へと帰ってゆく。小淵沢駅の駅舎は二〇一七年にモダンな建物になった。

中央本線が登場した早い映画に、井伏鱒二の短篇『おこまさん』を映画化した、高峰秀子の少女時代の作品、成瀬巳喜男監督「秀子の車掌さん」（41年）がある。

高峰秀子演じる、甲府あたりの町や村を走るバスの車掌と、ひなびた温泉宿に逗留している作家（夏川大二郎）の微笑ましい交流を描いた牧歌的作品。

最後、東京に帰る作家を踏切のところで、秀子の車掌さんが見送る。この場面、戦前だから蒸気機関車が来るかと思っていると、電気機関車が走って踏切を通過してゆくので驚く。

この時代、中央本線の東京から甲府まではすでに電化されていた。東海道本線の電化が沼津までだった時代だから、かなり珍しい。戦時中、山間部を走る中央本線は空襲を受けにくいと判断されたためかもしれない。

中央本線の大月駅（開設は明治三十五年）の現在の駅舎は、昭和三年に建てられたもので、山間の駅にふさわしく丸太で作られ、山小屋のよう。いまふうにいえばログハウス。ＪＲの名駅舎のひとつ。

佐藤純彌監督の「君よ憤怒《ふんど》の河を渉れ」（76年）では、逃走中の高倉健がこの駅に降り立つ。駅舎が正面からとらえられる。

松本清張原作、中村登監督の「波の塔」（60年）では、人妻の有馬稲子が、若い検事、津川雅彦とお忍びで、甲州の下部《しもべ》温泉（身延《みのぶ》線沿線）に出かける。

新宿から、身延線との接続駅である甲府に向かう。途中、大月駅に着いた時、有馬稲子が窓の外を見ていて、この駅から列車が出ているのに気づく。津川雅彦に「あれは」と尋ねる。言うまでもなく、富士五湖方面に行く私鉄の富士急行。大月から富士吉田（現在の富士山駅）を経て河口湖まで行く。富士山に向かう鉄道。昭和四年の開業。

日本でロケされて作られたサミュエル・フラー監督の犯罪映画「東京暗黒街　竹の家」（55年）では、冒頭、雪をかぶった富士山が映り、その山麓を走るアメリカの軍用列車がギャングに襲われ、機関銃などが強奪される。富士急行でロケされている。当時、「ギャング映画に公共性の高い鉄道を使っていいのか」と地元民の反発を買った。

松本清張原作、野村芳太郎監督の「砂の器」（74年）には中央本線の塩山《えんざん》付近が出てくる。蒲《かま》田《た》駅の操車場で起きた殺人事件を追う若い刑事の森田健作は、銀座のバーで働く若い女性（島田陽子）が中央本線の列車の窓から、何か白いものを花吹雪のようにまいたという話を聞き、事件解決の手がかりを求めて、塩山から勝沼にかけての中央本線の線路脇を歩く。白いものは何かを知るために探しまわる。

女性がなぜ中央本線に乗ったかは説明されていないが、松本清張がこの路線を好きだったのは確か。『波の塔』『砂の器』の他に、『ゼロの焦点』『事故』『不安な演奏』などに登場させている。

大月駅と塩山駅のあいだにある勝沼駅は、一九九三年に勝沼ぶどう郷駅と名を改めた。その名のとおり、ぶどう畑のなかの高台にある。このあたりの中央本線は高台を走るので、車窓から甲府盆地のみごとなパノラマが眺められる。中央本線のベスト車窓といっていい。

勝沼ぶどう郷駅は、その美しい風景のなかに建つ。山梨県でロケされて作られた、重松清原作、廣木隆一監督の、少女たちの友情を描く「きみの友だち」（08年）では、冒頭、この駅が遠景でとらえられている。まるで山梨県の象徴のように。ぶどう畑の広がる勝沼は、古厩智之《ふるまやともゆき》監督のういういしいデビュー作「この窓は君のもの」（95年）の舞台にもなっている。

「きみの友だち」には、鉄道好きには知られる山梨県のもうひとつの名駅が出てくる。身延線の南甲府《みなみこうふ》駅。昭和三年開設の堂々たる二階建てのビル。ローカル線によくこんな立派な駅舎がと驚く。現在は小駅だが、もともと身延線の前身、富士身延鉄道の本社があったところと聞くと納得する。駅前にはロータリーまである。

「きみの友だち」ではこの南甲府駅が昼と夜、二度、とらえられている。さらにこの映画には、甲府駅の身延線ホームも出てくる。山梨県の鉄道が好きな人間には忘れられない映画。

中央本線の塩山駅と甲府駅のあいだに春日居町駅《かすがいちょう》という小さな、小さな駅がある。桃畑のなかにある。特急はとまらない。駅舎もない。無論、無人駅。対面ホームがあるだけ。駅の周辺に商店もない。それでも、この駅がいいのは、晴れた日に、目の前に富士山が見えること。それも裾野まで広がる雄大な姿ではなく、手前の山の上に少しだけ頭を出している。あくまでも慎ましい。ほとんど語られることのない隠れ里のような駅だが、近年、映画のなかに登場したのでうれしく驚いた。

向井康介脚本、山下敦弘《のぶひろ》監督の「もらとりあむタマ子」(13年)。前田敦子演じる二十三歳になるタマ子は、東京の大学を卒業し、甲府の実家に帰って来た。離婚して一人暮しの父親(康《かん》すおん)はスポーツ用品店を営む働き者。一方、タマ子は、将来の見通しが立たず、毎日、家でぶらぶらしている。

それでも、夏のある日、彼女は自転車で買い物に出る。鉄道の踏切を渡る。よく見れば、春日居町駅の横にある踏切ではないか！

さらに。高校時代の同級生の女の子が、恋人に振られたか何かして、春日居町駅の小さなプラ

身延線の名駅舎、南甲府駅

ットホームから東京へ旅立つ。前田敦子のタマ子が、それを見送る。

相当な鉄道好きでもほとんど知らないと思われる春日居町駅が前田敦子と共に二度も出てくるとは凄い！

軽井沢駅は日本有数の避暑地の玄関口。北陸新幹線が停車する。それに比べ、隣りの中軽井沢駅は昔ながらの小駅だったが、しなの鉄道になって、立派な橋上駅舎に変わった。昭和三十一年に沓掛《くつかけ》から中軽井沢に駅名が改称された。沓掛のほうが宿場町の趣があっていいと思うのだが。

さらに――、一九九七年に長野新幹線（現在は北陸新幹線）が開業した時に、在来の信越本線、横川駅（群馬県）―軽井沢駅（長野県）間がなんと廃線に。信越本線は分断されてしまった。軽井沢―小諸―上田―篠ノ井間は第三セクターの、しなの鉄道となり、中軽井沢駅はこの新しい鉄道の駅となった。信越本線（高崎―新潟）時代を知る人間には少し寂しい。

信越本線時代の中軽井沢駅が出てくる映画がある。

木下恵介監督の「今日もまたかくてありなん」（59年）。題名は島崎藤村の詩『千曲川旅情のうた』から取られている。軽井沢を舞台に、平凡なサラリーマンの妻（久我美子）と、戦死した部下たちに罪責感を持っている旧軍人（十七代、中村勘三郎）との心の触れ合いを描いている。

久我美子演じる主人公の保子は、平凡なサラリーマン（高橋貞二）の妻。小さな男の子がいる（子役の頃の中村勘九郎。のちの勘三郎）。若い夫婦は、湘南海岸、辻堂《つじどう》あたりに小さな家を建てた。生活は楽ではないので、夏のあいだ、家を人に貸すことにする。夫は東京の同僚のアパートで暮し、妻は軽井沢の実家に帰る。軽井沢で、戦争の傷を心に負った軍人に出会う。

彼女の実家があるのは、中軽井沢駅から少し歩いた町はずれ。母親（夏川静江）は小さな雑貨屋を営んでいる。別荘族ではない。地元の人間。

中軽井沢駅は高原の小駅。島式ホームがひとつと、もうひとつ一面ホームがある。下りの列車はカーブしながら入線してくる。この時代、まだ蒸気機関車が走っている。久我美子の弟（小坂一也）は小諸の工場で働いていて、中軽井沢―小諸を列車で通っている。鉄道がまだ地域の足になっている。

夏のある日、保子は心ひかれるようになった旧軍人と、中軽井沢から列車に乗り、小諸の城跡に行く。藤村の詩を口にする旧軍人に惹かれてゆく。彼は、まるで自分の戦争の罪をあがなうように、町のやくざ（三國連太郎）を殺し、自らも命を捨てる。

夏が終わる。保子は子供と共に湘南の小さな家へ戻ってゆく。

家があるのは、東海道本線の辻堂駅から海へ歩いた松林のなか。高橋貞二演じる夫は、毎朝、辻堂駅からグリーンとオレンジの湘南電車に乗って東京へと通勤してゆく。

この湘南電車（東京―沼津）は、戦後、湘南の人口が増え、混雑緩和のために導入された中距離区間の電車。一九五〇年から走るようになった。それまでは、電気機関車が牽引していた。

正面が二枚窓の湘南電車は当時としては画期的なデザインで「湘南スタイル」と呼ばれ、全国に普及していった。

浅間山麓を走る信越本線の列車は、高原列車の良さがあった。香川京子の若い頃の作品、中川信夫監督の「高原の駅よさようなら」（51年）の「高原の駅」は、信越本線時代の信濃追分駅（現在は、しなの鉄道）のこと。小畑実が歌ってヒットした同名の曲をモチーフにしている。〽思いせつなく　手に手をとれば　笛がひびくよ　高原の駅。

信州に住む香川京子が、最後、東京へと帰る恋人の水島道太郎を見送るのがこの駅（映画のなかでは下りの新潟行きになっている）。香川京子が馬に乗って駆けつけるのが牧歌的。駅周辺には人家は、ほとんど見えない。まさに「高原の駅」。中村登監督「旅路」（53年）で、岸恵子が最後、佐田啓二と別れる駅もその形から信濃追分駅と思われる。

高原列車と言えば、かつて浅間山麓を走っていた草軽《くさかる》電気鉄道がある。軽井沢（駅名は新軽井沢）と群馬県の古くからの温泉地、草津温泉を結んだ軽便鉄道。大正四年（一九一五）に開業し、昭和三十七年（一九六二）に廃線となった。私鉄。

先頭の小型機関車がカブトムシと呼ばれたパンタグラフの高い形で、軽便鉄道のなかでも、もっとも人気があったのではないか。映画にもよく登場する。

木下恵介監督の「善魔」（51年）では、三國連太郎（第一回主演作。芸名は役名と同じ）演じる東京の新聞記者が、群馬県の山のなかに隠棲している老人（笠智衆）を訪ねるために、この鉄道に乗り、山間の小駅で降りる。

冬。雪のなか、高いパンタグラフを立てた電気機関車が、マッチ箱のような車両を引く。どうしてこんな形の機関車になったのか。

高原には秋にはもう霜が降りる。霜柱がレールを押し上げる。保線係が直しても直しても追いつかない。どうしてもレールはデコボコし、列車は上下動が激しくなる。パンタグラフが低いと、下がったときに架線に届かない。そのためにカブトムシの角のようなパンタグラフになった。

木下恵介監督の「カルメン故郷に帰る」（51年）では、東京に出てストリッパーとして成功した村の娘、高峰秀子が、夏、友人の小林トシ子と共に故郷に錦を飾る。

この時、草軽電鉄に乗ってくる。カブトムシの機関車、箱型の車両、それに夏だからだろう無蓋車にも客が乗っている（サマーオープンカーと呼ばれたという）。

到着する駅は、主要駅だった群馬県の北軽井沢駅。瓦屋根の寺のような立派な駅舎が画面に映る。この駅舎（大正七年開業）は、現在も当時のままに保存されている。

群馬交響楽団の苦闘の歴史を描く水木洋子脚本、今井正監督の「ここに泉あり」（55年）では、草創期の楽団員が山間の村へ演奏旅行に行く時に、草軽電鉄に乗る。夏の高原を走る。無蓋車は気持がよさそうだ。

草軽電鉄のカブトムシ

草軽電鉄の小駅の駅長（といっても駅員は駅長一人しかいない）を主人公にした人情劇が、丸山誠治監督の「山鳩」（57年）。草軽電鉄を語るのにこの映画は欠かせない。信州でロケされ、カブトムシのさまざまな姿を見せる。

もともとは、劇作家の北条秀司が新国劇のために書いた戯曲で、舞台では駅長を辰巳柳太郎が演じ、当り狂言になった。北条秀司は軽井沢に山荘を持っていて、近くを走るこの電車に親しみを持っていた。

「騒雑な東京を逃がれて行った人間には、まことに格好な揺籠電車だった。運転手も車掌も家庭用の踏み台を椅子代りにしている。もちろんずっと単線で、スレちがいの電車を野天ホームで待ち合わすのだが、それが五分や十分ではなく、半時間近く待つのは平気だった。だからタブレットを渡す駅長さんも、落葉松林の彼方に交換電車が見えるまでは、社宅の前の畑や花壇で悠々と仕事をつづけている」（北条秀司「幻の草軽電車」『日本の名随筆93駅』所収）。

映画で駅長を演じたのは森繁久彌。駅は「落葉松沢《からまつざわ》」と架空の名前になっているが、小瀬《こせ》温泉駅がモデル。小瀬温泉では言いにくいし、雰囲気もないので「落葉松沢」にしたと北条秀司は書いている。

浅間山が目の前に見える落葉松林のなかの小駅。駅舎は駅長の家でもある。周囲に、他の人家はない。本数は多くないので次の列車が来るまで時間の余裕があり、駅長は近くの旅館の番頭

（田中春男）と将棋をさしている。のんびりしている。

しかし、列車が近づくと転轍器《てんてつき》を操作するし、島式ホームではタブレットを渡す。一両だけの列車だが、ちゃんと車掌もいる。

スピードは出ない。新軽井沢から草津まで約三時間半かかった。夏などアブラムシが大量に発生し、そのために車輪がすべり、脱線することもあったという。

森繁久彌演じる駅長は男やもめ。停年まであと三、四年。子供はいない。一人暮し。そこにある日、峠の向こうの旅館で働いていた若い女性、岡田茉莉子が旅館から逃げてくる。人情駅長が彼女の面倒を見ているうちに、いつしか遅咲きの恋の花が咲く。

この映画のあと、草軽電鉄は「小瀬温泉」を「落葉松沢」に改名しようとしたが、そうなる前に会社が立ちゆかなくなってしまった。現在、しなの鉄道軽井沢構内の「旧軽井沢駅舎記念館」前にカブトムシと呼ばれた電気機関車が保存されている。記念館は、しなの鉄道の軽井沢駅舎となっている。


長野県を走るローカル鉄道にアルピコ交通上高地線がある。以前の名称は松本電鉄上高地線。松本駅から新島々《しんしましま》駅まで十五キロ足らずのミニ私鉄。大正十一年の開業。沿線住民だけではなく上高地や乗鞍高原に向かう登山客も運んだ。山好きによく知られている鉄道。

この鉄道に乗ったのが、富田常雄原作、川島雄三監督「女は二度生まれる」（61年）の芸者、若尾文子。

九段坂上、富士見町の芸者。男から男へと身をまかせる。そんな暮しに疲れた彼女は、最後、故郷の信州に帰ることにする。途中、山好きの少年工（高見国一）と会い、一緒に松本からこの電車に乗る。

終点の駅で、これから山に向かう少年工と別れ、一人、待合室に入るところで映画は終わる。この終着駅は現在の新島々駅のひとつ先にあった島々駅（大正十一年開業）。登山客によく利用されたので駅舎は山小屋風。一九八三年の台風による土砂災害で廃止。現在は、新島々駅が終着駅になっている。

登山と縁が深い駅に、大糸線（松本―糸魚川）の信濃大町駅（大正五年開設）がある。北アルプス登山の拠点。

井上靖原作、川島雄三監督の「あした来る人」（55年）では、アルピニストの三橋達也が鹿島槍ヶ岳に登る。遭難したと新聞が報じる。彼を慕う新珠三千代が、新聞を読み、心配して一人、現地に駆けつける。

彼女を乗せた蒸気機関車が信濃大町駅に着く。駅前から、鹿島槍が見える。タクシーで登山口まで行った彼女は、無事に下山してきた三橋達也を迎える。

大糸線は一九七二年まで蒸気機関車が走っていて、信濃大町駅には機関区があった。

長野県を代表する名駅舎といえば長野駅がよく知られていた。長野市は善光寺の門前町なので、昭和十一年に善光寺にちなんで寺院風の駅舎が建てられた（駅の開設は明治二十一年）。天守閣のような大屋根の下に唐破風の玄関。堂々たるコンクリート製和風駅舎で異彩を放っていた。佐藤純彌監督の「君よ憤怒の河を渉れ」（76年）では、逃亡中の高倉健がこの駅に降り立つ。大寺院のような駅舎がくっきりと高倉健の背後に見える。一九九六年、長野新幹線の開業の一年前に駅舎が新しくなり、この駅舎が消えたのは惜しまれる。二〇一五年の北陸新幹線開業時に再度改築された。

長野県を走っていて廃線になってしまった鉄道（私鉄）が出てくる映画がもうひとつある。石坂洋次郎原作、吉田喜重監督の「水で書かれた物語」（65年）。信州の上田を舞台に美しい母親、岡田茉莉子と、成長した息子、入川保則の禁じられた愛を描いている。

母親は、病弱の夫（岸田森）を亡くしたあと、一人で息子を育ててきた。しかし、美しい母は、町の有力者（山形勲）とひそかな関係を持っている。息子はそれを感じながら、母への思慕の情を強めてゆく。

この親子の住む家（古い日本家屋）の前を鉄道が走っている。鉄道といっても小さなもので単線。上田東駅から南の丸子町駅まで走っていたローカル私鉄、上田丸子電鉄丸子線（大正七年開業）。人口二十万足らずの町を走る、一種の市電のような存在で、映画のなかでも住宅や神社の目の前を線路が通っている。

この映画のあと、一九六九年に廃止になった。

まだ健在のローカル私鉄もある。上田駅と、西の別所温泉駅を結ぶ上田電鉄別所線。市街地と温泉地を結ぶ鉄道（約十二キロのミニ鉄道）として大正十年に開業した。

山田洋次監督「男はつらいよ」シリーズの第十八作「寅次郎純情詩集」（76年、京マチ子主演）に、この鉄道が出てくる。

渥美清演じる寅は、別所温泉で商売をした時、偶然、顔見知りの旅役者の一座に会う（座長は吉田義夫、若手女優は岡本茉莉）。つい見栄を張ってパトロン気取りで、一座を宿に招き酒宴を張る。当然、金はない。翌日、寅は無銭飲食で逮捕されてしまう。仕方なく、妹さくら、倍賞千恵子が、金を用意して別所温泉に駆けつける。

この時、さくらは上田電鉄（当時は、上田交通）に乗る。丸い窓が特徴で、丸窓電車と呼ばれていた。さくらの座る席のうしろが、ちょうど丸窓になっている。

「男はつらいよ」に登場した別所温泉駅

電車が終点の別所温泉駅に着く。大正十年開業時のままで、大正モダンの洋館のような駅舎は、信州の名駅舎のひとつ。さくらは、この駅に降り立つ。やくざな兄のための苦労だが、丸窓電車に乗り、名駅舎を見ることが出来たのだから、よしとしよう。

寅はよく信州を旅する。

第三作、森﨑東監督の「フーテンの寅」（70年、新珠三千代主演）では、冒頭、寅が奈良井宿の安宿に泊る。宿のうしろを中央本線の蒸気機関車が走る。

第十作「寅次郎夢枕」（72年、八千草薫主演）では、寅が奈良井宿に泊り、偶然、弟分の登（津坂匡章）と会う。次の日、寅は、登を置いて、先に一人で旅立つ。登が旅館の二階から、寅が列車に乗っていった奈良井駅の木造駅舎を見下す。

「寅次郎夢枕」のアヴァンタイトルで、寅が目ざめる田舎の小駅は、奈良井駅と塩尻駅のあいだにある日出塩《ひでしお》駅。寅のうしろを、貨物列車を牽引するD51重連が疾走する姿は、迫力がある。

もう一本ある。シリーズの後半、第四十四作「寅次郎の告白」（91年、吉田日出子主演）では、冒頭、寅とテキヤ仲間のポンシュウ（関敬六）が、中央本線の落合川駅から列車に乗る。この駅に近い馬籠《まごめ》で商売をしてきたのだろう。落合川駅から、中津川方面に向かう。落合川駅はもう岐阜県になる。

能登半島を走る鉄道が出てくる映画と言えば、まず挙げられるのは、松本清張原作、橋本忍、山田洋次脚本、野村芳太郎監督の「ゼロの焦点」（61年）だろう。

出張で金沢に行ったきり、行方知らずになった夫、南原宏治を探すため、見合い結婚をしたばかりの若い妻、久我美子が東京から金沢へ行き、行方を追う。そこで思いもよらない夫の二重生活、そして何者かによる夫殺害の事実を知る。

冒頭、アヴァンタイトルで、金沢へ向かう夫を、妻が上野駅で見送る。新幹線のない時代。夫は上野発二十一時十五分の夜行急行「北陸」（福井行き）に乗る。

手元にある当時の『時刻表』（日本交通公社）を見ると、この急行は、上越線、北陸本線を経由して（高崎―長岡―直江津―富山）、金沢駅に朝の八時十七分に着く。約十一時間の長旅になる。北陸新幹線のなかった頃、東京から金沢は遠かった。

金沢で、久我美子演じる妻は、夫の会社の部下（穂積隆信）の協力を得て、夫の足取りを追う。ある時、警察から連絡があり、能登半島の富来《とぎ》という日本海に面した海辺の町で、身許不明の水死体が見つかったと知らされる。もしかしたら夫かもしれない。

妻は遺体の確認に金沢から富来に行ってみる。鉄道とバスの旅になる。まず金沢から国鉄七尾《ななお》線（法令上は津幡《つばた》駅が起点だが、実際には金沢駅から輪島まで走った）に乗る。冬の雪のなかを五両ほどの気動車が走る。この時代、車内は混んでいる。

金沢から一時間ほどで羽咋《はくい》に着く。そこで北陸鉄道能登線に乗り換える。日本海に沿って走るローカル鉄道（私鉄）。羽咋と三明《さんみよう》を結ぶ。一両だけの気動車が走る。車両の先端に荷台が付いているいわゆるバケットカーが珍しい。荷物も運んだのだろう。生活感がある。

この鉄道に乗り、三明まで行き（木造の小さな駅舎がある）、そこから富来の漁師町まではバスで行く。季節は冬なので、寒々とした風景が続く。それが暗い詩情を生む。

久我美子演じる妻は、富来の警察署で遺体を確認する。幸い夫ではなかった。そのあと警官（高木信夫）に教えられ、このあたりの名所だといわれる能登金剛《のとこんごう》に行ってみる。

日本海の荒海によって削られた険峻な崖が続く。その荒々しい景観が朝鮮半島にある海金剛《うみこんごう》に似ているので、能登金剛と名づけられた。映画「ゼロの焦点」は、その一画にあるヤセの断崖で撮影された（石川県羽咋郡志賀町）。

最後、妻はこの崖の上で、夫を殺した真犯人を追いつめる。現在、テレビのサスペンスドラマでは、必ずといっていいほど犯人を崖の上に追いつめるが、その原型は「ゼロの焦点」にある。

一九九〇年代の終わり、ＪＴＢから出ていた月刊誌『旅』の仕事で、「ゼロの焦点」のロケ地を歩く旅をした。

久我美子に倣って金沢から七尾線で羽咋へ。しかし、久我美子が羽咋から乗った北陸鉄道能登線は一九七二年に廃線になってしまっていて、羽咋から三明まで、さらに三明から富来まではバスを乗り継いでゆくしかなかった。

能登金剛の一画、巌門《がんもん》の松林には、松本清張の歌碑があった。「雲たれて　ひとり　たけれる荒波を　かなしと思へり　能登の初旅」とある。説明文によると、松本清張の『ゼロの焦点』を読んだ女性が、失恋の果ての自殺にこの地を選んだという。清張は女性の死を悼んで歌を詠んだ。


映画「ゼロの焦点」には、もうひとつ金沢から出ている鉄道が出てくる。市の繁華街から少しはずれた野町《のまち》から白山下まで走っていた北陸鉄道（私鉄）。

金沢市内の耐水煉瓦工場の社長夫人、高千穂ひづるが、一人、この電車に乗って途中の鶴来《つるぎ》まで行く。町の小さな旅館で、失踪した南原宏治の行方を追ってきた兄の西村晃をひそかに……。

この北陸鉄道は「ゼロの焦点」に出てきた野町―加賀一の宮間の石川線と、さらに加賀一の宮―白山下間の金名《きんめい》線に分かれるが、後者の金名線は一九八七年に廃線になってしまった。


「ゼロの焦点」で久我美子が乗った北陸鉄道能登線（羽咋―三明）が出てくる映画がもうひとつある。一九七一年に公開された、清水邦夫と田原総一朗の共同による脚本、監督の「あらかじめ失われた恋人たちよ」。

ヒッピーの若者（石橋蓮司）が能登半島を貧乏旅行する。ローカル線の小さな駅にたどり着く。

「ゼロの焦点」で久我美子が降り立った三明駅。北陸鉄道能登線の終着駅。線路はここで終わり。島式ホームがひとつ、ぽつんとある。瓦屋根の木造駅舎は小さい。

北陸鉄道能登線の開業は昭和二年。当初の予定ではさらに北へ、輪島までのばす予定だったが、実現せず、三明までとなった。三明は本来の終着駅ではなかったことになる。そう思って見るためか、人の姿も少なく寂しい。若者が一人だけ降りる。一両だけの列車は羽咋に戻ってゆく。レールには雑草が生えている。手入れがされていないようだ。

この能登を旅する若者、石橋蓮司は、途中で口のきけないカップル（写真家の加納典明と桃井かおり）と出会い、一人旅が三人旅になる。三明から海岸沿いを下る。

三人は北陸鉄道能登線に乗る。一両きりの気動車は前述したように先頭に荷台がついたバケットカー。三人は、その荷台に乗って子供のように喜ぶ。遊園地の電車のよう。

北陸鉄道能登線は、夏休みなどには海水浴客でにぎわったが、マイカー時代になると乗客が減少。「あらかじめ失われた恋人たちよ」が公開された翌年の一九七二年に廃線になった。

能登半島を走る鉄道で、もうひとつ廃線になったものがある。穴水と輪島を結んでいた、のと鉄道七尾線（前身は国鉄の七尾線）の穴水―輪島間。二〇〇一年に廃線になった。能登半島を代表する町、輪島から鉄道がなくなってしまうとは。時代の流れとはいえ、地方での鉄道存続の難しさを感じさせた。

この鉄道と、輪島駅が出てくる映画が、宮本輝原作、是枝裕和監督の「幻の光」（95年）。江角マキコ演じる主人公は、夫（浅野忠信）が自殺してしまったあと、五年ほどたって奥能登の小さな村に住む男（内藤剛志）と再婚することになる。

小さな男の子を連れ、のと鉄道に乗る。一九八八年に国鉄七尾線から第三セクターの、のと鉄道にかわった。輪島駅（開設は昭和十年）は、その終着駅。

大きな町の駅だけに駅舎は近代的なビル。母子はそこに降り立つ。新しい生活が始まるのだが、前述したように輪島駅は映画の公開後、三年たって消えてしまう。輪島駅は現在、道の駅、バスターミナルになっている。


能登半島にはさらにもうひとつ廃線になった鉄道がある。穴水から北東の蛸島《たこじま》に向かう国鉄時代の能登線。一九八八年に第三セクター、のと鉄道能登線になり、二〇〇五年に廃線になった。

穴水から蛸島まで延長したのが昭和三十九年（一九六四）だから、四十一年と短命だったことになる。途中に「恋路《こいじ》」というロマンチックな名の駅があるので知られた。

二〇〇五年、廃線になる直前にこの鉄道に乗りに行った。最後ということで、二両の気動車は鉄道ファンで超満員だったのが皮肉だった。ふだんから、これだけ満員だったら廃線にならないのに。途中の主要駅、珠洲《すず》駅（昭和三十九年開設）で降りると、駅前の看板に「能登線を生かして伸ばそうわが郷土」とあるのが寂しかった。

二〇〇四年に公開された、高樹のぶ子原作、田中陽造脚本、根岸吉太郎監督の「透光の樹」に廃線直前の、のと鉄道能登線が出てくる。

東京でテレビの仕事をしている永島敏行と、金沢に近い鶴来《つるぎ》に住む秋吉久美子が道ならぬ恋をする。

ある時、二人はお忍びで奥能登の隠れ家のような宿に泊る。一夜の歓を尽し、翌日、男は東京へ戻る。穴水駅から気動車に乗り込む。ホームで見送る女が、未練を絶ち切れず列車に飛び乗る。列車のなかでまた身体を寄せる。ようやく次の小駅で女は降り、男を乗せた列車を無人駅の寂しいホームで見送る。この駅は、のと鉄道能登線の波並《はなみ》駅と思われる。

消えてしまった鉄道が確実に映画のなかに残っている。

「透光の樹」は北陸新幹線開通前の映画だから、永島敏行演じる主人公は、東京から金沢に行く時、東海道新幹線で米原《まいばら》まで行き、そこで北陸本線に乗り換えている。当時、東京から金沢へ鉄道で行く時の普通の行き方だろう。約五時間はかかった。

二〇一五年に北陸新幹線が開通してからは東京からまっすぐに金沢へ。約二時間半。

二〇一六年に公開された一青妙《ひとたえ》原作、白羽弥仁監督の「ママ、ごはんまだ?」で、台湾人の父親と、日本人の母親のあいだで生まれた一青妙、窈《よう》姉妹(映画では、木南晴夏と藤本泉)は、母親が癌で亡くなったあと、母の実家のある能登半島の小さな町に行く。

新幹線で金沢まで行き、そこでJR七尾線に乗る。「ゼロの焦点」で久我美子が北陸鉄道能登線に乗り換えた羽咋を経て、良川駅《よしかわ》(明治三十四年開設)に降り立つ。小さいが、コンクリートの駅舎。

姉妹は駅を降り、町を歩く。交差点に出る。その交差点の名前が「一青《ひとと》」とある。珍しい名前だが、このあたりの地名からとられていると分かる。二人は、ここが母の故郷かと、うれしそうに「一青」の表示を見上げる。

鉄道が次々に消えていっている能登半島のなかで七尾線が健在なのは人気温泉地、和倉温泉まで行っているためだろう。駅名も一九八〇年に「和倉」から「和倉温泉」に改称された。

この温泉には、加賀屋という日本を代表する名旅館がある。「ゼロの焦点」では、正月休みに加賀屋で静養している金沢の耐火煉瓦工場の社長、加藤嘉と、その妻、高千穂ひづるを、夫を殺された久我美子が訪ねて来て、事件の真相を明らかにしてゆく。

一九六三年に公開された浦山桐郎監督の「非行少女」は、金沢に近い町に住む少年(浜田光夫）と少女（和泉雅子）の純愛物語。

少女の家は貧しく、学校の給食費さえ満足に払えない。そのため彼女の生活は荒んでゆく。幼なじみの少年は、心配して優しく励ます。

スカートを持っていないという少女のために金沢市内のデパートでスカートを買ってやる。金沢の市内は当時、まだ路面電車（北陸鉄道金沢市内線）が走っている。「ゼロの焦点」では、久我美子が夫の部下、穂積隆信と共にこの電車に乗った。線路の両側に雪の壁が出来ている。現在ではもう見られない光景だろう。金沢市内線は一九六七年に廃線になった。富山市内のように路面電車を残さなかったのが、今となっては惜しまれる。

少年にデパートでスカートを買ってもらった少女は、大喜びし、兼六公園でスカート姿を少年に見せる。そのあと、二人で金沢のはずれ、日本海に面した内灘《うちなだ》砂丘に遊びに行く。

二人は金沢駅から出ているローカル鉄道、北陸鉄道浅野川線に乗る。金沢と内灘を結ぶ七キロほどのミニ私鉄。現在も健在。

電車は内灘の海岸に向かって走る。途中、川に架かった鉄橋を渡る。トラスのないガーター橋。大野川に架かる大野川橋梁。進行方向の右手が河北潟《かほくがた》。二人の乗った電車は、橋を渡りきると、すぐに小さな駅に着く。木造瓦屋根の駅舎にホームが付いている。

映画のなかでは「河北潟駅」と架空の駅名になっているが、実際は粟ヶ崎駅《あわがさき》（終点の内灘駅の

「非行少女」に登場した北陸鉄道浅野川線。大野川を渡る

ひとつ金沢寄り）。車内のアナウンスが「かほくがた」と言っているのは、撮影に協力してのことだろう。ただ、なぜ架名にしたのかは分からない。実際の粟ヶ崎でもよかったのではないか。駅を出た少年と少女は内灘砂丘に出る。季節はずれで人影はない。内灘には戦後、米軍の試射場が出来、漁民や農民が反対闘争をした。全国から労働者や学生が支援に集まった。いわゆる内灘闘争（昭和二十八年）。北陸鉄道も軍需物資輸送拒否のストライキを行なった。

「非行少女」には、二人が砂丘で子供時代、親たちが反対闘争をしたことを思い出す、回想シーンがある。「非行少女」の頃は試射場もなくなっている。廃墟となった施設を、少女は秘密の隠れ家にしている。それを少年に見せる。優しくしてくれた少年への精一杯のお返しだろう。

少女は学校を中退する。更生施設に入る。最後、洋裁の技術を覚えるため、一人、大阪に出る決意をする。

金沢駅から大阪に行くために北陸本線（金沢発十四時二十九分の大阪行き普通）に乗る。少年が見送る。なかなか別れられず、少年は一緒に列車に飛び乗ってしまう。そして列車のなかで将来を誓い合う。抱き合う。切ない別れの場面は、鉄道があってこそ。

少年は金沢の先の加賀笠間駅で降りる。田園のなかの小さな駅。木造の駅舎と対面ホームがある。少年はホームから、少女を乗せて去ってゆく列車を見送る。当時の北陸本線はまだ蒸気機関車が走っている。汽車の別れが二人の純愛を美しくする。

加賀笠間駅は、駅前に加賀千代女の句碑があるので知られる。

北陸本線は法令上は米原—直江津だが、実際には、京都、大阪まで行く列車が多い。しかも近年は、米原経由ではなく、湖西線経由が主になった。旅行者としては湖西線は車窓風景が素晴らしいので有難い。

石川県を走る北陸本線が登場する映画がある。

一九六六年に公開された川端康成原作、吉田喜重監督の「女のみづうみ」。美しい人妻、岡田茉莉子が、若い男との情事の折りの写真を何者かに奪われる。脅迫者の言うままに、列車に乗り、北陸に行くことになる。

この時、乗るのが北陸本線。夜、金沢から片山津《かたやまづ》温泉に向かう。ところが事故があり、途中の駅で列車はとまってしまう。比較的大きな駅で、小松駅とわかる。

彼女は仕方なくここで降り、車で片山津温泉に向かうことになる。

小松駅は、現在は高架化されているが、当時は地上駅。駅舎も木造。映画のなかでは、岡田茉莉子演じる人妻は、心配して宿に迎えに来た夫の芦田伸介と共に、小松駅から列車に乗って東京へと戻る。

北陸本線は一九六四年に米原から富山まで電化され、小松駅で二人が乗る列車は電気機関車。

ところが夫の芦田伸介は「汽車」と言っている。旧世代らしくていい。「男はつらいよ」シリーズでは、渥美清演じる寅はいつも「汽車」と言う。「電車」とはまず言わない。

小松駅からは以前、尾小屋《おごや》鉄道という軽便鉄道が走っていた。小松から山間部へ入った尾小屋鉱山という銅を産出する鉱山まで行く。大正八年に開業。小さな気動車が走る。銅だけではなく沿線住民も運んだ。

拙著『「男はつらいよ」を旅する』（新潮社、二〇一七年）に書いたことだが、「男はつらいよ」シリーズの第九作「柴又慕情」（72年、吉永小百合主演）にこの尾小屋鉄道が出てくる。冒頭、寅がいつものように他愛ない夢を見て、目をさます。

目ざめたところは田舎の小駅の待合室。田園のなかに小屋のような駅舎が建っている。小さな駅だが駅員がいて、寝ぼけている寅に「お客さん、乗りますか、出ますよ」と声を掛ける。寅は一両だけの気動車にあわてて乗り込む。この気動車には荷台が付いている。バケットカー。駅員がそこに牛乳の缶を積み込む。

この場面は、尾小屋鉄道の中間あたりにあった金平《かなひら》駅で撮影されている。尾小屋鉄道は映画のあと一九七七年に廃線になった。

「柴又慕情」で寅が惚れてしまう女性は、吉永小百合演じる東京のＯＬ。友人二人と北陸を旅している彼女に出会ってひと目惚れしてしまう。

二人が会ったのは、永平寺に近いローカル線の小駅の前にあるひなびた駅前食堂。先客として一杯やっている寅が、にぎやかに店に入ってきた三人の若い女性に「旅は楽しいかい」と声を掛けたのが、きっかけになる。

この食堂がある場所は、京福電鉄永平寺線の京善《きょうぜん》駅（福井県）。駅舎に手を加え、食堂にしたという。永平寺線（金津《かなづ》〈現在の芦原《あわら》温泉〉―永平寺）は二〇〇二年に廃線になった。

寅は三人の女性たちと一日、名勝、東尋坊《とうじんぼう》で遊んだあと、夜、小駅で彼女たちと別れる。ホームで電車を見送る。えちぜん鉄道勝山永平寺線（福井―勝山）の永平寺口駅（撮影当時は東古市駅。のち改名）で撮影された。

この鉄道は現在も健在。勝山に出来た恐竜博物館の人気のためだろうか。

中央本線は中間地点に当たる長野県の塩尻駅《しおじり》（明治三十五年開設）を分岐点に中央東線と中央西線に分かれる。

中央西線は塩尻―名古屋間。名古屋行きが上りになる。長野県から岐阜県に入った中央西線は、「男はつらいよ」シリーズの第四十四作「寅次郎の告白」（91年、吉田日出子主演）に登場した落合川駅を経て恵那駅《えな》（明治三十五年開設。昭和三十八年に「大井」から改称）に着く。

恵那駅からは山間部の明智町（恵那市）に向かうローカル鉄道、明知鉄道が出ている。（鉄道名は明知、町名と駅名は明智とまぎらわしい）約二十五キロのミニ鉄道。美しい里山のなかを走る。もともとは国鉄の明知線。昭和九年に開通した。

当初、岐阜県恵那と静岡県掛川を結ぶ路線として構想されたが、実現せず、明智までの盲腸線となった。一九八五年に第三セクターの明知鉄道に。明智町は戦国武将、明智光秀の出身地とされている。古い建物が多く「日本大正村」を謳っている。

この鉄道は里山ローカル線と呼ばれるように沿線風景が素晴しい。恵那―明智間は約五十分。恵那駅を出るとすぐ里山へと入ってゆき、田、畑、山林の風景が続く。

沖田修一監督の「キツツキと雨」（12年）は、明知鉄道の沿線を舞台にしている。役所広司演じる主人公は、里山で暮す「木こり」。いかにもこの鉄道の沿線住人らしい。

静かな村に、若手監督（小栗旬）率いる撮影隊（メジャーではない）がやってきて、ゾンビ映画の撮影を始める。はじめは迷惑顔の役所広司が、次第に、彼らに協力するようになる。

若い監督は、これが第一回作品らしく、自信がない。リーダーシップを発揮出来ない。ついに現場から逃げ出し、東京に帰ろうとする。そこで、役所広司が、この頼りない若者を車に乗せ、最寄りの駅まで送ってゆく。

その駅が明知鉄道のなかほどにある岩村駅。

主要駅で木造のしっかりした駅舎がある。しかし、昼間を除いて無人駅。夜、若者は一人、ここから東京へ戻ろうとする。そこに、ベテランの助監督（古舘寛治）があわてて駆けつけ、必死で引き止める。

ローカル鉄道の小駅が出てくることで、映画全体に穏やかなユーモアが生まれている。


中央西線の名古屋からの下り列車に乗ったのが松本清張原作、大庭秀雄監督「眼の壁」（58年）の佐田啓二演じる主人公。

東京のあるメーカーの会計課長（織田政雄）が手形のパクリ事件に遭う。会社に大きな損害を与えた責任を取って、課長は自殺してしまう。

部下の佐田啓二が素人ながら事件を追う。鍵を握る銀座のバーのバーテンダー（渡辺文雄）が姿を消したのを不審に思い、その行方を探る。

男が、岐阜県の瑞浪《みずなみ》に潜んでいるらしいことが分かり、佐田啓二は、東京から岐阜県の瑞浪に向かう。名古屋から中央西線に乗る。当時はまだ電化されていない。

蒸気機関車が走る。高蔵寺《こうぞうじ》、多治見《たじみ》と美濃路を走る。瑞浪のひとつ手前の土岐津《ときつ》駅（明治三十五年開設。のち昭和四十年に「土岐市《ときし》」と改名）で降りる。駅舎はまだ木造。

佐田啓二はここからタクシーで瑞浪に向かう。多治見をはじめ、このあたりは陶器作りの町が多い。瑞浪もそのひとつ。瓦屋根の並ぶ町並みを歩く佐田啓二のナレーションが入る。

「瑞浪という町は煙突の多い、陶器の町です」「陶土のために白く濁った川（土岐川）を見ながら、はるけくも来つるものかなという思いです」

東京から来た人間には、瑞浪は美濃の山間のひなびた町に感じられたのだろう。

このあと、佐田啓二は再び、瑞浪を訪れる。町の郵便局に謎の女が現われたことを知り、女を追って瑞浪駅に行く。しかし、駅に着くと、女を乗せた列車は、ちょうど出たばかり。佐田啓二は空しく、列車を見送る。

瑞浪駅（明治三十五年開設）は、現在はコンクリートの駅舎だが、当時は木造駅舎。蒸気機関車には、木造の駅舎のほうが似合う。

岐阜県の高山は、古い町並みの残る小京都として知られる。この町の良さを広く世に知らしめたのは、昭和三十年に公開された木下惠介監督の「遠い雲」。全篇、高山でロケされている。東京に出ていた青年、田村高廣が、久しぶりに故郷、飛騨高山に戻ってくる。そこで、幼なじみの女性で、初恋の人、高峰秀子が未亡人になっているのを知り、再び恋心を抱く。

冒頭、田村高廣演じる青年が高山本線（岐阜―富山。昭和九年開業）に乗り、故郷に向かう。カメラは、走る蒸気機関車のさまざまな姿をとらえる。

山間を抜ける。鉄橋を渡る。野を走る。田村高廣はデッキに立って故郷の風景に見入る。〽懐かし思い出の　ふるさと　ふるさと……とノルウェー民謡を歌う。デッキに立つことが出来たのは、この時代の車両ならでは。電車や気動車になると昔ながらのデッキがなくなってしまう。

列車は次第に町なかに入り、高山駅に到着する。昭和九年開業当時のままの、木造タイル張り二階建ての駅舎が正面からとらえられる。駅には、母（岡田和子）や妹（中川弘子）、婆や（市川春代）が迎えに来ている。

実家は町の古い造り酒屋（名酒、久寿玉《くすだま》で知られる石津酒造）。兄（高橋貞二）が家を継いでいる。弟である青年は林野庁に勤めている。ジイドの『狭き門』を読むような文学青年。

再会した高峰秀子との恋が再燃する。亡夫の実家で肩身を狭くして暮す彼女を東京へと誘う。「明日朝一番の汽車で」。

夏の早朝の高山駅。ようやく夜が明けたころ。人の姿はほとんどない。田村高廣が先に来てホームで待っている。そこに高峰秀子が現われ、駅で「東京まで」の切符を買う。その時、たまたま金沢に所用があって出かけていた義弟の佐田啓二が、朝一番の汽車で高山駅に着く。義姉を見て事情を察し、「行かないで下さい」と引き止める。この義弟も彼女のことを慕っているらしい。

年下の青年に引き止められては、もう列車に乗ることは出来ない。田村高廣だけを乗せた列車が、ゆっくりと高山駅を去ってゆく。列車の到着から始まった映画は、列車の発車と共に終わる。蒸気機関車の時代らしい映画の終わり方である。高山駅は二〇一六年に新しい橋上駅舎になった。

高山本線の沿線は高山をはじめ、白川町、古川町（飛驒市）など古い町並みの残る落着いた、いい町が多い。

湯本香樹実原作、大森研一監督の「ポプラの秋」（15年）では、夫を病気で失なったまだ若い妻、大塚寧々が小学生の娘、本田望結《みゆ》を連れて旅に出る。ローカル鉄道に乗る。

高山本線。高山駅のひとつ手前（岐阜寄り）に、小さないい駅がある。思わず彼女は子供と共に駅で降り、静かな町を歩く。緑の多い町をすっかり気に入ってしまい、ポプラの木があるポプラ荘というアパート（大家は中村玉緒）を見つけ、そこに引越すことにする。子供との新しい暮しが始まる。

母娘が降り立つ小駅は高山本線の飛騨一ノ宮駅（昭和九年開設）。無人駅で開設当時の木造駅舎がいまも残る。近くに飛騨国一の宮、水無《みなし》神社があるのでこの駅名になった。母娘は飛騨の小さな町（高山市になる）で新しい幸せを見つけてゆくことになるだろう。

二〇一七年に公開された新海誠監督のアニメ「君の名は。」では、高校生の女の子が住む町は糸守《いともり》と架空になっているが、岐阜県の高山本線の沿線の町らしい。鉄道の駅を中心に小さな町が作られている。

女の子が東京に行く時、気動車に乗る。行先表示を見ると美濃太田となっている。高山と岐阜のあいだにある。高山本線の主要駅で、特急も停車する。大正十年開設。平成十年（一九九八）にモダンな橋上駅舎に改築された。

この美濃太田駅からは、JR太多《たいた》線（美濃太田―多治見。昭和三年開業）と、第三セクターの長良《ながら》川《がわ》鉄道（美濃太田―北濃《ほくのう》）が出ている。

二〇〇六年に公開された奥田瑛二監督の「長い散歩」にこの長良川鉄道が登場する。

緒形拳演じる主人公は、名古屋のある高校の校長を勤め上げ、停年退職した。職業柄、妻子にも厳しく、家庭生活は幸せではなかった。妻（木内みどり）はアルコール依存症になり、亡くなった。一人娘（原田貴和子）は父親には寄りつかない。

退職後、主人公は世を捨てるかのように、一人でアパート暮しを始める。しばらくして、隣りの部屋で幼ない女の子（杉浦花菜）が、シングルマザーの母親（高岡早紀）とその愛人（大橋智和）に虐待されていることを知る。

ある時、見るに見かねて、女の子を助け、二人で旅に出ることにする。かつてまだ家族が幸せだった頃、家族三人で遊びに行った奥美濃の山を目ざす。

もうじき人生を終える初老の男と、これから人生を始める小さな女の子。祖父と孫のような二人が名古屋から、奥飛騨へ向かう。

山の村々を歩き、鉄道のある小さな駅で列車に乗る。ほとんど人の姿の見えない山間の無人駅。長良川鉄道の深戸《ふかど》駅（岐阜県）。木造の駅舎は昭和三年に開設した当時のようだ。

二人は、たまたま駅で出会った一人旅をしている若者（松田翔太）と共に、この駅から一両だけの気動車に乗って、奥飛騨の山（郡上市にあるめいほうスキー場でロケされている）に向かう。

長良川鉄道はもともとは国鉄の越美南《えつみなん》線。美濃太田と福井県を結ぶ計画で建設が進められたが、実現せず、福井県との県境、北濃《ほくのう》駅で行き止まりとなった。昭和九年に美濃太田―北濃間で営業が開始された。

地図で見ると、福井県から建設されてきたＪＲの越美北《えつみほく》線（起点は北陸本線の越前花堂《えちぜんはなんどう》）の終点、九頭竜湖《くずりゅうこ》駅（昭和四十七年開設）と北濃駅との距離はもうひと息。これがつながっていればよかったのだが。未完の、夢の鉄道と言えよう。

越美南線は結局、福井県にまで入ることなく、一九八六年に第三セクターの長良川鉄道に転換された。長良川に沿って走る眺めのいい鉄道で、沿線には、刃物と洋食器で知られる関や、清流の町として知られる郡上八幡《ぐじょうはちまん》がある。

ただ、「長い散歩」は、夢の場所へと旅してゆく老人と子供を、関や郡上八幡ではなく、深戸という寂しい駅に置いた。現代社会から去ろうとしている二人には、それがふさわしい。

北陸本線の敦賀駅《つるが》（福井県）の開設は、明治十五年と早い。まず長浜駅（滋賀県）と結ばれた。当時の敦賀駅は、敦賀港に接する金ヶ崎に置かれた。現在の貨物駅である敦賀港駅。敦賀駅の開設が早かったのは、敦賀が港町で、日本海に面していたため。北陸地方と京阪神地方を結ぶ交通の要衝となった。

北陸本線の米原《まいばら》—敦賀間の開通は明治二十二年。さらに明治四十二年、敦賀駅は現在の位置に移った。斎藤耕一監督、岸惠子、萩原健一主演の「約束」（72年）で、敦賀駅が架空の「うえつ」駅に見立てられたことは前述したが、敦賀駅が敦賀駅として登場する映画がある。

降旗康男監督、高倉健主演の「夜叉《やしゃ》」（85年）。高倉健演じる主人公は、大阪でやくざとして名を売っていたが、いまは足を洗い、日本海に面した福井県の美浜町日向《ひるが》という漁師町で、かたぎの漁師になっている。女房（いしだあゆみ）をもらい、子供に恵まれた。

平和な暮しだったが、酒場の女（田中裕子）と、その情人（ビートたけし）が町に流れ込んで来たために、再び、身体を張って戦わなければならなくなる。

厳しい冬の日本海の地でロケされている（撮影は木村大作）。この漁師町の最寄りの鉄道の駅は、小浜線《おばま》（敦賀—東舞鶴）の美浜駅だが、映画のなかでは、より大きな敦賀駅が利用されている。大阪とつながっているためだろう。

田中裕子演じる大阪から来た女性は、漁師町で飲み屋を開く。美しいおかみがいるというので漁師たちのたまり場になってゆく。

しかし、彼女には情人がいる。冬の寒い日、ビートたけし演じる情人が敦賀駅に到着する。田中裕子が駅で迎える。冬の北陸の駅は寒々としている。

敦賀駅は貨車も多い。港に到着した荷を運ぶ。高倉健が、小林稔侍演じるチンピラを叩きのめすのは、貨車の引込線のところ。

高倉健は、妻と家庭を愛しながら、他方で田中裕子にも惹かれてゆくが、最後、彼女は小さな子供を連れて、町を去ってゆく。

夜の敦賀駅から、彼女は子供と一緒に列車に乗り込む。それを高倉健が、ホームの隅から見送る。女への未練を断ち切り、かたぎの漁師の世界に戻ってゆく。冬の凍ったような駅が二人の寂しい別れの舞台になる。


東京から新幹線で関西に向かう時、多くの乗客にとっては、関西地方に入ったな、と思うのは、米原《まいばら》駅（滋賀県）あたりからではないか。

米原駅が北陸本線の駅として開設されたのは、明治二十二年。明治二十八年に東海道線の駅ともなった。東京から来ると、関西への入り口だが、関西人から見るとこの駅は北陸への入り口。駅のスタンプには「琵琶湖に面する北陸への分岐駅」とある。

松本清張原作、野村芳太郎監督の「砂の器」（74年）は、東京蒲田での殺人事件を追う刑事、丹波哲郎が、手がかりを求めて日本各地を旅する、一種のロードムービーになっている。

刑事は、次第に犯人を新進の作曲家（加藤剛）に絞り込んでゆき、その過去を調べる。まず金沢駅からバスで、山中温泉の奥にある本籍地の小さな村に行く。そこで、作曲家が少年時代、大阪の通天閣近くの自転車屋で働いていたと知り、金沢から大阪へ行く。

この時、夜の米原駅で列車を乗り換える。人の姿の少なくなったホームのベンチで、大阪行きの列車を待つ。金沢から大阪へ出る時に、米原駅で乗り換える。米原駅が関西から見ると、北陸への出入り口になっていることが分かる。

「砂の器」では、さらに丹波哲郎演じる刑事が、殺された元巡査、三木謙一（緒形拳）の旅（お伊勢参り）を追って伊勢に行く。岡山県江見町に住む三木は、かねての念願で、老後の楽しみとして、一人、伊勢神宮に行った。刑事は、その旅を辿ってみる。

伊勢神宮の最寄り駅のひとつ、国鉄（当時）の参宮線《さんぐう》（多気《たき》—鳥羽《とば》）の二見浦駅《ふたみのうら》（三重県）で降りる。現在の駅舎は、二見浦《ふたみがうら》にある名所、夫婦岩《めおといわ》をモチーフにしたガラス張りのモダンな駅舎だが、撮影当時は昔ながらの木造駅舎（開設は明治四十四年）。

刑事は、被害者の三木謙一が泊った小さな旅館に泊り、主人（瀬良明）と女中（春川ますみ）に、当日の三木の行動を聞き、二日にわたって彼が近くの映画館（館主は渥美清）に行ったことを知る。その映画館で重要な手がかりを得る。

参宮線は紀勢本線（亀山―和歌山）の多気《たき》駅から分岐して鳥羽駅に向かう。伊勢神宮への参拝客を運ぶ目的で作られた。開業は明治四十四年。鳥羽までは約二十九キロ。どちらかと言えばミニ鉄道。伊勢神宮外宮《げぐう》に近い伊勢市駅が主要駅になる。

ＪＲ参宮線の駅の数は十一と少ない。そのなかでも、もっとも小さい駅は多気駅の次の外城田《ときだ》駅だろう。開業当時ではなく、昭和三十八年に開設された新しい駅。いったいどうしてこんな駅が作られたのか、と不思議に思うほど小さく、寂しい駅。田園のなかに、ぽつんと立つ。まわりに人家も商店も何もない。そもそも、無人駅で駅舎もない。片側ホームにプレハブの小屋のような待合室があるだけ。

この駅が登場する映画がある。

山下敦弘監督の初期の傑作「ばかのハコ船」（03年）。東京で「あかじる」なるあやしげな健康飲料を売り始めた若いカップル（山本浩司、小寺智子）が、東京での商売がうまくゆかず、仕方なく、若者の実家に戻って、やり直すことになる。

二人は、「あかじる」のサンプルを抱えて鉄道に乗る。着いたところが、田舎の小駅。駅のまわりに何もない。初春の、土はむき出しになった田畑ががらんと広がっている。そのなかの一本道を、二人は若者の実家に向かって歩き始める。二人のどんづまりの先行きを暗示している。

この駅が、参宮線の外城田駅。山下監督、よくぞ、ここをロケ地に選んだ。後述する山下監督の「リアリズムの宿」(04年)の冒頭に登場する因美線《いんび》(鳥取―東津山)の国英《くにふさ》駅の寂しさに匹敵する。映画に登場した、もっとも寂しい駅と言っても大仰ではない。しかも「砂の器」の刑事、丹波哲郎と、「ばかのハコ船」のダメな男、山本浩司が、同じ参宮線に乗ったのは、その大きなズレゆえに面白い。

「ばかのハコ船」で、小寺智子演じるダメな男の恋人が、田舎町のスーパーの前で一人、懸命に「あかじる」を売るものの、まったく売れず、ついに泣き出してしまうところは、何度見ても、そのせつなさ、けなげさに涙を誘われる。「ばかのハコ船」を見たあと、参宮線に乗りに行ったことは言うまでもない。さすがに、外城田駅で下車する元気はなかったが。ここで降りたら次の列車まで時間のつぶしようがない。

小津安二郎監督の「浮草」(59年)は、田舎町を旅する旅役者たちの物語。中村鴈治郎演じる座長が率いる一座は夏、志摩半島の海辺の町で興行を打つ。

ロケされたのは三重県の阿児《あご》町と大王《だいおう》町の波切《なきり》(いずれも現在、志摩市)。十五年ほど前にロケ地を旅したが、このあたりは鉄道が走っていない。にもかかわらず、町の場面に時折り、汽笛の音が入る。

詩情を出すために、架空の鉄道を想定したのだろう。最後、一座は解散する。座長と女頭、京マチ子が寄りを戻し、鉄道の小駅から夜汽車に乗って、桑名の町へと去ってゆく。この小駅も架空。映画の最後を「汽車が走ってゆく」ところで終えるための虚構だが、志摩半島の町から北の桑名に向かうのだから、参宮線のどこかの駅という設定だろう。

「浮草」には、もう一カ所、鉄道の駅が出てくる。座長が海辺の町に住む、かつての愛人（杉村春子）とのあいだに生《な》した子供が、いまは青年（川口浩）に成長して、郵便局で働いている。この青年が一座の若い女役者（若尾文子）と恋仲になり、駆け落ちする。

二人はある町の旅館で一夜を共にする。翌日、カメラは窓から旅館の前の駅をとらえる。機関庫があり、蒸気機関車が停車している。

この駅が、どこかは明示されていない。しかし、おそらくは関西本線の亀山駅（三重県、明治二十三年開設）を想定しているのではないか。

亀山駅は紀勢本線（亀山―和歌山）との接続駅で、構内は広く、機関庫には多くの蒸気機関車が置かれていた。当時、亀山は鉄道の町だった。名古屋にも大阪にも出られる。駆け落ちしようとする若い二人には便のいい町だったことになる。

亀山と推測するもうひとつの理由は、二人が泊る旅館の看板に、ろうそくの絵が描かれていること。現在でも亀山はろうそく作りで知られる。

小津が亀山駅を想定したことは間違いないと思うが、残念ながら撮影は亀山駅では行なわれていない。田中眞澄編『全日記　小津安二郎』（フィルムアート社、93年）を読むと、東京の多摩を走る五日市線（拝島―武蔵五日市）の武蔵五日市駅で撮影されたことが分かる。昭和三十年代、国鉄の五日市線はまだ蒸気機関車が走り、この駅には機関庫があった。ここが亀山駅に見立てられたようだ。

関西本線の亀山駅から下り（奈良方面）で三つ目が柘植駅《つげ》（三重県、明治二十三年開設）。草津線（柘植―草津）との接続駅。この駅と手前（亀山寄り）の加太駅《かぶと》とのあいだには、急勾配の加太トンネル（鈴鹿山脈を越える）があり、蒸気機関車時代は「加太越え」といって難所だった。そのため柘植駅には補機となる蒸気機関車が置かれた。

「男はつらいよ」シリーズで最初に蒸気機関車が出て来たのは、第二作「続　男はつらいよ」（69年、佐藤オリエ主演）。寅が母恋《ははこい》の夢を見て涙を流しながら目を覚ましたところは、旅先の安宿。窓の向こうを蒸気機関車Ｄ51がうしろ向きで貨車を押している。これから「加太越え」をする準備だろう。ここが柘植駅。

柘植駅は、「男はつらいよ」に最初に登場した蒸気機関車のある駅として記憶されるようになっている。

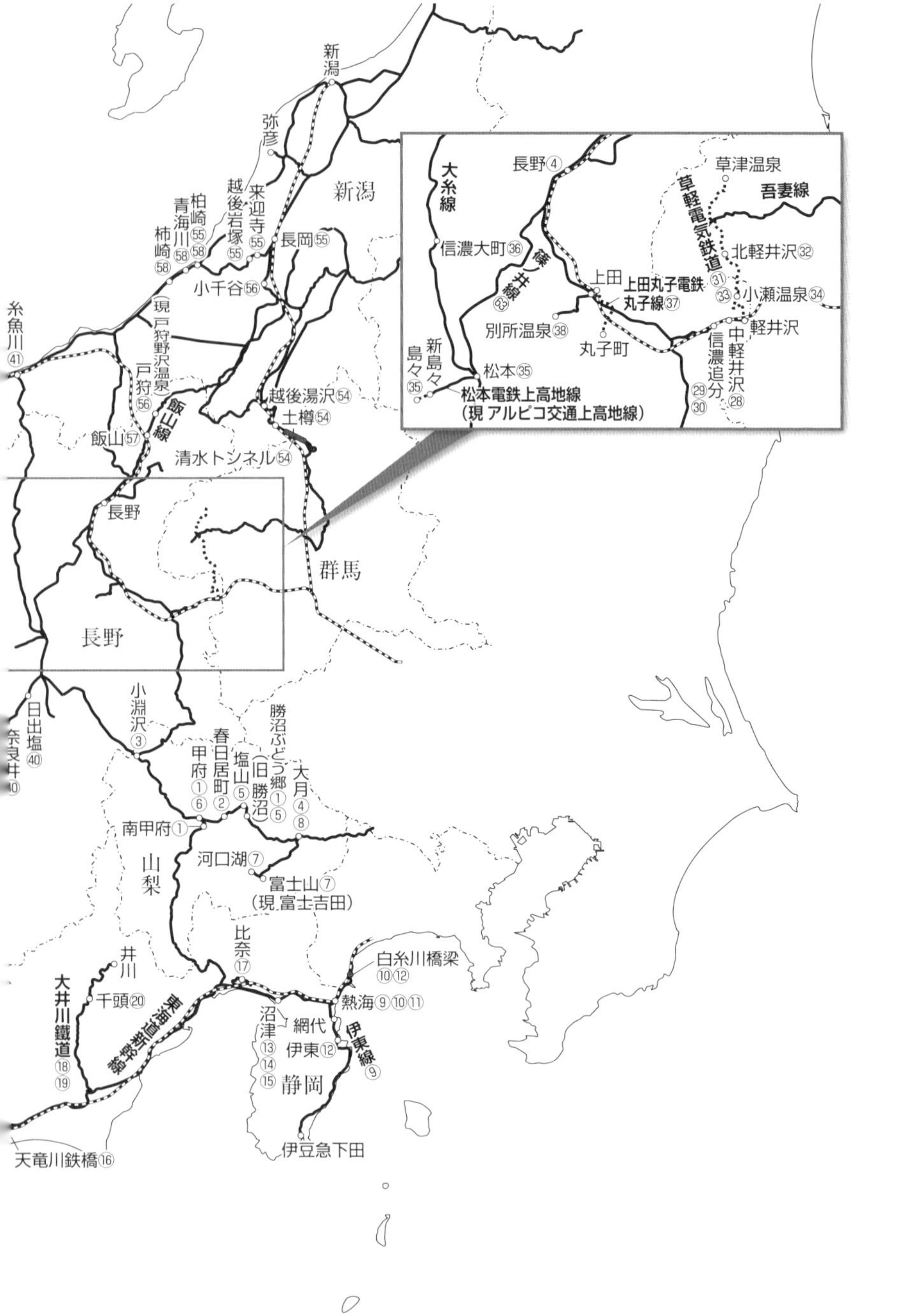

新潟
弥彦
新潟
来迎寺㊺
越後岩塚(55)
柏崎(55)(58)
青海川(58)
柿崎(58)
長岡(55)
小千谷(56)
糸魚川㊶
(現 戸狩野沢温泉)
戸狩(56)
飯山線
飯山(57)
越後湯沢(54)
土樽(54)
清水トンネル(54)
長野
群馬
長野
大糸線
長野④
草津温泉
吾妻線
草軽電気鉄道㉛
北軽井沢㉜
信濃大町㊱
篠ノ井線(63)
上田
上田丸子電鉄
丸子線㊲
㉝
小瀬温泉㉞
別所温泉㊳
丸子町
軽井沢
中軽井沢㉘
信濃追分㉙㉚
新島々
島々㉟
松本㉟
松本電鉄上高地線
(現 アルピコ交通上高地線)
日出塩㊵
奈良井㊵
小淵沢③
甲府①⑥
春日居町②
塩山⑤
勝沼ぶどう郷(旧 勝沼)①⑤
大月④⑧
南甲府①
山梨
河口湖⑦
富士山⑦
(現 富士吉田)
比奈⑰
白糸川橋梁⑩⑫
熱海⑨⑩⑪
網代
伊東⑫
伊東線⑨
沼津⑬⑭⑮
静岡
伊豆急下田
井川
千頭⑳
大井川鐵道⑱⑲
天竜川鉄橋⑯

中部で撮影された作品とその撮影地

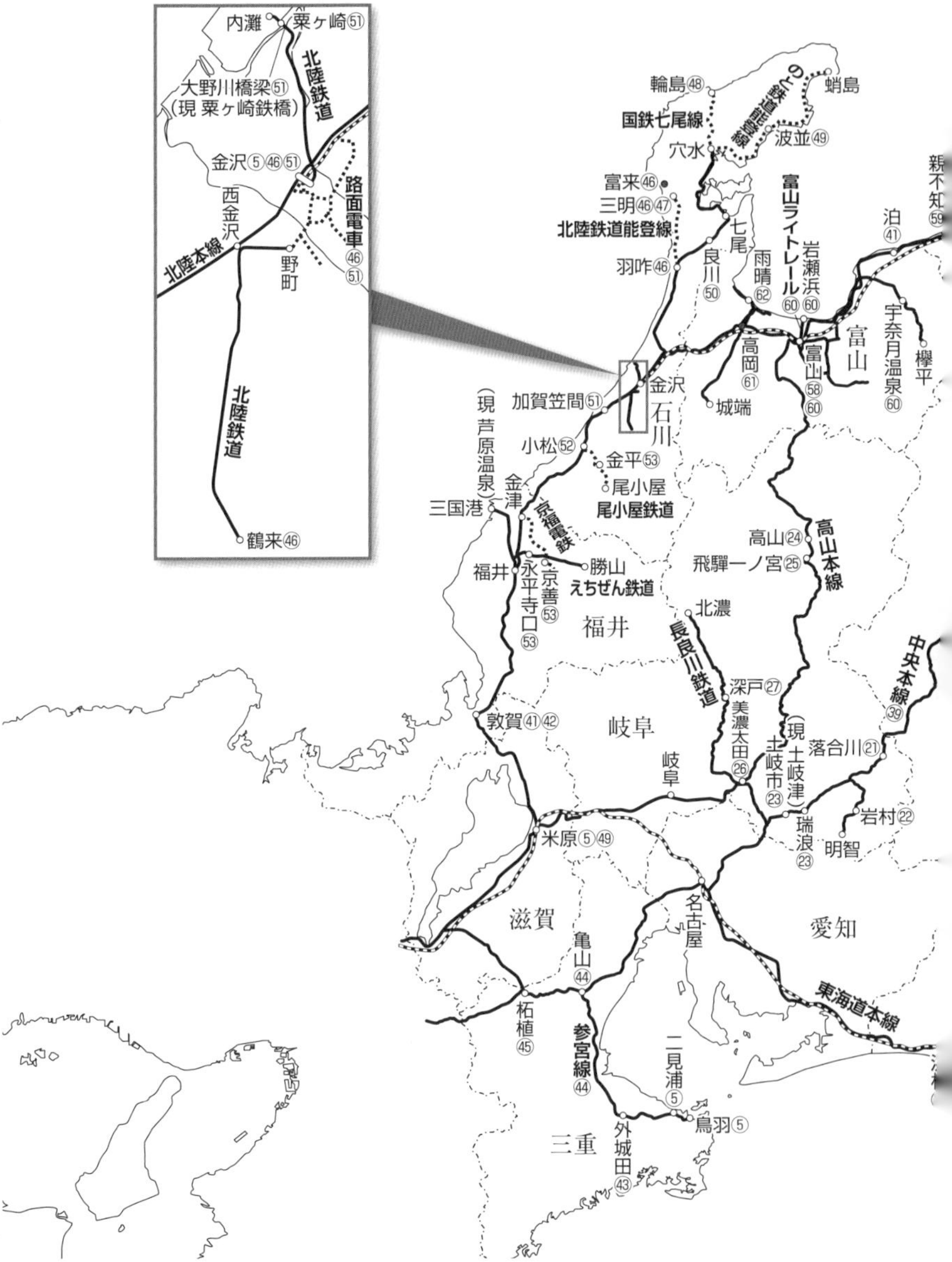

作品一覧

①きみの友だち
②もらとりあむタマ子
③わかれ雲
④君よ憤怒の河を渉れ
⑤砂の器
⑥秀子の車掌さん
⑦東京暗黒街 竹の家
⑧波の塔
⑨婚約指環(エンゲージ・リング)
⑩日本の悲劇
⑪喜劇 急行列車
⑫東京の孤独
⑬河口
⑭男はつらいよ 奮闘篇
⑮家族
⑯お茶漬の味
⑰幕が上がる
⑱男はつらいよ 噂の寅次郎
⑲夜汽車
⑳細雪
㉑男はつらいよ 寅次郎の告白
㉒キツツキと雨
㉓眼の壁
㉔遠い雲
㉕ポプラの秋
㉖君の名は。
㉗長い散歩
㉘今日もまたかくてありなん
㉙高原の駅よさようなら
㉚旅路(松竹)
㉛善魔
㉜カルメン故郷に帰る
㉝ここに泉あり
㉞山鳩
㉟女は二度生まれる
㊱あした来る人
㊲水で書かれた物語
㊳男はつらいよ 寅次郎純情詩集
㊴男はつらいよ フーテンの寅
㊵男はつらいよ 寅次郎夢枕
㊶約束
㊷夜叉
㊸ばかのハコ船
㊹浮草
㊺男はつらいよ 続 男はつらいよ
㊻ゼロの焦点
㊼あらかじめ失われた恋人たちよ
㊽幻の光
㊾透光の樹
㊿ママ、ごはんまだ?
51非行少女
52女のみづうみ
53男はつらいよ 柴又慕情
54雪国(東宝)
55故郷は緑なりき
56北国の街
57まぶだち
58千曲川絶唱
59越後つついし親不知
60RAILWAYS 愛を伝えられない大人たち
61父ちゃんのポーが聞こえる
62赤い橋の下のぬるい水
63雪国(松竹)
64女

関西

山本富士子が最高に美しかった映画のひとつに「夜の河」（56年）がある。澤野久雄の芥川賞候補作を、田中澄江が脚色。監督は吉村公三郎。山本富士子演じる京都の女性が、妻子ある大学教授、上原謙と愛し合うようになる恋愛映画だが、鉄道の映画としても見どころがある。

山本富士子が演じるのは京都の堀川にある古い京染めの店の娘。父親（東野英治郎）は昔気質の職人。娘の山本富士子は、自分でもろうつけ染めを始め、モダンなデザインを摸索している。

昭和三十一年に公開されたこの映画は、何よりもまず、空襲の大きな被害を受けなかった古い京都の町並みをとらえるところに良さがある。堀川のあたりには瓦屋根の家が並ぶ。

その堀川沿いに市電が走る。ポールを付けた昔ながらの市電。一九七〇年代になってから京都の市電は、次々に廃止になってしまったが、昭和三十年代のはじめの京都では、まだ随所に市電が走っている。

路面電車が日本の公道で初めて走ったのは、明治二十八年、京都でのこと。京都駅の近くの塩小路七条から伏見までの約六・七キロの区間を京都電気鉄道が路面電車を走らせた。

古都なのに、京都は新しい文明に敏感だった。「夜の河」の冒頭の堀川を走る市電は、路面電車の歴史を思い出させる。

山本富士子演じる主人公は、ある日、染めもののデザインの勉強にと、奈良に出かける。唐招提寺で、大学教授の上原謙に会う。彼は女学生の娘（市川和子）を連れている。

恋の始まり。三人は奈良から京都に電車で戻る。奈良電車（現近鉄京都線）だろう。

二人の関係が始まる。上原謙は遺伝学者。ショウジョウバエの研究をしている。ある時、仕事で東京に行くことになった山本富士子は、京都から夜行の特急に乗る。

食堂車で、やはり東京に行く上原謙に、偶然、会う。教授は研究に失敗したところで、落ち込んでいる。その姿を見て彼女が言う。

「先生がいちばんがっかりしている時に、おそばにいられて（うれしい）」。

女心がにじんでいる。夜行列車、食堂車がこのセリフを生かしている。現在、夜行列車は消えつつあるし、食堂車もイベント列車を除いては、ほとんどなくなった。

「夜の河」には、もう一カ所、鉄道が出てくる場面がある。親しくなった二人は、鴨川べりの昔ながらの旅館に行く。

二階の川に面した部屋を取る。窓から鴨川が見える。その鴨川の堤に沿って電車が走っている。

京都と大阪を結んで大正四年に開業した京阪電車（京阪電気鉄道。京阪本線）。京都の三条と大阪の淀屋橋のあいだを走った。ロマンスカーを最初に導入した（昭和二年）ことで知られる。

現在は地下に潜ってしまったが、長く鴨川べりを走り、京都の風物詩になっていた。「夜の河」は、その姿をとらえている。

同じ吉村公三郎監督の昭和二十六年の作品、祇園を舞台にした「偽れる盛装」にも登場する。

京マチ子演じる芸者は一流どころではないので上昇志向が強い。男たちをドライにあしらい、一流にのしあがろうとする。

老舗の呉服店の番頭、菅井一郎が彼女に入れあげるが、適当にあしらわれる。とくに金がなくなってしまうとたちまち冷たくする。

激怒した菅井一郎は刃物を持ち出し、京マチ子を刺そうとする。ちょうど踊りに出ようとして着飾った京マチ子は、追われて祇園の通りから通りへと逃げる。京人形のような美女を、嫉妬に狂った男が追う。とうとう彼女は電車の踏切のところで追いつかれ、刺されてしまう（幸い命はとりとめる）。

この踏切が京阪電車。地下に潜ってしまった現在、こういう場面は生まれない。

関西は、私鉄王国。阪急、近鉄、阪神などが走る。そのなかでミニ私鉄ながら、二本の映画に登場したのが阪堺《はんかい》電気軌道。大阪市内と南の堺方面を結ぶ。阪堺線（恵美須《えびす》町―浜寺駅前）と上町線（天王寺駅前―住吉）の二本から成る。営業キロ数は両方合わせても二十キロに満たない。小さな鉄道。

林芙美子原作、成瀬巳喜男監督「めし」（51年）は結婚して五年になる、子供のいない夫婦（上原謙、原節子）の物語。二人が住むのは大阪のはずれ。

京都市電と京阪電車、京都七条での平面交差（昭和 53 年）

冒頭、小さな、小さな駅が映し出される。ホームと屋根があるだけ。原節子がナレーションでこう説明する。

「大阪市の南のはずれ。地図の上では市内ということになっているが、まるで郊外のように寂しい電車の停留所」

この駅が阪堺線の天神《てんじん》ノ森。通天閣に近い恵美須町《えびすちょう》が起点になる。東京で言えば、都電荒川線のようなミニ電車。恵美須町を出てしばらくは路面を走る。やがて専用軌道になって、七つ目が天神ノ森駅。「めし」が撮影されて六十年以上たつが、駅の様子は、現在も当時とほとんど変わっていない。

阪堺電車が出てくるもうひとつの映画は、山崎豊子原作、依田義賢脚本、三隅研次監督の「女系家族」（63年）。

大阪船場の老舗の主人（深見泰三）が亡くなる。妻はすでに亡くなっている。三人娘（京マチ子、鳳八千代、高田美和）と番頭（中村鴈治郎）が遺産をめぐって争う。

番頭が親族の集まりで亡き主人の遺言を読み上げる。そこで意外な事実が分かる。主人には「陰の女」（若尾文子）がいた。その愛人にも遺産の一部を与えるという。

番頭の中村鴈治郎が彼女に会いに行く。

この時に乗るのが、阪堺電車の上町線。天王寺駅前から阿倍野《あべの》、東天下茶屋《ひがしてんがちゃや》、帝塚山《てづかやま》を経て八

「めし」当時の面影を残す阪堺線天神ノ森停留場

つ目の神ノ木《かみのき》停留場に出る。駅は築堤の上に建つ小駅。ホームと屋根の付いた待合室があるだけ。石段が駅に通じている。駅の右手には、別の電車（南海高野《こうや》線）が走っていて阪堺電車はそれを跨いでいる。鴈治郎はこの駅で降りる。電車は一両だけ。昔ながらのポールの付いた電車で、マッチ箱のよう。「陰の女」が住む場所には、こういう小さな電車がふさわしい。

東海道本線の終点であり、山陽本線の起点である神戸駅の開設は、明治七年（一八七四）。まず大阪―神戸間が開通。さらに明治二十二年には東京の新橋と結ばれた。

現在の神戸駅の駅舎は昭和九年（一九三四）に造られた三代目。左右対称の鉄筋コンクリート造り。表面はタイルで仕上げられている。正面のホールの高天井、円柱はクラシックホテルのよう。コンコースの真中には石造りの水場まである。窓のステンドグラスも古風な落着きがある。名駅舎といっていい。一九九五年の阪神淡路大震災にも耐えた。

戦後、神戸の町のにぎわいが大阪寄りの三ノ宮駅のほうに移ったため、かえって戦前に建てられた名駅舎が残った。無理に新しくすることはない。

このあたり、東海道本線は高架になっているので、ホームへは階段を上ってゆく。高架駅。

昭和二十九年に公開された東宝の青春映画、鈴木英夫監督の「若い瞳」は、芦屋あたりに住むお嬢さん、八千草薫と、隣家の太刀川洋一が恋人どうし。学生の太刀川は関西での就職試験に失敗し、東京に出てゆくことになる。

最後、神戸駅から東京に向かう汽車に乗る。それをホームで八千草薫が見送る。「汽車」と書いたのは他でもない。この時代、東海道本線はまだ全線電化されていない。

昭和三十年公開の東宝の学園もの、佐伯幸三監督の「女の学校」は、神戸の女学校を舞台にしている。

冒頭、寿美花代演じる若い先生が赴任してくる。乗った汽車が神戸駅に到着する。この時点でも、まだ汽車。現在から見ると、神戸駅のようなモダンな駅に蒸気機関車が到着する光景は違和感があるが、当時はこれが日常風景だった。

東海道本線が全線電化されたのは、昭和三十一年のこと。

昭和三十六年公開の井上靖原作、五所平之助監督の「猟銃」にも神戸駅が登場する。

佐分利信と岡田茉莉子の夫婦は芦屋のあたりに住む。夫は、美しい女性、山本富士子と不倫の関係になる。

ある時、神戸の町に出た岡田茉莉子は、芦屋に帰ろうと神戸駅に行く。階段を上ってホームに出る。と、向かいのホームに夫がいる。見ると、そこに美しい山本富士子がやってくる。二人はこれからどこかに旅行に出るらしい。それを見て呆然とする。

二人を乗せた列車が去ってゆくのをホームで隠れるようにして見送るしかない。この列車は、電車。この時点ではすでに電化されている。ちなみに西に向かう山陽本線が全線電化されたのは昭和三十九年。

昭和三十三年に公開された松本清張原作、野村芳太郎監督の「張込み」では、二人の刑事、宮口精二と大木実が、殺人事件の犯人を追って、横浜駅から九州の佐賀駅に向かう。東海道本線は電気機関車が走るが、山陽本線に乗り換えると蒸気機関車が瀬戸内海沿いを走る。この違いが、

昭和９年に建てられた神戸駅駅舎はいまも健在

きちんとカメラでとらえられている。

神戸から山陽本線で西へ。二十分ほどで明石駅に着く。明治二十一年の開設。海に近い。明石は鯛、また日本の標準時を決める子午線（東経１３５度）が通っていることで知られる。戦時中、永井荷風は短期間、この町に疎開していたことがある。

現在の明石駅は昭和三十九年に改築された高架駅（二代目）だが、それ以前の地上駅が出てくる映画がある。

昭和二十九年に公開された木下惠介監督の「女の園」。原作は阿部知二の『人工庭園』。京都のある女子大学で、学校の封建的な古い規律に、女子大生たち（岸惠子、久我美子、山本和子ら）が抗議に立ち上がる。

高峰秀子演じる女子大生は、気が弱く、学校側に反発しながらも、抗議運動にもついてゆけなくなり、最後、自殺してしまう。

この女子大生は姫路の商家の娘。学園紛争から逃げるように実家に帰る。彼女には、同郷で東京の大学に行っている恋人（田村高廣）がいる。

二人がひそかに待合せるのが明石駅。まだ地上駅の時代で、松林を背にしたホームで落合う。ローカル線の小駅のようで、人の姿も少ない。二人はそのあと、明石の海岸の松林を歩く。忍び逢いのように寂しい。高峰秀子が、こういう自己主張しない弱々しい女性を演じるのは珍しい。それだけに、この小さな明石駅が背景として心に残る。

田村高廣演じる大学生の家は決して豊かではない。父親は国鉄の職員だったが、事故で亡くなった。母親が女手ひとつで育てた。

実家は姫路にある。ある時、恋人の高峰秀子のことが心配になり、姫路に戻る（あとで二人で、姫路城で会う場面もある）。山陽本線の姫路駅で降りる。

駅に売店がある（現在のキヨスク）。そこで働いている女性に声を掛ける。「お母さん」。鉄道の普及にともない、鉄道員の事故が増えた。事故死した鉄道員の遺族の暮しを助けるために、鉄道弘済会が作られ、遺族に駅構内の売店をまかせることにした。昭和七年に、上野駅と東京駅に出来たのが始まりという。

田村高廣演じる大学生の父親は前述したように国鉄の職員で事故死した。そのあと、母親が遺族として姫路駅構内の売店で働くようになったことが分かる。知る限り、この鉄道事情を描いた映画は「女の園」だけ。さすがは庶民の暮しを大事にし続けた木下惠介ならでは。

姫路駅は、えきそばが名物。和風の出汁に中華麺という組合せが珍しい。また、鉄道好きだった映画評論家、瓜生忠夫の『駅弁マニア』（報知新聞社、一九六九年）によると、幕の内弁当が最初に売り出されたのは、姫路駅という。

姫路から山陽本線の西へ向かう普通列車で四十分ほど、三石《みついし》という山間の小さな駅がある。山陽本線が兵庫県から岡山県に入って最初の駅。明治二十三年の開設。

特急はとまらない。一日の利用客も少ない過疎の駅。ホームは築堤上にある。駅舎は木造。オレンジ色の瓦屋根が美しい。築堤上にあるから石段が作られている。桜の木がかぶさる花と緑のトンネルになっていて、下から駅舎を見上げると山寺の山門のよう。

三石は、レンガ作りの町として知られた。耐火レンガ工場が、往時より数は減っているが、いまでも健在。この町が出てくる映画が、昭和三十一年に公開された小津安二郎監督の「早春」。

結婚して数年になる子供のいない夫婦、池部良と淡島千景が主人公になる。夫の池部良は、東京駅前の丸ビルのなかにある「東亜耐火煉瓦」という会社に勤めるサラリーマン。

通勤電車で顔見知りになった女性、岸惠子との仲が深まり、夫婦関係が悪くなる。会社の工場は三石にある。最後、夫は三石への転勤を命じられる。それを機に妻との生活をやり直そうと決意する。

映画は、最後、三石の町をとらえる。レンガ作りの最盛期だろう、工場のいくつもの煙突から、力強く煙が出ている。夫婦の再出発を祝福しているかのように。

二人が新しい家（下宿の二階）の窓から築堤の上を走る山陽本線の下りの蒸気機関車を眺める

ところで終わる。汽車の走る姿がささやかなハッピーエンドをあらわしている。

小津安二郎は「東京物語」（53年）を作った時、舞台のひとつとなった広島県の尾道に何度か出かけている。その折りに山陽本線の列車から三石のレンガ工場を見て心惹かれ、次の作品「早春」の舞台に三石を選んだのではないだろうか。


山陽新幹線が新大阪―岡山間に開通したのは昭和四十七年（一九七二）。その三年後に、博多まで延長した。

昭和五十二年公開の松竹映画、横溝正史原作、橋本忍脚本、野村芳太郎監督の「八つ墓村」は、東京で働いていた若者（萩原健一）が、自分は岡山県の山村（かつて八つ墓村と呼ばれていた）の大地主の跡取りと知り、その村に行くところから始まる。

若者は、弁護士（小川真由美）に付添われ新幹線で岡山駅まで行き、そこから岡山県の山間部に向かう伯備《はくび》線に乗り換える。

伯備線は法令上は岡山県の倉敷と鳥取県の伯耆大山を結ぶが、実際には特急列車は岡山から出て、島根県の松江、出雲市まで行く。

二人が乗ったのは普通。伯備線は昭和五十七年に電化されているが、「八つ墓村」はそれ以前の映画で二人が乗るのは、気動車。カメラは備中川面《びっちゅうかわも》駅付近の山里を走る列車をロングでとらえる。普通なのに六両もあることに、いま見ると驚く。この時代、まだ鉄道の利用客は多かった。伯備線は山陽と山陰を結ぶ、いわゆる陰陽連絡線として重要な路線でもあった。

二人を乗せた列車はやがてトンネルを抜け、山間の小駅に着く。備中神代駅《びっちゅうこうじろ》（昭和三年開設）。広島に向かう芸備線の分岐駅で（現在、広島までの直行列車はない）、ホームが二面ある。

二人が列車から降りるところをカメラは跨線橋からとらえていて、駅舎、ホーム、停車した列車の屋根、抜けてきたトンネル。駅の全景がみごとに一カットにおさめられている。映画のなかの駅舎は、瓦屋根の木造で風格があるが、現在の駅舎は、正面の車寄せの屋根を残して解体されてしまったのが寂しい。だから「八つ墓村」は、木造駅をとらえた貴重な映画になっている。八つ墓村へは、この駅から車で行くことになるが、無論、八つ墓村は架空の村。

伯備線の主要駅のひとつは備中高梁駅《びっちゅうたかはし》（大正十五年開設）。高梁市には、山田洋次監督の「男はつらいよ」シリーズのファンなら御存知のように、博（前田吟）の実家がある。

第八作「寅次郎恋歌」（71年、池内淳子主演）では、博が母危篤の報せを受け、さくら（倍賞千恵子）と共に高梁の実家に駆けつける。

夜、備中高梁駅に着く。当時の駅舎は、大正十五年開業のまま。瓦屋根に白壁の駅舎は、備中松山城の城下町にふさわしい。正面には車寄せもある。

この駅は、渥美清演じる寅が高梁の寺の臨時の和尚になる第三十二作「口笛を吹く寅次郎」（83年、竹下景子主演）にも登場する。博の父の三回忌で高梁に来た博一家を、駅で寅が見送る。この時点では架線が見え、伯備線が電化されているのが分かる。上りホームにはやがて特急電車「やくも」が入線してくる。

第八作「寅次郎恋歌」では、まだ伯備線は電化されていない。博の母親が亡くなり、葬儀のあと、息子たちが帰ってしまい、父親（志村喬）が寂しかろうと、寅がしばらく残る。父親の家は、伯備線の線路沿いの武家屋敷通りにある。ある日、町に買物に行く父親に寅も付いてゆく。志村喬と渥美清が線路沿いの道を町へと歩く。その時、二人のそばを、貨車を引く蒸気機関車Ｄ51が走る。非電化時代ならではの貴重な映像になっている。

備中高梁駅は長く、初代の駅舎が健在だったが、二〇一五年に鉄筋コンクリートの橋上駅に生まれ変わった。駅舎に隣接して二〇一七年から市立図書館が設置されている（運営管理は蔦屋書店などを有するカルチュア・コンビニエンス・クラブに委託）。

伯備線から山陽本線に戻る。新幹線と在来線が交差する新倉敷駅（新幹線開通時に、玉島駅から改称）から西へ四つ目が笠岡駅（明治二十四年開設）。町は古生物カブトガニの繁殖地として知られ、駅ではその剥製を展示している。瀬戸内の海に近く、笠岡諸島への下車駅になっている。

宮崎晃監督の「友情」（75年）は、バイト暮しの苦学生、中村勘九郎（のちの勘三郎）と工事現場を渡り歩く作業員、渥美清の物語。

渥美清演じる作業員は元漁師。出稼ぎに出て、悪い女に引っかかり、家に帰りにくくなっていた。ようやく帰る決心をする。苦学生が一緒に行く。

二人が降り立つ駅が笠岡駅。作業員の家は笠岡諸島のひとつ、真鍋島《まなべじま》（岡山県）にある。駅から歩いてすぐの連絡船発着場まで行き、そこから島へ行く船に乗る。島に行ってみると、妻（佐々木愛）はすでに島の男（米倉斉加年）と結婚している。それを知って渥美清が泣く。

真鍋島では、のち、阿久悠原作、篠田正浩監督の「瀬戸内少年野球団」（84年）がロケされている（原作の舞台は淡路島）。

笠岡が出てくる映画がもうひとつある。

横溝正史原作、市川崑監督の「獄門島」（77年）。獄門島は架空だが、瀬戸内海の小島と設定されている。ロケは笠岡諸島の真鍋島と六島《むしま》で行なわれている。

昭和二十一年、石坂浩二演じる金田一耕助が笠岡にやってくる。駅を出て、島に行く船が乗るため連絡船発着場まで歩く。

「駅を出て」と書いたが、残念ながら、この映画に笠岡駅は出てこない。それも仕方がない。笠岡駅は昭和三十四年に現在の駅舎に改築され（三代目）、撮影当時、とうに昭和二十一年の駅舎は消えていたから。

笠岡の町を歩く金田一は、傷痍軍人（三谷昇）に行き合う。片脚をなくしている。ところが、この男、ヤミの食糧を買い込んだことを隠すために、傷痍軍人のふりをしていた。

金田一が見送っていると、男は、踏切のところで、もう安全と思ったのか松葉杖を捨てて走り出す。ニセ傷痍軍人と知って金田一は唖然とする。市川崑らしいユーモラスな場面だが、この踏切は山陽本線のものだろう。


笠岡駅から西へ走ると、すぐに広島県に入る。最初の主要駅は福山駅（明治二十四年開設）。新幹線が開通した時に、駅舎は三階建ての建物になった。

駅のすぐ近くに福山城がある。ペリー来航時の名老中、阿部正弘が藩主。正弘は幕府の開国に尽力したが、志なかば、三十八歳の若さで病没した。福山駅は、ほとんど福山城に接しているので、城内にあるよう。

昭和四十五年公開の山田洋次監督の「家族」は、長崎県の伊王島に住む一家（井川比佐志、倍賞千恵子、笠智衆）が、炭鉱の仕事に見切りをつけ、北海道の開拓村へ移住してゆく姿を描いたロードムービー。

一家は途中、福山の大工場で働いている弟（前田吟）の一家のところへ立寄る。

福山駅で下車する。当時、新幹線はまだなく、地上駅。そのためホームから福山城の天守閣がいま以上に、間近かに大きく見える。

ホームで弟が迎えに来るのを待つ。弁当売りが「福山名物・鞆《とも》の鯛寿し」と言いながらホームを歩くのが、この時代ならでは。

「鞆」は福山市の南端、瀬戸内海に面した古い港町。昔ながらの町並みが残っているので知られる。宮崎駿のアニメ「崖の上のポニョ」（08年）は鞆の海をモデルにしているという。

「家族」では、一家は、駅に迎えに来た弟の車で工場群のはずれにある家に行く。当時の福山市は高度成長のただなかで、次々に巨大な工場が建てられている。一大工場地帯。鞆はその先に隠れ里のようにある。近未来的な風景と、昔ながらの瓦屋根の家が並ぶ風景。その対比は異様なものがある。

八千草薫が主演した昭和二十九年の東宝作品、広津和郎原作（『入江の町』）、千葉泰樹監督の「今宵ひと夜を」は、鞆の海辺の旅館で働く女性たちを主人公にしていて、実際に、鞆でロケされている。この映画を見ると、鞆の様子は現在とあまり変っていない。町では保存の努力がされているのだろう。近年、湾に大きな橋を架ける計画があったが、景観を破壊すると危惧する声が高まり、中止になった（宮崎駿監督も反対意見を表明した）。

「家族」には鞆は登場しない。前田吟演じる弟は、大きな工場で働いている。工場地帯の人間。

小さなマイホームに妻と子供で暮している。暮しは大変なようで、酒も満足に飲めないといっている。北海道へ移住する兄夫婦は、はじめ、老いた父を弟のところに託そうとするが、そのつましい暮しぶりを見て、父も一緒に北海道に連れてゆくことにする。

弟の家で一泊し、翌日、一家は再び福山駅から上りの電車で出発する。山陽本線は前述したようにすでに昭和三十九年に電化されている。

見送りに来た弟が、兄や父たちにホームから窓越しに別れの言葉をかける。土産のまんじゅうと餞別を手渡す。こういうことが出来るのも、窓が開く在来線ならでは。窓の開かない新幹線では名残りを惜しめない。

一家を乗せた電車は大阪へ向けて走り出す。

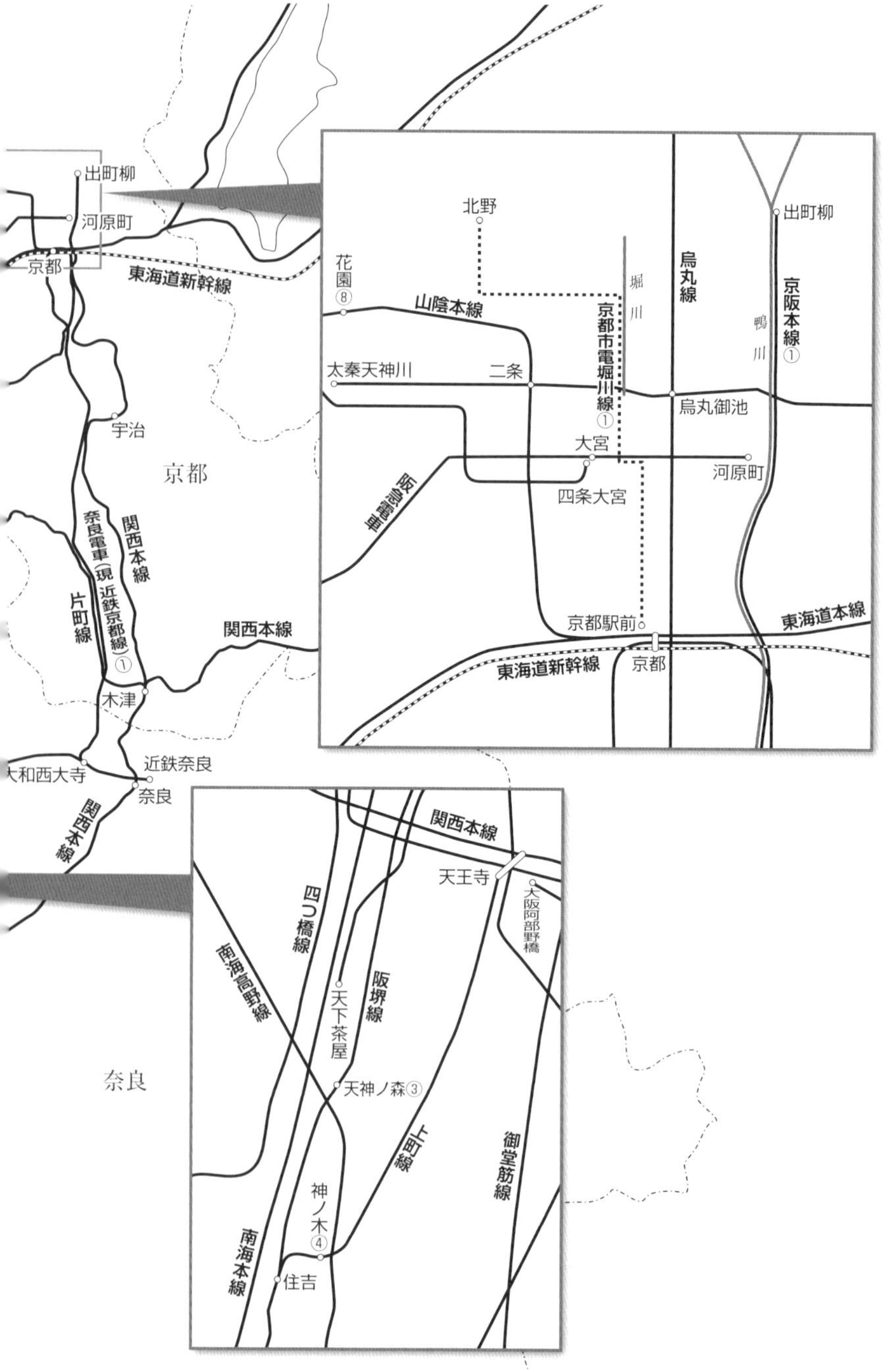
出町柳
河原町
京都
東海道新幹線
宇治
京都
奈良電車（現 近鉄京都線）①
関西本線
片町線
関西本線
木津
大和西大寺
近鉄奈良
奈良
関西本線
奈良
北野
花園⑧
山陰本線
京都市電堀川線①
堀川
烏丸線
出町柳
京阪本線①
鴨川
太秦天神川
二条
烏丸御池
大宮
河原町
阪急電車
四条大宮
京都駅前
東海道本線
京都
東海道新幹線
関西本線
天王寺
大阪阿部野橋
四つ橋線
南海高野線
天下茶屋
阪堺線
天神ノ森③
上町線
御堂筋線
神ノ木④
住吉
南海本線

関西で撮影された作品とその撮影地

作品一覧

①夜の河
②偽れる盛装
③めし
④女系家族
⑤若い瞳
⑥女の学校
⑦猟銃
⑧無法松の一生
⑨少年

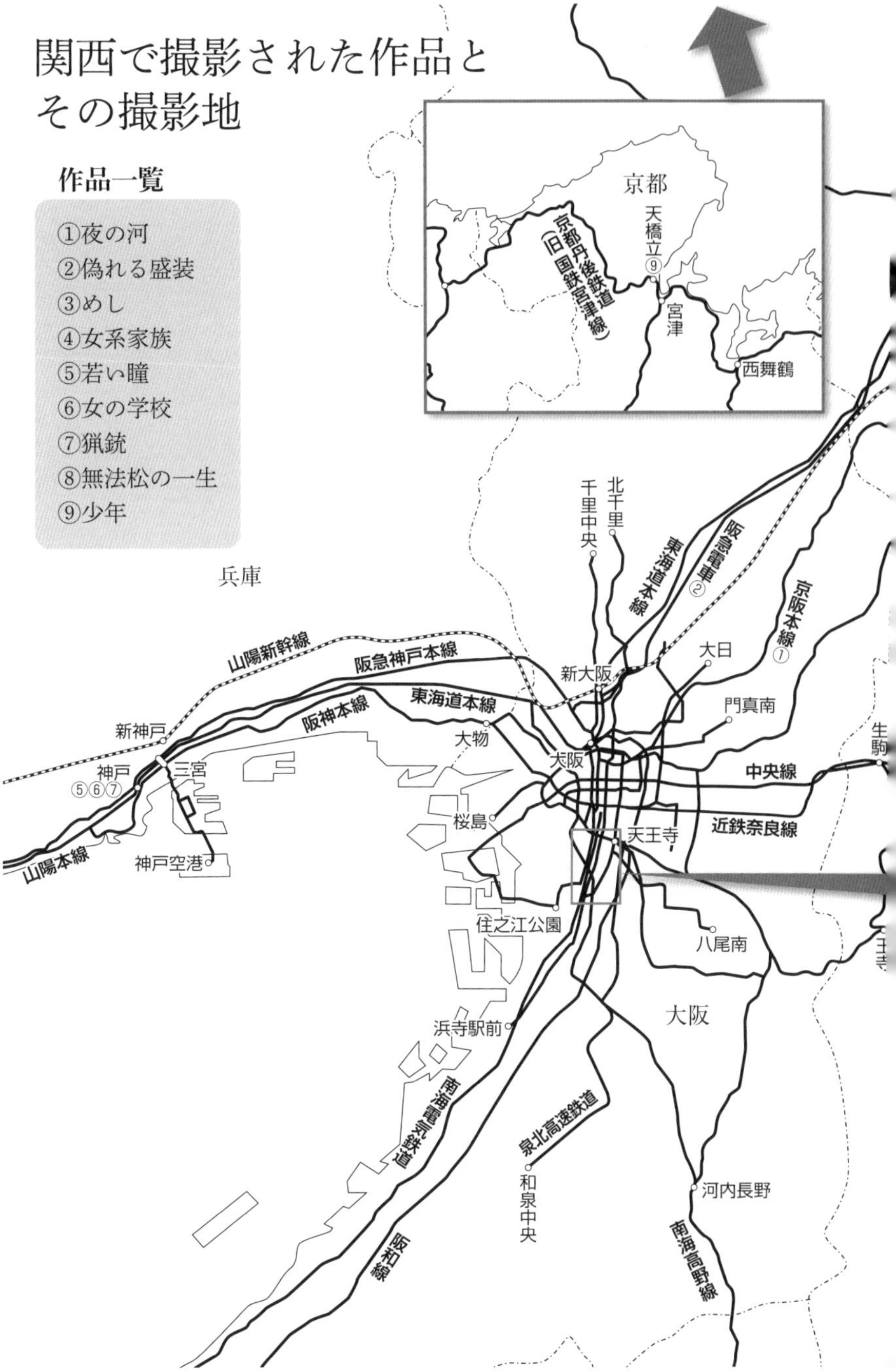

中国

山陽本線の福山駅の次の主要駅は尾道駅（明治二十四年開設）。瀬戸内海に面して駅がある。尾道はいうまでもなく小津安二郎監督「東京物語」（53年）の舞台。両親（笠智衆、東山千栄子）が住む。

この町には、志賀直哉が大正時代のはじめ、半年ほど住んだ。短篇『清兵衛と瓢箪』（大正一年）はそれと明示されていないが、尾道を舞台にしている。「清兵衛のいる町は商業地で船つき場で、市《し》にはなっていたが、割に小さな土地で二十分歩けば細長い市のその長い方が通りぬけられる位であった」。海と山に挟まれ、東西に細長い尾道の町をよくあらわしている。

志賀直哉を敬愛していた小津安二郎は、かつて師が住んだ町を「東京物語」の舞台に選んだのだろう。そういえば、映画のなかの笠智衆の家には瓢箪がぶらさがっている。阿川弘之の評伝『志賀直哉』（岩波書店、一九九四年）によれば、大正時代、尾道では瓢箪集めが流行っていて、志賀直哉はそこから『清兵衛と瓢箪』を思いついたという。

「東京物語」では、最後、戦死した息子の嫁の原節子が、義母の東山千栄子の葬儀に出たあと、山陽本線の上り列車に乗って東京へと戻ってゆく（正確に言うと彼女の家は横浜にある）。この時、原節子は四人掛けの席の、進行方向とは逆向きに座っている。戦争未亡人として、戦後の世の中に抗うように。

当時の山陽本線は、当然、まだ蒸気機関車が走る。列車は尾道の穏やかな海沿いをゆっくり東へと走ってゆく。義母の死で終わる悲しい物語だが、瀬戸内の箱庭のような穏やかな風景が観客の心を慰める。

山陽本線は海沿いに山裾を走る。

大正五年（一九一六）、十三歳の林芙美子は、行商の仕事をしている義父と母に連れられて九州から尾道にやってきた。

少女時代を描いた小説『風琴と魚の町』（昭和六年）は、一家が九州から山陽本線の列車に乗って尾道に来るところから始まる。行商人の義父は初めから尾道と決めていたわけではない。車窓から尾道の町を眺め、きれいな町だからと降りることにした。

尾道駅は町のやや西寄り。目の前はもう海。うしろは山が迫っている。駅舎は赤い屋根の平屋で、主要駅なのにローカル線の小駅のよう。現在の駅舎は、昭和十七年に建てられた三代目。平成十四年に改修されたが、原形は保っている。

駅前には、林芙美子ゆかりの地らしく、『放浪記』（昭和五年）の一節、「海が見えた。海が見える。五年振りに見る尾道の海はなつかしい」を刻んだ石碑と、林芙美子のブロンズ像が置かれている。

尾道は戦災に遭っていない。だから古い瓦屋根の家が並ぶ坂道や寺社、路地が残っている。

家々が山に向かって段々畑のように建つ。坂道からは瀬戸内の静かな海が見える。

その尾道の昔ながらの風景を生かした映画が、尾道出身の大林宣彦監督の「転校生」（82年）。山中恒原作（『おれがあいつで　あいつがおれで』）。

尾道に住む中学生の男の子（尾美としのり）と、神戸から転校してきた女の子（小林聡美）の身体が入れ替ってしまう奇妙な物語。


ある日、二人は山の中腹にある神社（御袖天満宮《みそでてんまんぐう》）の境内でもみ合っているうちに石段を落ちてしまう。気づいた時には身体が入れ替っていた。

石段の下のほうを山陽本線が走っている。踏切があり、そこを貨車が通り過ぎてゆく。いわば、鉄道が「入れ替り」の原因になっている（踏切がある石段は、信行寺でロケ）。

入れ替った二人の奇妙な日々が始まるが、夏の一日、二人は福山に遊びに行く。尾道から福山は近い。山陽本線の各駅停車で二十分ほど。二人が福山に行くのは、福山城があるから。尾道駅のうしろの山には城があるが、あれは観光用の城。二人は、福山に行って城内で遊ぶ。

「転校生」撮影の頃、山陽新幹線はすでに博多まで開通していた（一九七五年）。福山も新幹線が停車する。だから二人は、福山まで新幹線で行ってもいいのだが、実は、新幹線の新尾道駅（尾道駅の北、少し離れている）の開設は一九八八年と遅れた。だから、二人が福山まで在来線に乗ったのは無理がない。

せいぜい二十分ほどだし、中学生の二人には新幹線より在来線のほうがふさわしい。四人掛けの席に座った小林聡美が男の子になったので、大股開きをするのが笑わせた。四人掛け

昭和三十五年公開の東映映画、関川秀雄監督の「大いなる驀進」は、東京と長崎を結ぶ夜行特急（いわゆるブルートレイン）「さくら」に乗った車掌たち（三國連太郎、中村賀津雄ら）と食堂車のウェイトレスたち（中原ひとみら）、そして乗客たち（佐久間良子、久保菜穂子、上田吉二郎、花沢徳衛ら）を描く群像劇。いわゆる走るグランドホテルもの。

夕方の五時に東京駅を発った長崎行きの「さくら」は、夜中に山陽本線を走る。折りから台風が近づいてくる。尾道を経て、三原駅を過ぎた時、崖崩れが起き、列車が停車してしまう。

この時、車掌をはじめ鉄道員だけでなく、食堂車の従業員や乗客まで一致団結して、崩れた岩を線路から取り除く。車内に一体感が生まれる。

食堂車は現在では特別列車などを除き、ほとんど姿を消している。この映画で、中原ひとみら美しいウェイトレスが立ち働く食堂車の様子は懐しい。食堂車は、明治三十二年に山陽本線で始まった。これは、山陽本線が、瀬戸内航路に対抗するために始めたサービスだったという。当時、船と鉄道が競い合っていた。

山陽本線の最大の主要駅は広島駅（明治二十七年開設）。新幹線の開業は昭和五十年。それ以前の在来線時代の広島駅が出てくる映画がある。昭和三十七年公開の大映作品、吉村公三郎監督の「その夜は忘れない」。

週刊誌の記者、田宮二郎が戦後十七年目の夏、被爆者の実態を取材しに東京から広島にやって来る。バーで働く美しい女性、若尾文子を知り、愛し合うようになる。しかし、彼女には秘密の過去があるらしい。やがて記者は、彼女が被爆者であることを知る。

冒頭、田宮二郎が乗った夜行寝台急行が広島駅に到着する。山陽本線はまだ蒸気機関車の時代。駅は地上駅。駅舎は平屋で、一部がまだ瓦屋根なのに驚く。

広島の町はいうまでもなく昭和二十年八月六日、原爆が投下された。駅も破壊された。しかし、驚くべき事実がある。

JR九州の初代社長を務めた石井幸孝氏の『戦中・戦後の鉄道』（JTBパブリッシング、二〇一一年）によれば、原爆投下直後の大混乱のなか、広島駅では職員が被害を免れた駅構内の車両を軍用線路を使って動かし、多数の負傷者を近隣の町に運んだという。鉄道の底力、鉄道員の努力に感嘆する。

こうの史代の漫画をアニメにした片渕須直監督の「この世界の片隅に」（16年）では、すず、

（声は、のんい）が、呉から原爆投下直後の広島に行き、無事だった夫と奇跡的に再会する。

そして、原爆で親を失なった幼ない女の子を引取ることにし、三人で広島駅から鉄道に乗り、呉へと帰る。『戦中・戦後の鉄道』にあるように、鉄道はなんとか走っていたから、このくだりは決して不自然ではないことが分かる。


「この世界の片隅に」で描かれたように呉は軍港として発展した。陸軍の軍都である広島と海軍の町、呉を結ぶ軍事上の必要から明治三十六年に広島—呉間で鉄道が開通。これがさらに東の三原へと延び、昭和十年には現在の呉線が誕生した。

法令上は、山陽本線の三原と、同じ山陽本線の海田市《かいたいち》を結ぶが、実際にはほとんどの列車が広島駅を発着する。

呉線は、三原から広島まで、山陽本線のバイパスになっている。昭和三十年代には、東京—広島間の急行が呉線経由で運行されていた。

「その夜は忘れない」で田宮二郎が乗ってきたのは、呉線経由の「安芸」ではないか。東京駅二〇時四十五分発、広島には十三時五十分に着く。

広島で被爆者の取材をする田宮二郎は、地元のテレビ局の友人、川崎敬三から情報を得て、安芸津《あきつ》という瀬戸内の小さな町に行くことになる。広島から三原に向かう呉線に乗る。安芸津駅は三原に近い小駅。

呉線は瀬戸内に沿って走る。田宮二郎の乗る列車の車窓からは、海に浮かぶカキの養殖の筏《いかだ》が見える。広島らしい。

安芸津の町は、広島杜氏《とうじ》発祥の町という。友人の川崎敬三は「造り酒屋の町」と田宮二郎に説明している。この町で彼は偶然、若尾文子に会い、仲を深めてゆく。

井伏鱒二原作、中村登監督の松竹映画「集金旅行」(57年)は、当時、この言葉はなかったが、「ロードムービー」のはしりというべき作品。

佐田啓二と岡田茉莉子の二人が、小さな男の子を連れ、山陽、山陰、そして四国を旅する。井伏鱒二の原作は昭和十二年に発表されているが、映画は製作当時の現代の旅の物語になっている。

東京のアパートで家主(中村是好)が突然死する。女房には逃げられていたので、小さな男の子が一人残される。この子供をどうしたらいいか。住人たちが相談する。

その結果、家賃を払わずに故郷に帰ってしまった借家人たちを訪ね歩き、未払いの家賃を集金してゆくことになる。ひとり者の佐田啓二がその役をおおせつかる。子供も一緒に行く。それに、美人の住人、岡田茉莉子が加わる。彼女は、これまで付き合ってきた男たちから慰藉料を取り立てて歩くという。

三人の奇妙な旅が始まる。

東京駅から出発。旅先をあらかじめ書いておくと、岩国、山口、萩、松江、尾道、瀬戸内の島のひとつ生口島《いくちじま》、そして最後、徳島。日本人がまだ現代のように旅を楽しむ余裕のなかった時代、観光地めぐりになっている。

旅は、三人を乗せた山陽本線の列車が岩国駅に到着するところから本格的に始まる。岩国だから当然、名所、錦帯橋も見せる。さらに、萩では松下村塾、松江では穴道湖《しんじこ》、生口島では、耕三寺《こうさんじ》、そして徳島では阿波踊り、と三人の旅は観光旅行でもある。

しかし、鉄道映画としての「集金旅行」の見どころは、山陰本線の萩駅（山口県）の美しい大正モダンの駅舎が正面からみごとにとらえられていること。

大正十四年（一九二五）、山陰本線（法令上は、京都と下関のひとつ手前の幡生《はたぶ》を結ぶ）開業時に竣工した。切妻屋根に三つのドーマー窓、車寄せを中心に左右対称の白壁と大きな窓、ハーフティンバー。軽井沢あたりの別荘を思わせるような建物。

三人はこの駅から松江へと向かう。

現在、萩市の玄関口は、町なかに近い東萩駅（大正十四年開設）に移ってしまい、萩駅のほうは無人駅となり、駅舎の大部分は「萩市自然と歴史の展示館」になっている。

山口県を走るローカル線のひとつに美祢線《みね》がある。山陽本線の厚狭《あさ》と山陰本線の長門市《ながとし》を結ぶ。大正十三年の開業。沿線に石灰岩台地、秋吉台がある。美祢線は以前は石炭や石灰岩を運ぶ鉄道だった。

橋本忍脚本、堀川弘通監督「悪の紋章」（64年）は、警察内の黒い権力のために警察を追われた男、山﨑努が、一人、事件を追う復讐劇。

最後、秋吉台が舞台になる。

山﨑努が、謎の美女、新珠三千代のあとを追う。美祢線に乗り、美祢駅で降りる。美祢線の主要駅。現在はコンクリート平屋の駅舎だが、この映画の当時はまだ木造の駅舎。

新珠三千代はここから秋吉台に行き、鍾乳洞のなかで思いもよらないことをする……。

松本清張原作、橋本忍脚本、野村芳太郎監督の「張込み」（58年）では、殺人事件を追う二人の刑事、宮口精二と大木実が、横浜から佐賀へと向かう。東海道本線から山陽本線へと乗り継ぐ。横浜を夜、発《た》ち、翌日の昼ごろは、山陽本線の列車（東京駅二十一時四十五分発の鹿児島行き急行「さつま」）は、広島に十五時四十一分に到着。もうそろそろいい時刻と思ったのだろう、宮口精二が窓からホームの売り子に「酒だ、酒だ」と叫ぶ。季節は真夏。冷房などない時代だから、宮口精二も大木実もランニングシャツになっている（まだTシャツはない時代）。この時代

登録有形文化財に登録された萩駅舎

の蒸気機関車の旅は大変だった。

列車はやがて小郡《おごおり》駅に着く。ここで偶然、乗り合わせた、他の事件を追う刑事たちと別れる。佐賀はまだ先。新幹線のない時代、東京から九州は遠かった。

小郡駅は、平成十五年（二〇〇三）、新山口駅と改称した。この駅は小郡機関区のあったところで、転車台と扇形車庫がいまも残り、一部、稼動している。高架を走る新幹線からその光景を見下ろすことが出来る。


山陽本線は神戸から九州の玄関口、門司までで、下関駅は本州最後の駅になる。開設は明治三十四年。当時は、馬関《ばかん》駅。翌年、市名の変更に合せて下関と改称。昭和十七年、関門トンネルが出来た年に、現在の位置に移動した。この時に作られた駅舎が、二代目駅舎（高架駅）。正面の三角屋根で長く親しまれていた。

戦後、家族を失なった戦災孤児たちを起用して作られた清水宏監督の「蜂の巣の子供たち」（48年）は、下関駅から始まる。

復員兵の青年（岩波大介）がホームにやってくる。上野行の「引揚臨時列車」が出ようとしている。大きな荷物を持った復員兵や引揚者が次々に列車に乗り込む。ホームでは割烹着を着た地元のおかみさんたちがお茶をふるまっている（混乱のなかにも落着きが見られる）。

汽車は出発する。しかし、青年は乗らずにホームで見送る。青年には家はなく、行くあてがない。駅前の広場で一服する。三角屋根の駅舎が大きくとらえられる。駅のまわりには孤児たちが暮していて、青年は子供たちと親しくなる。

そして、青年は自分がいた、大阪にある非行児童の救護施設に子供たちを連れてゆこうとする。下関から大阪まで。オールロケーションによる、いまふうにいえばロードムービーになっている。清水宏は実際に戦災孤児たちを何人か引取っていて、その子供たちを起用した。

下関駅は幸い空襲の被害も少なく、戦後、すぐに復興し、東京や大阪に向かう特急の起点としてにぎわった。しかし、一九七五年に新幹線の新下関駅が出来てからは、にぎわいをなくし、現在、特急は一本もない。

戦後の復興を支えた三角屋根の駅舎は、二〇〇六年一月に、放火で焼失してしまった。

山陽地方（山口県）を走る小さな鉄道に、錦川《にしきがわ》鉄道がある。JR岩徳《がんとく》線の川西駅と山間部の錦《にしき》町《ちょう》を結ぶ全長三三キロ弱のミニ鉄道。もともとは国鉄の岩日《がんにち》線。岩国と島根県の日原《にちはら》（山口線）を結ぶ予定だったが、完成せず、その後、一九八七年に第三セクターになった。錦川に沿って走るので「錦川清流線」とも呼ばれる。

この小さな鉄道が出てくる映画が、一九九七年に公開された、三田誠広原作、鹿島勤監督の

「いちご同盟」。岩国の十五歳《いちご》になる少年少女たちの友情を描く。彼らが通学に利用していたのが錦川鉄道。中学生の子供たちに、清流沿いを走る小さなディーゼルが似合った。

山陰本線は、「偉大なるローカル線」と呼ばれている。京都と下関を結ぶ（法令上は下関手前の幡生《はたぶ》まで）長大な路線だが、現在、京都から下関まで全線を走る列車はない。下関まで山陰本線で行くとしたら、途中何度も乗り換えなければならない。完全にローカル線化している。

京都駅を出た山陰方面に向かう下り列車は兵庫県に入るとまず主要駅の豊岡駅に到着する。明治四十二年の開設。第三セクターの京都丹後鉄道（旧国鉄宮津線）との接続駅。

豊岡市は近年、コウノトリの里として知られる。古い城下町。この町を舞台にした映画に、芦川いづみが美しかった藤井重夫原作、滝沢英輔監督の「佳人《かじん》」（58年）がある。

昭和のはじめから戦争を挟んで戦後の物語。幼い頃から病弱な芦川いづみが、幼なじみの葉山良二と結ばれず、家が没落し、仕方なく金持の金子信雄と結婚させられる。戦後、葉山良二への思いを抱いたまま自死してゆく。

戦時中、葉山良二は兵隊に取られる。豊岡駅から出征してゆく。それを芦川いづみが見送る。二人は子供の頃、電車ごっこをして遊んだ思い出がある。少年が、身体の不自由な少女を電車に見立てた乳母車に乗せ、それを引く（当時、山陰本線は電化されていないから正確にいうと「電車」ではなく「汽車」）。この時、少年は「豊岡、豊岡、次は城崎《きのさき》」と車掌の真似をしていう。その豊岡駅から出征していった。ちなみに原作者の藤井重夫は豊岡の出身。『虹』で昭和四十年に直木賞を受賞している。

豊岡の「次」は城崎《きのさき》（途中に玄武洞《げんぶどう》があるが、ここは小駅）。山陰屈指の名湯がある。志賀直哉の短篇『城の崎にて』（大正六年）によって広く知られるようになった。

城崎駅は明治四十二年の開設。温泉街への玄関口。「佳人」で芦川いづみが無理に結婚させられる相手の金子信雄は城崎温泉の料亭の主人という設定になっている。

城崎の現在の駅舎は大正十五年に完成した二代目駅舎。城崎は、大正十四年五月二十三日に北《ほく》但《たん》大震災があったため耐震構造が考えられている。瓦屋根の大屋根を持つコンクリート建築で、張出した屋根を五本の柱が支えている。和（瓦屋根）洋（コンクリート）折衷。山陰本線の名駅舎のひとつ。二〇〇五年に城崎駅から城崎温泉駅に改名した。

大島渚監督の「少年」（69年）に、この駅が出てくる。両親（渡辺文雄、小山明子）に言われるままに「当り屋」をする小学四年生の男の子（阿部哲夫）は、両親に連れられ高知を出発し、北九州、倉敷、松江と「仕事」を続けながら旅をしてゆく。

城崎に来た時、両親は温泉宿に泊る。芸者をあげて酒を飲む両親を見て、急に「仕事」が嫌になった少年は、一人、宿を出る。夜の町を駅へと向かう。

城崎駅から高知に帰ろうとするが、高知までの運賃は高くて切符を買えない。仕方なく運賃表を見て天橋立《あまのはしだて》までなら買えると分かり、そこまでの切符を買う。

天橋立駅はいうまでもなく日本三景のひとつ、天橋立の玄関口。かつての国鉄宮津線、現在の京都丹後鉄道の駅。大正十四年開設。

少年は城崎駅から列車に乗る。その場面はないが豊岡で天橋立に向かう宮津線に乗り換えているだろう。宮津線の夜の列車は乗客が少ない。少年は小駅で降り、夜の海辺に行く。死のうとしたのかもしれないが、結局また両親のもとへ帰ってゆく。

鉄道ファンのあいだでもっとも人気があった山陰本線の鉄道風景といえば、二〇一〇年に姿を消した余部《あまるべ》の鉄橋。日本の鉄道風景のなかでも絶景のひとつ。

鎧《よろい》駅と餘部《あまるべ》駅のあいだにあった大鉄橋。

日本海の深い入江に面している。高さ四十メートルを超える。海を背景にすると天空に架かったよう。鉄筋コンクリートではなく、アメリカの鉄道に多く見られた鉄のやぐらのようなトレッスル（鋼鉄製橋脚）。細い垂直の鉄材の上に線路がある。「足ながおじさん」とも呼ばれた。

吉永小百合が山陰、湯村温泉（兵庫県）の芸者を演じた早坂暁脚本、浦山桐郎監督の「夢千代日記」（85年）では、冒頭、吉永小百合は姫路の病院に行き、診察を受けたあと、列車で家へ帰る。湯村温泉の最寄り駅は余部の鉄橋を渡った先の山陰本線の浜坂駅。

彼女の乗った下り列車は余部の鉄橋を走る。車掌が「この鉄橋は高さ四十一メートル、長さ三百九メートル、明治四十五年に完成しました」と車内アナウンスをする。名所案内になっている。明治の終わりに最大の難所だった地に鉄橋が完成し、京都と出雲がつながった。

余部の鉄橋がみごとにとらえられているもうひとつの映画は、蔵原惟繕監督の「執炎《しゅうえん》」（64年）。昭和戦前期。余部の鉄橋の真下にある集落を舞台にしている。漁師の若者（伊丹一三、のち十三）が、山の娘（浅丘ルリ子）と結婚する。幸せが続くが、やがて若者に召集令状が来て、戦地へと出征してゆく。

冒頭、現代の女性、芦川いづみが故郷の余部に帰ってくる。山陰本線の下りに乗る。蒸気機関車に引かれた列車が余部の鉄橋を渡る。カメラ（間宮義雄）はロングで、鉄橋の全景をとらえる。ワインレッドの鉄橋が、日本海を背景に浮かびあがる。まさに天空の橋。

芦川いづみは、列車が橋を渡り切ったところにある小駅で降りて村へと下る。この駅は、餘部駅（「余」ではなく駅名は「餘」）。

鉄橋が出来ても、長く余部の集落に駅がなかった。住民はそのために不自由した。ようやく昭和三十四年になって、住民の要望に応え、餘部駅が開設された。「執炎」には、戦時中、伊丹一三演じる若者が餘部駅から出征してゆく場面があるが、厳密にいうと、戦前にはこの駅はなかったのだからおかしなことになる。

余部鉄橋を走る山陰本線の列車

天空の橋だから、列車に乗ってこの橋を渡る時は、高所が苦手な人間にはかなり怖いものがあった。昭和六十一年には、強風にあおられた列車が転落し、死者六名が出るという惨事が起きている。「夢千代日記」では、若い女性が橋から飛び降り自殺をしている（あとで、殺人と分かる）。実際にもあったかもしれない。

「執炎」では、戦前、若い二人、伊丹一三と浅丘ルリ子が、この高い鉄橋の上を歩く、驚くべき場面がある。歩く二人に向かって、蒸気機関車がやってくる。あわやという時、二人は橋に設けられた退避所に逃げ込む。かなり、危険な撮影だったのではないか。

鉄橋は老朽化のため二〇一〇年にコンクリート橋に建て替えられた。ただ、鉄道遺産として一部が保存されていて、そこを歩くことが出来るようになっている。

山陰本線をさらに西へ。日本海に沿って列車は走る。やがて兵庫県から鳥取県に入る。県内に入って二つ目の駅が岩美《いわみ》駅。明治四十三年の開設。主要駅で、特急「はまかぜ」が停車する。

山陰を舞台にした旅の映画、つげ義春原作、向井康介脚本、山下敦弘監督の「リアリズムの宿」（03年）に、この駅が出てくる。

自主映画の監督（山本浩司）と脚本家（長塚圭史）が山陰を貧乏旅行する。安宿を泊り歩く。

途中、冬の日本海（浜村海岸）で泳いでいた女の子（尾野真千子）と知り合う。二十一歳で東京から来たらしい。

彼女と別れ、二人は相変らず安宿の旅を続ける。ある朝、〝リアリズムの宿〟を出て町を歩く。通学の女子高生たちが駅に向かっている。見ると、海辺で会った女の子が駅にいる。東京から来た二十一歳というのは嘘で、地元の高校生だったらしい。

カメラは、尾野真千子が立つ岩美駅を正面からとらえる。小駅の多い山陰本線のなかでは比較的大きな木造駅舎。車寄せも付いている。屋根は山陰に多く見られる赤い石州瓦《せきしゆうがわら》。

地方の鉄道は車社会になってどこも乗客が減っているが、なんとか維持されているのは通学の学生が利用していることが大きい。「リアリズムの宿」は、この場面で、女子高生たちが通学のため岩美駅に向かう姿をとらえ、さりげなく地方の鉄道事情を見せている。実際、旅に出て、地方の小駅で朝、通学の学生たちに会うと、ほっとするものだ。

「リアリズムの宿」には、よくぞこんな小駅で撮影したとうれしく驚く駅が出てくる。

冒頭、山本浩司と長塚圭史が降り立つ駅。田舎町にぽつんと立つ小屋のような駅舎。周囲に人はいないし、店もない。いわゆる秘境駅の雰囲気。無論、無人駅。二人は、とんでもないところに来てしまったと駅前に呆然と立ち尽す。

この駅は、山陰本線の鳥取駅と姫新《きしん》線の東津山を結ぶ因美《いんび》線の国英《くにふさ》駅。因幡《いなば》と美作《みまさか》を結ぶので因美線と名付けられた。

国英駅（鳥取県）の開設は大正八年。駅舎にファサードが付いているところを見ると、開業当時は、もっと大きな駅だったと思われる。その後、利用客が減って、事務室部分が解体され、入口と待合室だけが残ったのだろう。

山陰本線から寄り道をして、因美線に乗ってみる。主要駅は智頭《ちず》駅（鳥取県）。大正十二年の開設。第三セクターの智頭急行の始終点。智頭急行（智頭―上郡《かみごおり》〈山陽本線、兵庫県〉）は鉄道不振の時代、一九九四年に開業した新しい鉄道。山陰と京阪神を結ぶ。

智頭駅が出てくる映画がある。

戦争の時代を背景にした悲恋もの、大江賢次原作、西河克己監督の「絶唱」（66年）。地主の息子と、山番の娘との身分違いの純愛を描く。舟木一夫、和泉雅子主演。

地主の息子の舟木一夫は、苦労知らずでいることを恥じ、身体を使って働く決意をする。製材所で働く。材木を駅に運ぶ。

この駅が智頭駅。智頭は材木の町として知られる。そして、西河克己監督の出身地（町には記念室がある）。原作者の大江賢次も鳥取県の出身。そんなこともあって、西河克己監督は、「絶唱」のなかに智頭駅を登場させたのだろう。

「リアリズムの宿」に登場した山陰本線の岩美駅

以前、山陰の旅をした時に、智頭の町を歩いたことがある。瓦屋根の家並みが残る静かないい町だった。駅前の観光案内所で面白い話を聞いた。平成の現在でも、若い頃、舟木一夫ファンだった女性たちが、この町を訪れる。「絶唱」のロケ地と知っているから。この話には驚いた。というのは、映画のなかでは、智頭の町の名は明示されていないから。舟木一夫のファンはそれを、智頭でロケされたと知っていて、いまでも訪れる。ファンの熱意に頭が下がった。

因美線には、もうひとつ主要駅がある。郡家《こおげ》駅（鳥取県）。大正八年の開設。この駅からは第三セクターの若桜《わかさ》鉄道が出ている。旧国鉄の若桜線。本来は、兵庫県の八鹿《ようか》（山陰本線）までつなぐ予定だったが、叶わなかった盲腸線。終点の若桜駅には、現在、転車台と蒸気機関車が保存されている。また、駅前には、素晴しい鯉料理店がある。

山田洋次監督の「男はつらいよ」シリーズの第四十四作、渥美清演じる寅が山陰を旅する「寅次郎の告白」（吉田日出子主演）に、若桜鉄道の安部駅が出てくる。昭和七年の開設で、当時のままの木造駅舎が残されている。山陰を旅する寅が暮れにこの駅に来る。駅前の公衆電話からさくら、倍賞千恵子に電話を入れ、そのあとホーム（一面一線）で列車を待つ。正月は鳥取あたりで商売をするのだろう。現在、若桜鉄道の駅の多くには、かかし人形が置かれているのが名物になっているが、安部駅には、寅さんのかかし人形が置かれ、乗客を迎えてくれる。

「男はつらいよ」の最終作、第四十八作「寅次郎紅の花」(95年)には、因美線の小駅、美作滝《みまさかたき》尾《お》駅(岡山県)が出てくる。昭和三年の開設当時のままの木造駅舎が残っている。映画の冒頭、寅はテキ屋仲間のポンシュウ(関敬六)とこの駅から列車に乗り、津山方面に向かう。

現在は無人駅だが、映画のなかでは駅員(桜井センリ)がいる。地元の人が業務をまかされているのだろう。いわゆる業務委託駅。

駅の待合室には「男はつらいよ」撮影時の写真や山田洋次監督の色紙がいまも大事に保存されている。町の人が駅の維持管理、清掃などを行なっている。

因美線は法令上は鳥取から津山のひとつ手前の東津山までだが、実際には主要駅の津山までゆく。津山駅の開設は大正十二年。因美線の他に、津山線(津山—岡山)、姫新線(姫路—新見)が発着する。鉄道の要所。

主要駅なのに、大正十二年開業のまま、瓦屋根の平屋の駅舎がいまも健在なのは珍しい。

この駅が登場する映画がある。

藤原審爾原作、吉田喜重監督の「秋津温泉」(62年)。山陰の山奥にある温泉宿の娘、岡田茉莉子と、都会からやってきた泊り客の青年、長門裕之との、戦中から戦後にわたる結ばれない恋愛を描いている。

秋津温泉とは架空の名で、岡山県の奥津温泉がモデル。そこで撮影されている。津山から車で一時間ほど山に入ったところにある。

長門裕之演じる青年は戦後に東京に出て作家になる。時折り、秋津温泉を訪れる。成長しておかみとなった岡田茉莉子は男のことが忘れられない。東京へ帰る男を津山駅まで送る。ホームで去ってゆく列車をいつまでも見送る。

いまからもう五十年以上前の映画だが、ビデオで見ると、津山駅の様子が現在とほとんど変わらないのに驚く。変わったのは、近年、構内に鉄道博物館「津山まなびの鉄道館」が出来たことくらいだろうか（扇形車庫、転車台などが保存されている）。


山陰本線に戻る。「男はつらいよ」の第四十四作「寅次郎の告白」では、山陰に旅に出た泉（後藤久美子）と彼女を追って来た満男（吉岡秀隆）が、それぞれ家に帰る時、鳥取駅から上り列車に乗る。寅がホームで二人を見送る。新幹線ではないので窓が開く。別れをゆっくり惜しむことが出来る。

山陰本線は鳥取駅から西の多くの区間が電化されていない。かつては蒸気機関車が走り、現在は気動車が走る。長く蒸気機関車が走っていたためか、鳥取県や島根県ではいまでも鉄道のこと

因美線の名駅舎、美作滝尾駅

を「汽車」という人がいる。死語になりつつある「汽車」がまだ生きている。

山陰本線で鳥取県のもっとも西にあるのが米子駅。ここを過ぎると島根県になる。明治三十五年の開設。水木しげるが生まれた町として知られる港町、境港《さかいみなと》に向かう境線の始終駅でもあり、また、伯備線《はくび》（倉敷―伯耆大山《ほうきだいせん》）も乗り入れている。山陰の鉄道の要所。

浅田次郎の短篇の映画化、鈴木貴之監督の「銀色の雨」（09年）は、米子とその周辺を舞台にしている。ランニングの好きな高校生（賀来賢人）、スナックで働く女性（前田亜季）、故郷の米子に戻ってきた元プロボクサー（中村獅童）。三人の友情の物語。

高校生の家の最寄り駅は、山陰本線の小駅、淀江《よどえ》。少年は家出をしてこの駅から東京へ行こうと列車に乗るが、米子駅に着くと、上りはもう終っていて東京行きにあえなく失敗する。

その米子駅に、同じ夜、元プロボクサーが到着する。老いた母親のために故郷に戻ってきた。

乗っているのは下関行きのブルートレイン。この映画のためにJR西日本が特別に用意してくれたものだという。実際にはこの寝台特急は走っていない。

スナックで働く女性、前田亜季は子供の頃、母親に捨てられた。回想場面で、小さな女の子が、駅で母親を乗せた列車を泣きながら見送る場面がある。

米子駅の手前（京都寄り）にある御来屋《みくりや》駅で撮影されている。明治三十五年の開設。山陰地方最古の木造駅舎という。二〇〇二年、山陰本線開業百年記念に合わせ、改修されたが、木造駅舎

津山駅に隣接する博物館「津山まなびの鉄道館」に今も保存される転車台と旧津山扇形機関車庫

はそのままになっている。こういう小駅を登場させたのは、相当に入念なロケハンが行なわれた結果だろう。

「銀色の雨」には、雨の場面が多い。御来屋駅の場面も雨が降っている。山陰は「弁当忘れても傘忘れるな」といわれるくらい雨が多いためだろう。「リアリズムの宿」の、朝の岩美駅の場面でも雨が降っていた。

松本清張原作、橋本忍、山田洋次脚本、野村芳太郎監督の「砂の器」（74年）では、奥出雲の山のなかにある亀嵩《かめだけ》という町（島根県）が殺人事件の重要な手がかりになる。東京の蒲田操車場で殺された男、緒形拳は、昔、この町で巡査をしていた。

刑事の丹波哲郎が夏の一日、亀嵩に行く。山陰本線の特急「まつかぜ」で出雲へ向かう。日本海、大山《だいせん》、宍道湖《しんじこ》と車窓風景がとらえられる。

宍道湖に面した宍道駅で木次《きすき》線（宍道―備後落合）に乗り換える。亀嵩駅は、木次線にある。この時代、木次線の気動車が三両なのに驚く。まだ乗客が多かった。

刑事の丹波哲郎は、地元の警察で話を聞くために、亀嵩のひとつ手前の出雲三成《いずもみなり》駅で降りる。そこで関係者の話を聞いたあと、警官（加藤健一）の運転するジープに乗って亀嵩駅を見に行く。木造の小屋のような駅舎がぽつんと建っている。

亀嵩駅は昭和九年の開設。映画のなかの亀嵩駅は実はここでは撮影されていない。撮影監督の川又昻によれば、実際は二つ先の八川《やかわ》駅で、またホーム（一面一線）は二つ手前の出雲八代《いずもやしろ》駅で撮影されたという（小学館DVDBOOK『砂の器』、二〇〇九年）。

なぜ亀嵩駅で撮影しなかったのか。おそらく駅舎の様子が変わっていたからだろう。この映画の前、一九七一年に亀嵩駅は簡易委託駅になった。国鉄職員以外の民間の人間に駅の業務を委託する。亀嵩駅では委託された人が、駅舎内で「扇屋」というそば屋を始めた。駅長がそばを打つとして話題になった。そのために撮影に向かなかったのだろう。「扇屋」は現在も健在。亀嵩駅は「そば屋のある駅」として知られている。

島根県には、宍道湖沿いを走る私鉄、一畑《いちばた》電車北松江線がある。松江市（駅名は松江しんじ湖温泉）と出雲市（電鉄出雲市）を結ぶ。途中に「目の薬師」と呼ばれる一畑薬師（一畑寺）があるのでこの名がある。地元では「バタデン」と愛称で呼ばれている。西側の川跡《かわと》駅からは出雲大社に向かう支線が分岐している。軽便鉄道から出発し、現在の形になったのは昭和三年。全線電化になった。松江─出雲間は約三十キロ。小さな電車が一時間ほどかけてゆっくり走る。関東でいえば神奈川県の江ノ電や千葉県の銚子電鉄を思わせる。

この「バタデン」が活躍した映画が、島根出身の錦織良成監督の「RAILWAYS　49歳で電車の運転士になった男の物語」(10年)。「49歳で電車の運転士になった男の物語」と副題にあるように、東京の大手電機メーカーに勤めるサラリーマン、中井貴一が、母親(奈良岡朋子)の病気を機に故郷の島根県に帰り、一念発起して子供の頃の夢だった「バタデン」の運転士になる。はじめは驚いた奥さん(高島礼子)も娘(本仮屋ユイカ)も、お父さんの冒険を応援する。

運転士になるためにはきちんと研修所に行って勉強をする。東京、八王子にある京王電鉄の研修所で、猛勉強し、試験を受け、晴れて運転士になる。

「バタデン」には、かつて京王電車や南海電車を走った車輌が使われている。二度目のお務め。「デハニ50形」といわれる製造当時のままに現存する日本でもっとも古い電車も登場する(現在は引退)。さらに、中井貴一が同僚と乗る軌道自転車も登場する。トロッコに似ていてペダルを漕ぐ。保線作業に使われる。映画のなかにこれが出てくるのは、きわめて珍しい。

「バタデン」の車窓風景の随一はやはり、宍道湖。松江から一畑口まで湖に沿って走る。運転士の中井貴一の実家は、宍道湖に面した小駅の近くにあるという設定。伊野灘《いのなだ》駅という無人駅。この映画を見たあと初春に、「バタデン」に乗りに行った。伊野灘のホームに桜の木が一本あり、これから花開くところだった。

山陰を舞台にした好きな映画に「天然コケッコー」(07年)がある。くらもちふさこ原作、渡

宍道湖沿いに走る一畑電車

辺あや脚本、山下敦弘監督の愛すべき映画。島根県の浜田市の町はずれにある小さな集落を舞台に、生徒がたった七人しかない小、中学校に通う子供たちの日常と成長を愛おしく見つめている。中学生の夏帆《かほ》と、東京からの転校生、岡田将生の幼ない恋が物語の中心になる。農家が並ぶ緑豊かな里、赤い瓦屋根（石州瓦だろう）の学校、鎮守の森のある神社、田と畑。店といえば雑貨屋と理髪店くらいしかない。

日本の懐しい里の風景が素晴しく、そのなかで思春期を迎えようとするおさげ髪の夏帆が可愛らしい。自分のことを「わし」という。

浜田市とその周辺でロケされている。

夏休み、子供たちは海へ泳ぎにゆく。家から海まで近いのだろう、小さい子供は水着になっている。出かける時、「行って来ます」ではなく「行って帰ります」と言うのが面白い。

山陰本線の線路を越えるともう海。入江になっていて、きれいな砂浜、透きとおった海が広がる。子供たちは、泳いだり、磯でシッタカをとったりする。冷たい水でトマトを冷やす。羨ましくなるほどの田舎の夏休み。

浅利海岸という、温泉津《ゆのつ》駅と浜田駅のあいだにある海岸で撮影されている。

子供たちは海に出る時、線路を歩く。「スタンド・バイ・ミー」風。途中、夏帆が線路のあいだで倒れる。そこに列車が来る。あわやというところで、岡田将生が助ける。ラブシーンになっている。このあたりの山陰本線は単線。本線だが、あくまでも「偉大なるローカル線」。中学三年生になった夏帆と岡田将生は、浜田市の高校を受験することになる。二人で高校の下見に行く。東京から来た岡田将生が、目ざす高校に行くと男子生徒が坊主頭なのにがっくりするのが笑わせる。

二人は浜田から家に戻る。二両の気動車が小駅に着く。夕方、降りたのは二人だけ。駅は海（日本海）のすぐ近く。無人駅で駅舎もない。

山陰本線の馬路《まじ》駅（昭和十年開設）で撮影されている。一面二線。駅員がいないからだろう、二人は列車から降りると、ホームから直接線路に下りて家路につく。

馬路駅から徒歩十分足らずの海浜は、鳴き浜で知られる琴ヶ浜。砂の上を歩くと、キュッキュッと鳥が鳴くような音がする。

浜田の高校に入学した二人は、四月からこの馬路駅から浜田へと通学してゆくのだろう。行き帰りの約一時間は、二人にとって楽しいものになるに違いない。

山陰本線の下りで、馬路駅から二つ先（浜田寄り）が温泉津《ゆのつ》。文字通り、温泉のある港町。かつて石見《いわみ》銀山の積出し港だった。温泉は千年以上の歴史を誇る。温泉街には木造三階建ての旅館が残る。山陰の名湯のひとつ。

山田洋次監督「男はつらいよ」シリーズの第十三作「寅次郎恋やつれ」（74年、吉永小百合主演）では、渥美清演じる寅が、この温泉津の旅館の番頭になる。温泉津は石見焼の窯《かま》があるのでも知られるが、寅は、その窯で働く女性（高田敏江）が好きになる。夫は蒸発しているという。例によって早合点した寅は彼女と結婚する気になる。柴又に帰って、とらやの一同に報告する。妹さくら(倍賞千恵子)とタコ社長(太宰久雄)が寅と一緒に、女性に挨拶に行くことになる。

三人は山陰本線の列車に乗る。途中、車内販売でカニ弁当を買う。余部の鉄橋に近い浜坂駅あたりはカニの名産地として知られる。ただ、「偉大なるローカル線」となった山陰本線では現在、車内販売はほとんど見られなくなった。

三人は温泉津駅に着く。名湯があるためだろう、現在でも特急がとまる。映画のなかでは駅長がいるが、現在では無人駅。駅舎のなかにJAの事務所が入るようになった。温泉津にはこれまで三度行っているが、行くたびに駅前の商店街が寂れていっているのが悲しい。

三人が窯で働く女性を訪れると、なんと蒸発していた夫が戻ってきたという。寅の恋はあえなく終わり。

翌朝、ばつが悪いのだろう寅はさくらに置手紙をして町を去る。さくらとタコ社長は東京に戻る。このあと、いい場面がある。二人は温泉津駅の島式ホームで上り列車を待つ。ホームは築堤の上にある。向こうに小学校が見下ろせる。生徒たちが校庭でブラスバンドの練習をしている。

それをさくらが見つめる。
この小学校もいまは廃校になってしまった。

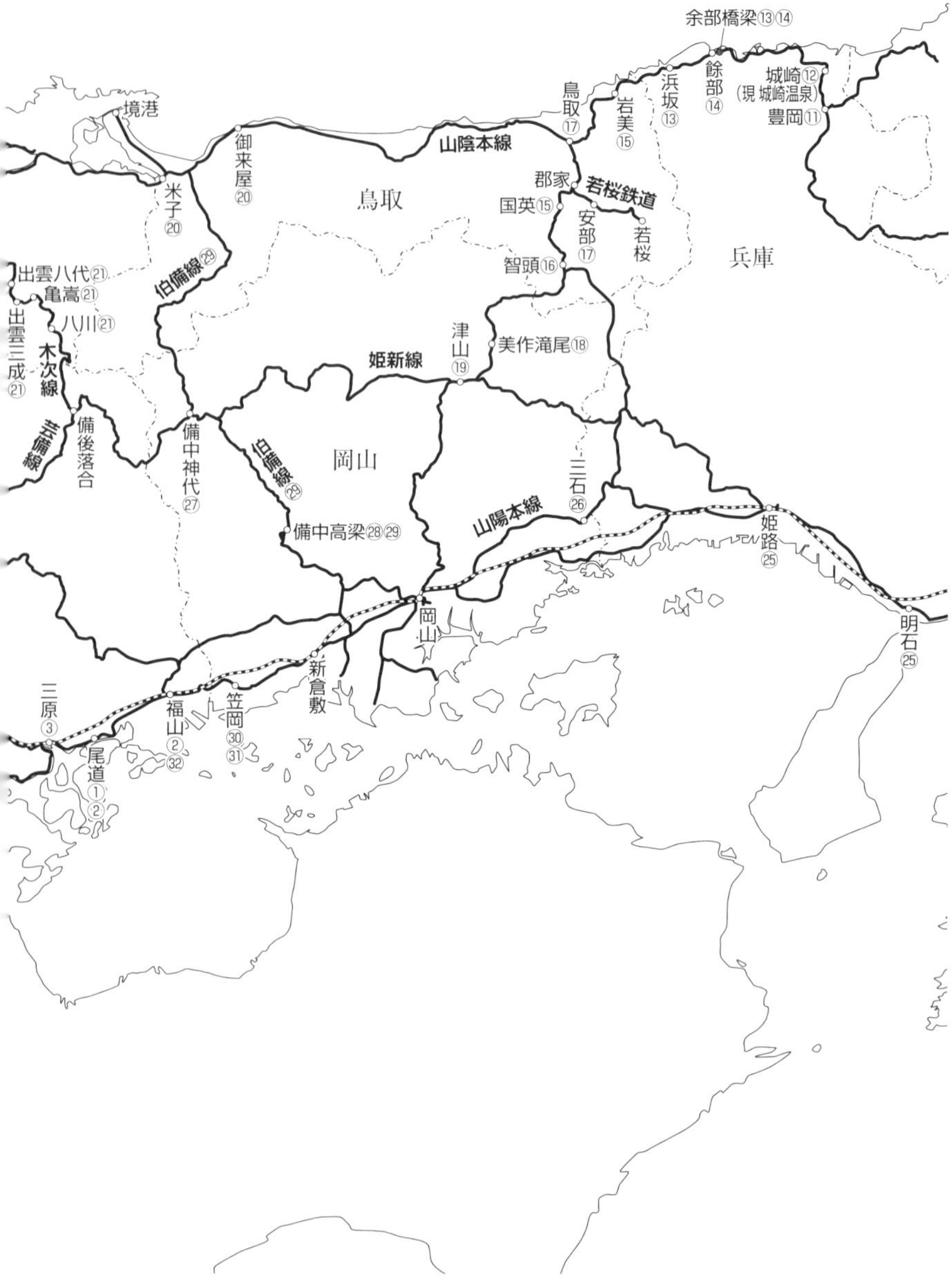

余部橋梁⑬⑭
境港
御来屋⑳
山陰本線
鳥取⑰
岩美⑮
浜坂⑬
餘部⑭
城崎⑫
(現 城崎温泉)
豊岡⑪
米子⑳
鳥取
郡家
若桜鉄道
国英⑮
安部⑰
若桜
智頭⑯
兵庫
伯備線㉙
出雲八代㉑
亀嵩㉑
八川㉑
出雲三成㉑
木次線
津山⑲
美作滝尾⑱
姫新線
芸備線
備後落合
備中神代㉗
伯備線㉙
岡山
三石㉖
山陽本線
備中高梁㉘㉙
姫路㉕
岡山
明石㉕
新倉敷
三原③
福山②㉜
笠岡㉚㉛
尾道①②

中国地方で撮影された作品とその撮影地

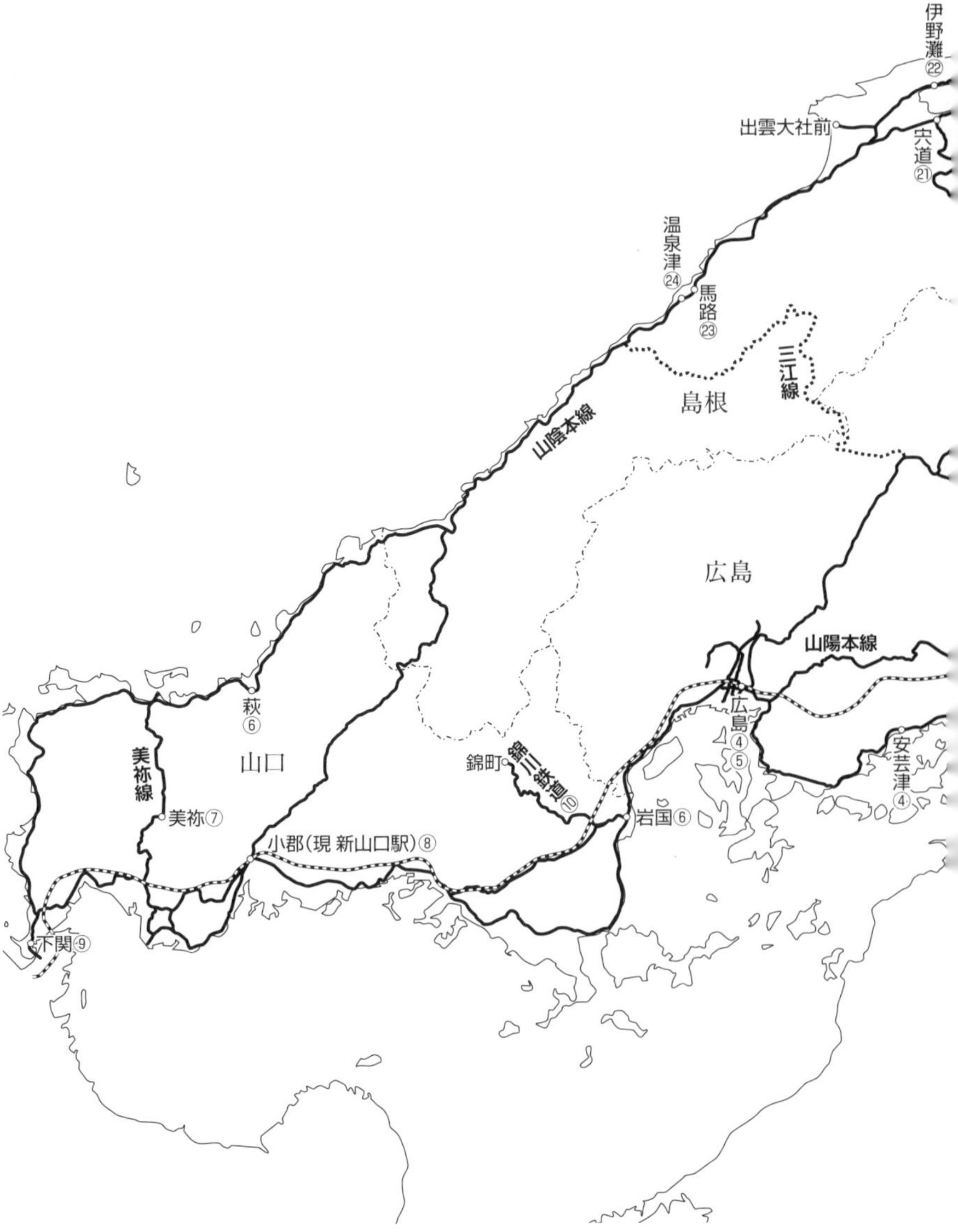

作品一覧

①東京物語
②転校生
③大いなる驀進
④その夜は忘れない
⑤この世界の片隅に
⑥集金旅行
⑦悪の紋章
⑧張込み
⑨蜂の巣の子供たち
⑩いちご同盟
⑪佳人
⑫少年
⑬夢千代日記
⑭執炎
⑮リアリズムの宿
⑯絶唱
⑰男はつらいよ 寅次郎の告白
⑱男はつらいよ 寅次郎紅の花
⑲秋津温泉
⑳銀色の雨
㉑砂の器
㉒RAILWAYS
　49歳で電車の運転士になった男の物語
㉓天然コケッコー
㉔男はつらいよ 寅次郎恋やつれ
㉕女の園
㉖早春
㉗八つ墓村
㉘男はつらいよ 寅次郎恋歌
㉙男はつらいよ 口笛を吹く寅次郎
㉚友情
㉛獄門島
㉜家族

四国

四国の鉄道の駅で、鉄道好きに、もっともよく知られているのは、高松と宇和島《うわじま》を結ぶＪＲ予讃線の下灘駅《しもなだ》（愛媛県）だろう。

常駐の駅員のいない小駅だが、ホームの目の前が、もう海（伊予灘）。平成十一年（一九九九）に「青春18きっぷ」のポスターに登場して、広く知られるようになった。「思わず降りてしまう、という経験をしたことがありますか」というコピーによく合った。改札口のすぐ向こうに広がる海の穏やかな美しさは人気を呼び、その後も「青春18きっぷ」に二度、登場している。

開設は昭和十年。現在、海辺が埋め立てられ、鉄道と海のあいだに国道が作られているが、以前はホームのすぐ下まで波が来ていた。

実は、「青春18きっぷ」のポスターより前に、この駅は映画に登場している。山田洋次監督「男はつらいよ」シリーズの第十九作、一九七七年に公開された「寅次郎と殿様」（真野響子主演）。「青春18きっぷ」のポスターの二十年以上前に、この駅を登場させているのだから、さすが鉄道好きの山田洋次監督。

冒頭、渥美清演じる寅が、例によってうたた寝をして夢を見ているところが、下灘駅のホームのベンチ。当時、まだ国道は出来ていないので、目覚めた寅の目の前に、伊予灘の青い海が広がっている。小駅のため、乗客は寅一人。

予讃線は松山駅を出るとずっと伊予灘に沿って南下し、伊予大洲駅《いよおおず》に至る。「寅次郎と殿様」

「青春 18 きっぷ」のポスターに使われた下灘駅

では、寅は城下町である大洲を旅し、そこで殿様の末裔（嵐寛寿郎）に会い、親しくなる。他方、同じ旅館に泊っていた美しい女性、真野響子に会い、心ときめかす。あとでこの女性は、殿様の息子の嫁だったと分かる。息子は若くして死んだので、未亡人になった。たまたま、亡夫の墓参りのために大洲に来ていた時に寅と会った。

彼女は東京に帰る時、伊予大洲駅から上り列車に乗る。左側（海側）に座っているから下灘駅で伊予灘を見ることになるだろう。夕方だったら、夕日を眺められるかもしれない。

実は現在では、予讃線の特急は下灘駅を通らない。「寅次郎と殿様」が公開されたあとの昭和六十一年（一九八六）に、内子を通る新線（向井《むかい》原《ばら》—伊予大洲）が開通し、特急はこちらの山側を走るようになってしまった。時間が短縮されたのは地元の人にはいいかもしれないが、下灘駅が見られなくなったのは、旅行者には少し寂しい。

予讃線は四国の大幹線で、高松から主要駅の坂出、丸亀、新居浜、今治、松山、伊予大洲、八《や》幡浜《わたはま》を経て宇和島に至る。全線開通は終戦直前の昭和二十年六月。戦争末期でも鉄道建設が行なわれていたとは驚く。

主要駅のひとつに観音寺《かんおんじ》駅（香川県）がある。大正二年開業。芦原すなお原作、大林宣彦監督の「青春デンデケデケデケ」（92年）は、一九六〇年代のなかば、観音寺の高校生たち（林泰文、

「青春デンデケデケデケ」の若者が利用した観音寺駅

若き日の浅野忠信ら）が、ベンチャーズの影響でエレキギターに夢中になる青春映画。

五人の仲間は、冬休み、祖谷渓《いやけい》にキャンプに行く。エレキは音がうるさいから、冬の人のいない山のなかを選んだのだろう。

五人は、予讃線の観音寺駅から列車で祖谷渓に向かう。修学旅行の気分。降りる駅は、高知県との県境に近い徳島県の小歩危《こぼけ》駅。山のなかの小駅（昭和十年開設）。駅員はいない。崖の上に山小屋風の駅舎がある。石段で下の道路に下りる。現在なら秘境駅といったところか。シーズンオフなので、周囲は閑散としている。少年たちは、駅前からバスで祖谷渓へ向かう。

山の中での練習の成果があり、高校三年生の最後の学内コンサートは大成功をおさめる。その思い出を胸に、林泰文演じる主人公の少年は、春、東京の大学に向かうために、観音寺駅から上り列車に乗って、町を去る。まだ本四連絡橋はないから、高松から宇高連絡船に乗って岡山経由で東京に向かうことになる。

観音寺駅の駅舎は、昭和三十八年に改築された二代目。コンクリートの二階建てで、現在も変らない。駅舎の屋根に三つの半円形の輪が置かれているが、これは観音寺市内を流れる財田川に架かる三架橋《さんかばし》が、特徴のある三連アーチになっているのを模しているのだろう。映画のなかで、少年たちはしばしば、町のシンボルになっているこの橋を渡っている。

愛媛県の県庁所在地、松山市内には伊予鉄道という私鉄が走る。東京でいえば井の頭線や京王線のような郊外電車。高浜線（松山市―高浜）をはじめ、市内にいくつもの路線がある。道後温泉を走る路面電車はとくに知られる。

高浜線は、松山市内と海（伊予灘）に近い高浜を結ぶ。十キロ足らずのミニ電車。明治時代に創業されている。

松山市内の高校に通う女学生（田中麗奈）が、ボートの魅力に目覚め、仲間たちと女子ボート部を作る青春映画、敷村良子原作、磯村一路《いつみち》監督の「がんばっていきまっしょい」（98年）に、この伊予鉄道高浜線が出てくる。

田中麗奈演じる主人公は、ある時、海辺で男子生徒のボート部の練習を見て、自分もボートを漕ぎたいと思う。

海を走るボートの美しさに魅了された田中麗奈は、心たかぶらせて自転車を漕いで家へ帰る。この時、画面の左手を二両の電車が走る。これが、伊予鉄道高浜線。左手奥には観覧車が見える。伊予灘に面した海辺の公園、梅津寺《ばいしんじ》パークのものと分かる。

田中麗奈の家は、この沿線に設定されている。女子ボート部を作ることを決めた彼女は女友達を誘い、五人で男子ボート部の練習を見にゆく。伊予鉄の電車の窓から伊予灘が見えてくると、一人が感動して「あっ、海」という。伊予灘の美しく、穏やかな海があってこそのボートだろう。

五人が降りる駅は、伊予灘に近い港山《みなとやま》駅。市民の足となっている電車が、海辺を走る。関東で言えば、鎌倉を走る江ノ電に似ている。港山駅の愉快な駅員を演じるのは、「男はつらいよ」シリーズで知られる神戸浩《かんべひろし》。

「男はつらいよ」以前に、渥美清が主演したシリーズものに、「喜劇・列車」シリーズがある。渥美清が国鉄の駅員や車掌を演じる。

第二作、瀬川昌治監督の東映作品「喜劇 団体列車」（67年）では、渥美清は四国の宇和島（愛媛県）に近い小駅の駅員をしている。独身。鉄道の仕事を愛しているが、試験が苦手で何度も助役試験に落ちている。

まだ蒸気機関車の時代。ある時、ホームに入線した列車から、五歳ぐらいの男の子が、迷子として車掌に連れられてくる。

「家はどこだ」と渥美清が聞くと、子供は「城の見える町」と答える。渥美清が勤務する駅は、伊予和田という。架空の駅だが、予讃線に設定されている。それで渥美清は、「城の見える町」は、松山城のある松山だと思い、松山駅に連れてゆくが、子供は違う、ここではないという。渥美清はそこで、予讃線にはもうひとつ「城の見える町」があることに気づく。自分の住む町に近い、宇和島。近すぎて気づかなかった。子供を宇和島駅に連れてゆくと「ここだ」と笑顔。

宇和島駅は予讃線の始終駅だからホームは頭端式になっている。母親の佐久間良子が、連絡を受けて子供を迎えに宇和島駅に入る場面で、この頭端式のホームがとらえられている。

「喜劇　団体列車」で、渥美清が勤務する架空の「伊予和田駅」のモデルは、宇和島駅の三つ手前（松山寄り）の「伊予吉田駅」だろう。昭和十六年に開業した小駅で現在は無人駅。吉田の町も小さな城下町で、獅子文六原作、千葉泰樹監督の「大番」（57年）のロケ地になっている。「団体列車」で、渥美清は助役試験を受ける。一次の筆記試験にはなんとか合格し、二次の面接を受ける。

この時、試験官（小沢昭一）はこう質問する。「四国の鉄道の赤字を解消するにはどうしたらいいか」。一職員がこんな難問に答えられる筈もないのだが、一九六七年の映画（まだ国鉄の民営化以前）で、すでに四国の国鉄の赤字が問題になっていたとは。モデルとなった伊予吉田駅は、無人駅になるのだから、このあと渥美清の駅員もどこかに異動になるのだろう。

土佐（高知県）の鉄道の敷設は遅れた。

四国を縦断して走る形で、香川県の多度津《たどつ》と高知県の窪川《くぼかわ》を結ぶ土讃線が全線開通したのは昭和二十六年（一九五一）のこと。

この窪川駅が登場した映画が、黒木和雄監督の青春映画の傑作「祭りの準備」(75年)。脚本を書いた中島丈博は、高知県西部、四万十川沿いの町、中村(幸徳秋水の出身地として知られる)で育ち、その青年時代を描いている。

昭和三十年代のなかごろ。主人公の青年(江藤潤)は、中村市の信用金庫で働いている。町の映画館では、石原裕次郎主演の「錆びたナイフ」(58年)や、ペギー葉山のヒット曲に想を得た「南国土佐を後にして」(59年)などが満員の客を集めている。青年は映画好きで、いつか東京に出て、脚本家になりたいと夢見ている。

この当時、中村にはまだ鉄道はない。土讃線の窪川駅から延長して中村駅まで鉄道(中村線)が通じたのは、昭和四十五年(一九七〇)のこと。

最後、青年は一大決心をして東京に出るのだが、この時、中村からバスで窪川駅まで行き、そこから土讃線の上り列車(気動車)に乗る。

青年は、窪川駅で偶然、町の暴れ者(原田芳雄)に会う。彼は誤って人を殺し、警察に追われている。それでも、幼なじみの青年が東京に出ると知って、ホームに出て、青年を見送る。

原田芳雄が、走る列車を追ってホームで「ばんざい!」と叫ぶところは、日本映画史上の最高の「駅の別れ」といっても大仰ではない。昭和三十年代、四国の小さな町から東京に出てゆくの

「祭りの準備」のラストは、JR 土讃線窪川駅

は大変なことだった。この駅の別れは、故郷に残る者と出郷者の思いが交錯して名場面になった。東京と地方の距離がいまよりはるかに大きかった時代だからこそ、万感の思いのこもった「ばんざい！」の叫びになった。

窪川駅から中村駅までの国鉄中村線が開業したのは前述したように昭和四十五年（一九七〇）。その中村からさらに延長して、高知県西部の海辺の町、宿毛《すくも》まで第三セクターの「土佐くろしお鉄道宿毛線」が開通したのが平成九年（一九九七）のこと。

鉄道衰退の時代に、新しく開通した「平成生まれの鉄道」として話題になった。新しい鉄道だけに大半の路線は高架になっている。

高知市出身の漫画家、西原理恵子原作の「パーマネント野ばら」（10年、吉田大八監督）にこの土佐くろしお鉄道が登場する。

菅野美穂演じる主人公のなおこは、離婚して、幼ない娘を連れて実家に戻って来る。母親（夏木マリ）は、宿毛の町の海辺で小さな美容室〝パーマネント野ばら〟を開いている。現代の浮世床で、店は近所の女性たちのたまり場、おしゃべりの場になっている。

なおこは店の手伝いをする。そのうち、地元の高校の先生（江口洋介）の恋人が出来る。デートを重ねる。ある時は遠出する。有岡駅という高架駅から土佐くろしお鉄道の小さな気動車に乗って、ホテルのある町へと出かけてゆく。「平成生まれの鉄道」がとらえられた貴重な場面になっている。この宿毛線は、宿毛湾に面した海辺の町、宿毛と、「祭りの準備」の舞台になった中村を結ぶ二十三キロほどのローカル鉄道だが、中村ではさらに「土佐くろしお鉄道中村線」で窪川（「祭りの準備」のラストシーンの駅）につながり、窪川からは土讃線で高知市まで行くことが出来る。高知県の西端の宿毛と県庁所在地が鉄道でつながった。この意味は大きい。さらに岡山、高松からの特急も乗り入れている。

高知県を走る第三セクターの土佐くろしお鉄道には中村線、宿毛線に加え、もう一本、「ごめん・なはり線」がある。

高知市の東の後免《ごめん》と奈半利《なはり》を結ぶ。土佐湾に沿って気動車が走る。高知県出身の漫画家やなせたかしの描くキャラクターが電車や駅を飾っている。もともと後免―安芸間は「土佐電氣鐵道安芸線」が走っていたが、一九七四年に廃止。そのあとを受ける形で平成十四年（二〇〇二）に「土佐くろしお鉄道ごめん・はなり線」が開通した。海側がオープンデッキになっている列車が走る。宿毛線と同じで大半が高架線。

後免駅はJR土讃本線の駅（大正十四年開設）でもあり、名前が面白いので広く知られる。江戸時代、この地の年貢が御免（免除）されていたのでこの名が付いたとか。

この後免駅が出てくる映画がある。

プロ野球選手のスカウト合戦の激しさを描いた昭和三十一年公開の小林正樹監督「あなた買います」。

大学野球のスター選手（大木実）のプロ入りをめぐって各球団のスカウトたちが、熾烈な争奪戦を始める。莫大な金が動く。モデルは、当時の南海ホークスに入った穴吹義雄という。

選手の実家は高知県の田舎町。そこに各球団のスカウトたちが東京から次々に押しかける。ある人気チームのスカウト、佐田啓二が選手の家に行く時に利用するのが後免駅。

現在は、平成十三年に完成したモダンな橋上駅になっているが、当時はまだ田舎の木造駅舎。小さな駅に突然、スカウトたちが押しかける。

駅からスカウトたちを乗せたハイヤーが埃を立てて、田舎道を走る。よく見ると田のなかの一本道の端を広軌の電車の線路が走っている。舗装もされていない田舎道に電車の線路は珍しい。

これは、高知市市内のはりまや橋（播磨屋橋）と後免町を結んでいる路面電車、土佐電氣鐵道後免線のものだろう。

土佐電氣鐵道は「とでん」の愛称を持つ。明治三十七年（一九〇四）の開業。栈橋線（高知駅前—栈橋通五丁目）、伊野線（はりまや橋—伊野）、それに前述の後免線の三路線が高知市内を縦横に走る。経費節減のため、世界各国から古い路面電車を購入し、現在、それが名物になっている。二〇一四年に経営統合して、とさでん交通になった。

この「とでん」が出てくる映画がある。

一九七〇年に公開されたダイニチ映配作品「ボクは五才」（湯浅憲明監督）。高知市内に住む五歳の男の子（岡本健）が、大阪に出稼ぎに出た父親（宇津井健）を訪ねて、高知から大阪まで約四百キロの一人旅をする。実際に起こったことをもとにしているという。

町の幼稚園に通う男の子は、父親が出稼ぎに行ったので、祖父母（左卜全、北林谷栄）の家にいる。家は、「とでん」伊野線の近くにある。画面には、しばしば小さな電車が町を走る様子がとらえられる。街角の煙草屋のおばさん（ミヤコ蝶々）が、坊やを線路を無事に渡らせるために、電車をストップさせるのが、のんびりしている。おばさんは停車した電車に礼を言う。車掌は窓から「新生、頼むよ」。「とでん」が町の暮しに溶け込んでいる。

坊やは「とでん」で、はりまや橋まで行き、そこから高知駅まで歩く。カメラは俯瞰で高知駅をとらえる。三角屋根に時計塔、車寄せのついた趣きのある建物だが、この映画のあと一九七一年にコンクリート二階建て駅舎に変わってしまった。二〇〇八年にはさらに新築され、「くじらドーム」と呼ばれている。

坊やは鉄道、車、船を乗り継ぎながら、最後、みごとに大阪にたどり着き、父親に再会することが出来る。

二〇一四年に公開された安藤桃子監督の「0・5ミリ」は、主として高知市でロケされていて、主演の介護ヘルパーを演じる安藤サクラが町を歩く場面でしばしば「とでん」のレールがとらえられている。高知といえば「とでん」なのだろう。

高知県の「とでん」に対し、香川県を走る私鉄は「高松琴平電気鉄道」、通称「ことでん」。町なかをこと、こと、こと走るので「ことこと電車」ともいう。

路線は、高松築港と金刀比羅宮への下車駅である琴電琴平駅を結ぶ琴平線、高松市内の瓦町と、東の琴電志度（志度町）を結ぶ志度線、それに同じく瓦町と東南の長尾（長尾町）を結ぶ長尾線の三路線。大正時代に製造された電車がいまも走るので知られる。平成二十三年（二〇一一）に開業百年を迎えた。

金子修介監督の「百年の時計」（12年）は「ことでん」開業百年を記念して作られた。随所に、レトロな小さな電車が走る。最後、老いたアーティスト（ミッキー・カーチス）が、高松市美術館の若い学芸員（木南晴夏）の協力を得て、「ことでん」の電車そのものを、百年のさまざまな記憶がよみがえる場所、芸術作品にしてゆく。

香川県は四国のなかでも雨が少ない。そのため水田用の溜池が多い。溜池を見ながら走るのが

「ことこと電車」、琴平電鉄3000形315号

刀比羅宮）にお参りしたあと、「ことでん」に乗っている。
渥美清演じる寅が、瀬戸内の小さな島で出会った女性、松坂慶子と琴平の〝こんぴらさん〟（金
「ことでん」の特色だろう。「男はつらいよ」シリーズ第四十六作「寅次郎の縁談」（93年）では、

四国の最後に、いまはなくなった珍しい電車を紹介しよう。

淡路島（兵庫県）を走っていた淡路交通。私鉄の電車。島の電車はきわめて珍しい。洲本《すもと》と福良《ふくら》のあいだ約二十三キロを走った。一九六六年に廃止になった。

この「島の鉄道」がみごとに〝動態保存〟されている映画がある。日活のアクション映画、鈴木清順監督の「くたばれ愚連隊」（60年）。清順作品のなかではあまり語られないが、鉄道好きにとってはきわめて貴重。二〇〇九年に神保町シアターで鉄道映画特集を行なった時、企画をまかされ、一本としてこれを選んだ。

東京の暴れん坊、和田浩治が実は淡路島の名家の「若様」と分かり、島に帰る。祖母（細川ちか子）に迎えられ、島を牛耳ろうとする悪党（近藤宏）と戦う。

この若者は、子供の頃、事情があって、母親と別れた。瞼の母が恋しい。島で、ようやく母親（東恵美子）に会うことが出来るが、母親は、息子に合わす顔がないと島を出てゆく。それを若者が車で追う。

このラストシーンで、母親が乗るのが淡路交通の「島の電車」。福良から乗って洲本に向かう。二両の電車が田舎町を走る。車で電車を追い抜いた若者は、野良踏切のところに車で入り込み、電車をとめる。そして、電車から降りた母親を抱きしめる。

日本映画数多しといえど、「島の電車」を登場させたのは、この映画だけだろう。

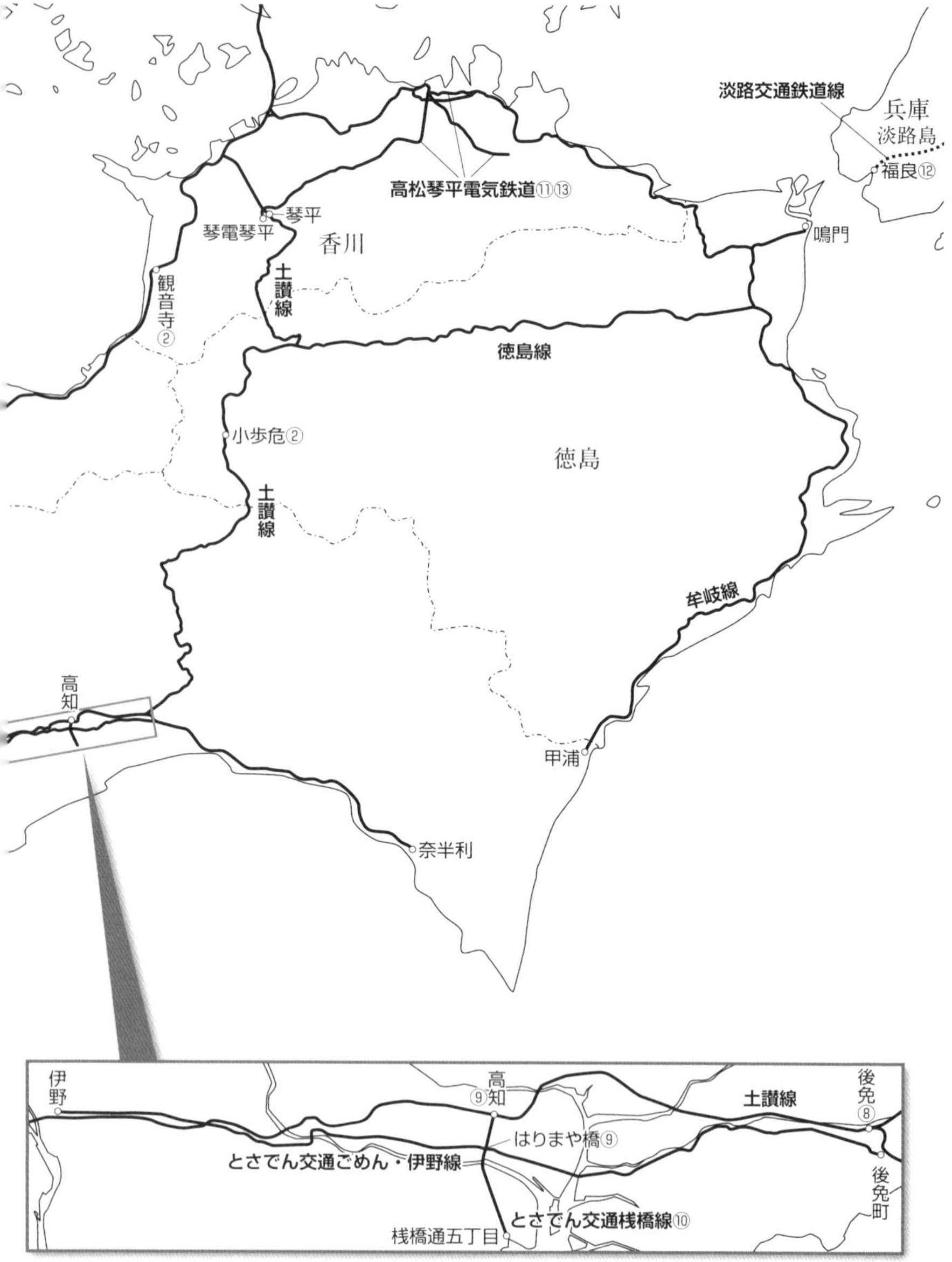

淡路交通鉄道線
兵庫
淡路島
福良⑫
高松琴平電気鉄道⑪⑬
琴平
琴電琴平
香川
鳴門
観音寺②
土讃線
徳島線
小歩危②
徳島
土讃線
牟岐線
高知
甲浦
奈半利
伊野
高知⑨
土讃線
後免⑧
はりまや橋⑨
とさでん交通ごめん・伊野線
後免町
とさでん交通桟橋線⑩
桟橋通五丁目

四国で撮影された作品とその撮影地

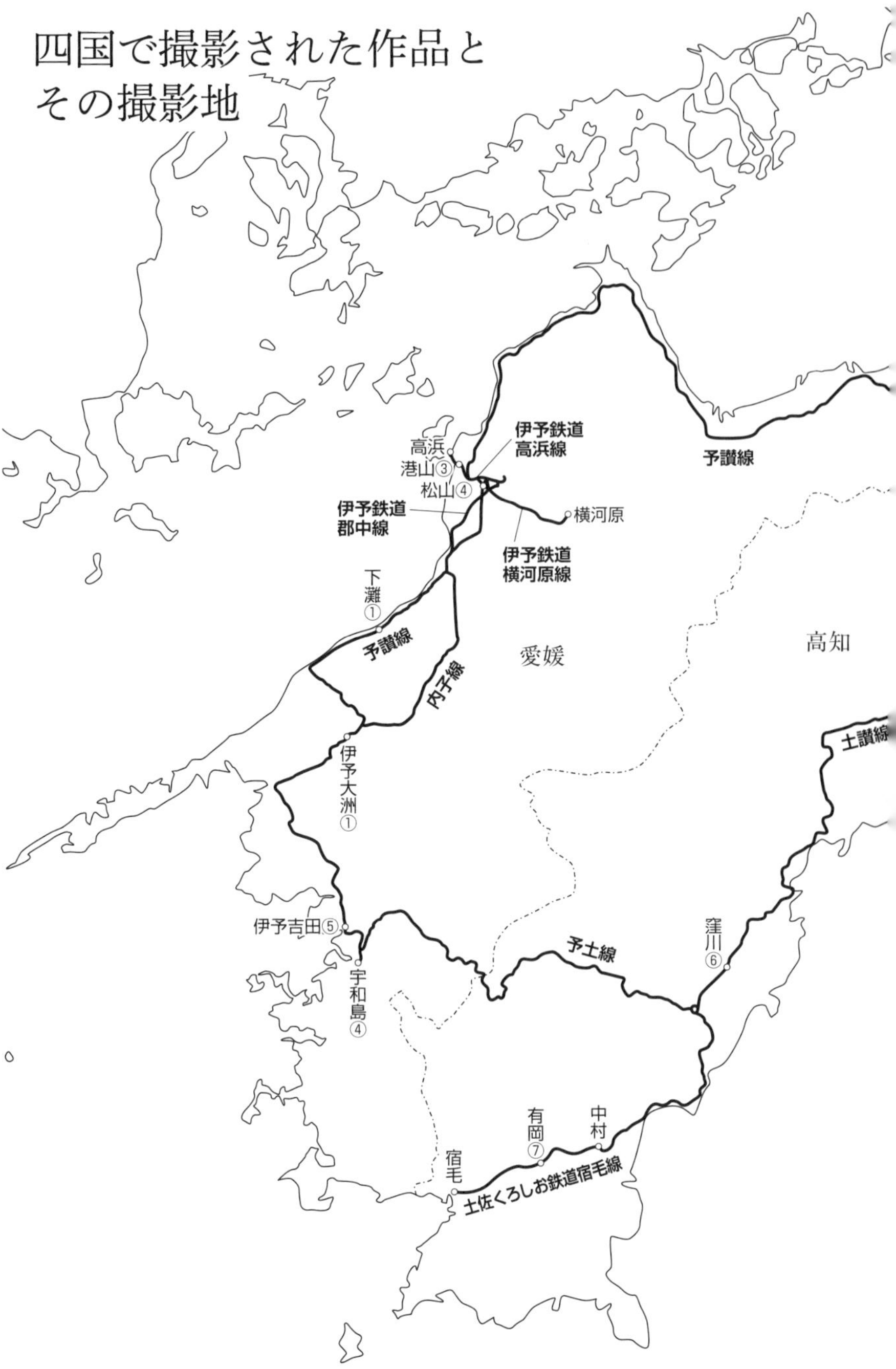

作品一覧

①男はつらいよ 寅次郎と殿様
②青春デンデケデケデケ
③がんばっていきまっしょい
④喜劇 団体列車
⑤大番
⑥祭りの準備
⑦パーマネント野ばら
⑧あなた買います
⑨ボクは五才
⑩0.5ミリ
⑪百年の時計
⑫くたばれ愚連隊
⑬男はつらいよ 寅次郎の縁談

九州

九州を代表する名駅舎といえば、関門海峡に面した門司港駅（鹿児島本線）だろう。九州の玄関口。駅の開設は明治二十四年（一八九一）。当初の駅名は門司駅だった。現在の駅舎は大正三年（一九一四）に完成した二代目。東京駅と同い年になる。駅前広場から見ると、堂々たる寺院のように見える。左右シンメトリーの塔楼。真中に時計台。総銅板張りの屋根。木造モルタルの建物だが、石を張ったように見せている。

正面から見ると、左右の塔楼によって「門」の字に見える。設計は著名な建築家ではなく、ドイツ人技師ヘルマン・ルムシュッテルの監修で、九州鉄道管理局工務課による。広いコンコースと長いホームも特色。

現在、主要駅の大半は通過駅になっているが、ここは典型的な終着駅。レールはここで終わる。ローマのテルミニ駅と似ている。

太平洋戦争中の昭和十七年（一九四二）に関門トンネルが開通。トンネルを出た列車が最初にとまる駅が、博多寄りの大里《だいり》駅（現在の門司駅）になったため、門司港駅は幹線からはずれてしまった。この時、駅名は門司から門司港に変った。さらに一九七五年に山陽新幹線が博多まで延長したことで、門司港駅はまたしても取残された。

といっても、その後、駅周辺がさびれたわけではない。むしろ逆。門司港駅は車両基地になっているし、海辺には、駅舎を中心に、旧門司三井倶楽部（一九二一年竣工）や九州鉄道記念館

（一八九一年竣工）などの古い建物が残り、現在、駅周辺は、「門司港レトロ地区」としてにぎわいを見せている。

高倉健の遺作となった降旗康男監督「あなたへ」（12年）では、ここが、妻の遺骨を九州の海に散骨する旅に出た高倉健の旅の終わりとなる。

また、矢口史靖監督の「ロボジー」（12年）では、新型ロボットのお披露目シーンが門司港駅前で撮影されていて、重厚な駅舎がはっきりと、とらえられている。

一九七二年の作品、有馬頼義原作、今井正監督の「あゝ声なき友」は、戦争に生き残った元日本兵の渥美清が、戦後、死んだ戦友の遺書を遺族に届けるために、日本各地を旅するロードムービー。九州では博多に行く。遺族の倍賞千恵子が戦地に出征した弟の帰りを待つため博多駅の前に佇む場面があるが、この博多駅は門司港駅が使われている。これは、二代目の博多駅が門司港と似ていたためだろう。そもそも門司港駅は、明治四十二年（一九〇九）に完成した二代目博多駅を模したという。

新幹線の開通（ちなみに博多までは山陽新幹線）によって九州の玄関口になったのが、北九州市の小倉。石炭の地として栄えた。

小倉といえば、無法松の故郷。昭和十八年に作られた、岩下俊作原作、伊丹万作脚本、稲垣浩監督の「無法松の一生」では、熊本の高校に入った敏雄（川村禾門）を、母親（園井恵子）と無法松（阪東妻三郎）が小倉駅で見送る。

無論、当時は木造の駅舎（小倉駅の開設は門司港と同じ明治二十四年）。ただ、撮影は小倉駅ではなく、京都府の山陰本線、花園駅で行なわれたという。


北九州市から隣接する中間《なかま》市を経て、直方《のおがた》市まで走る全長十六キロほどのミニ私鉄がある。黒崎駅前と筑豊直方駅を結ぶ。筑豊電気鉄道（筑電）。中間市は高倉健の故郷。直方は少女時代の林芙美子がいっとき暮したことがあり、『放浪記』に登場する。

この鉄道が出てくる映画が、羽住英一郎監督の「おっぱいバレー」（09年）。綾瀬はるか演じる先生が、北九州市戸畑区の中学校に赴任してきて、やる気のない男子バレー部を鍛えあげてゆく愉快な青春映画。

最後、先生は、おっぱい騒動（生徒たちに、試合に勝ったら、おっぱいを見せると約束して大騒ぎになる）の責任を取って学校を辞める。

萩原駅（北九州市）から直方方面に向かう電車に乗って町を去ってゆく。途中、遠賀《おんが》川の土手の上で、生徒たちが電車に手を振って見送っているのに気づく。中学生たちの思いを受けとめるには筑電のような小さな電車がいい。

名駅舎中の名駅舎、門司港駅

筑電は三両連結。真中の車両が他の二両に比べて短いのが面白い。車両の一部は西日本鉄道（西鉄）の路面電車を改造したもの。そのためか、専用軌道を走る姿は、東京でいえば、都電荒川線に似ている。

鹿児島本線は、門司港、小倉方面から博多に向かう。博多の手前に香椎《かしい》駅がある。博多湾に近い。松本清張の昭和三十三年のベストセラー、『点と線』は、博多湾に面した香椎の海岸に男女の心中死体が見つかるところから物語が始まる。

原作にはこうある。「鹿児島本線で門司方面から行くと、博多につく三つ手前に香椎という小さな駅がある。この駅をおりて山の方に行くと、もとの官幣大社《かんぺいたいしや》香椎宮《しいぐう》、海の方に行くと博多湾を見わたす海岸に出る」。松本清張は小倉の出身。このあたりの地理に詳しい。

『点と線』は、昭和三十三年に東映で映画化された。井手雅人脚本、小林恒夫監督。

東京から来た若い刑事、南廣が、地元のベテラン刑事、加藤嘉に案内されて、現場の香椎の海岸に行く。

二人はまず国鉄の鹿児島本線、香椎駅で降りる。現在は近代的な駅ビルに変っているが、映画の当時は、まだ木造平屋の駅舎。夜ともなれば駅周辺は寂しい。駅前に八百屋が一軒、店を開けているくらい。二人の刑事は店の主人（花沢徳衛）に事件当夜の話を聞き、そのあと、海側にある西鉄香椎駅へと歩く。

国鉄の香椎駅と西鉄香椎駅は近接している。両駅のあいだは商店街になっている。西鉄香椎駅もこの時代は当然、木造駅舎。

一九九七年にＪＴＢの月刊誌『旅』の「日本映画を歩く　ロケ地を訪ねて」の仕事で、映画「点と線」に登場した両駅を見に行った。国鉄香椎駅はもう近代的なビルに変っていたが西鉄香椎駅は、映画当時のままでまだ木造駅舎だった。しかし、この駅も二〇〇六年には新しくなり、電車は高架になった。

男女が心中した香椎の海岸の現場を見た刑事の加藤嘉は、「この海辺は寂しすぎる。心中は普通、もっと明るいところでするものだ」と心中説に疑問を持つ。そこから捜査が始まる。

現在では、香椎の町も海岸も、すっかり開発されもう寂しさはない。

森田芳光監督の遺作となった「僕達急行　Ａ列車で行こう」（12年）では、不動産会社の社員、松山ケンイチが、東京から福岡転勤になる。通常は、東京から福岡までは飛行機で行くのだが、彼は鉄道好きなので、飛行機ではなく、新幹線で約五時間かけて博多に行く。博多駅で出迎えた支社の人間が、鉄道で来るとは珍しいと驚く。

一方、瑛太演じる東京に住む町工場の息子も鉄道好き。二人は趣味が同じで親しくなる。瑛太は、博多に転勤になった松山ケンイチを訪ねて九州に遊びに行く。

二人が落ち合う場所はローカル線の小さな駅。緑の田んぼのなかに建つ。一面一線。無人駅。黄色の気動車が駅に着く。降りたのは二人だけ。一日の乗降客は十人いるか。

この駅は筑肥《ちくひ》線（福岡県姪浜《めいのはま》─佐賀県伊万里《いまり》）の駒鳴《こまなき》駅（伊万里市）。昭和十年に開設されている。こういう小さな駅を待合せの場所に選ぶのは、さすが鉄道好き。

二人はせっかく九州にいるのだからと、一日、鉄道の旅に出かけてゆく。降りた駅は、久大《きゆうだい》本線（久留米─大分）の豊後森《ぶんごもり》（昭和四年開設）。日田と由布院のあいだに位置する。大分県。久大本線の主要駅で、特急も停車する。

この駅は近年、鉄道好きに人気がある。というのは、蒸気機関車の時代、ここには、大規模な機関区があり、いまも大きな扇形機関庫が廃墟のままに残っているため。使われなくなった転車台もある。扇形機関庫と転車台は、二〇〇九年には「近代化産業遺産」に指定されている。

田んぼのなかに建つ廃墟は古城のよう。二人は、この扇形機関庫を見に行く。ここで、やはり鉄道好きのピエール瀧に出会う（あとで九州の大手食品会社の社長と分かる）。絶好の撮影スポットになっていて、彼は、クラブで働く若い女性二人を連れてさかんに彼女たちの写真を撮る。

「僕達急行」を見たあと豊後森に行った。鉄道の拠点だったためだろう、太平洋戦争中に米軍機の機銃掃射を受け、機関庫の外壁に、いまも銃痕が残っているのに驚いた。

豊後森機関庫に保存されているSL

久大本線の小駅で鉄道好きに知られるのは、日田の手前（久留米寄り）にある夜明《よあけ》駅。山間の無人駅だが、日田彦山線との接続駅になっている。その詩的な駅名で人気がある。

山田洋次監督の「男はつらいよ」シリーズの第二十八作「寅次郎紙風船」（81年、音無美紀子、岸本加世子主演）では、渥美清演じる寅が、夜明駅で降り、駅前の小さな商人宿に泊る（実際には、駅前に旅館はなく、駅前食堂を商人宿に見立てた）。

日田彦山線は夜明駅から筑豊へ向かう。法令上の起終点は北九州市の城野《じょうの》駅。日豊本線と接続する。

この日田彦山線が筑豊に入ってからの駅のひとつが田川伊田《たがわいた》駅。第三セクターの平成筑豊鉄道と接続する。「男はつらいよ」シリーズ第三十七作「幸福の青い鳥」（86年）では、筑豊を旅する寅が、かつての炭鉱の町、飯塚で昔、ひいきにしていた旅役者の座長の死を知り、その娘（志穂美悦子）を慰めに行き、東京に出てきたら柴又を訪ねるようにいう。

再び旅に出る寅を、娘が駅のホームで見送る。この駅が田川伊田駅。ホームから、かつての炭坑の大煙突が見えるのが、石炭で栄えた筑豊らしい。

福岡県の柳川は、有明海に面した水の町。町をいくつも堀割が流れる。北原白秋の故郷。「男はつらいよ」の「寅次郎紙風船」では、寅が、岸本加世子演じる家出娘と柳川を旅している。全篇、柳川でロケされた映画がある。

福永武彦原作、大林宣彦監督の「廃市」（84年）。柳川の堀割が美しくとらえられ（16ミリで撮影されている）、水の映画と呼びたくなる。

大学生の青年（山下規介）が、卒論を書くために、ひと夏、柳川の旧家に滞在し、美しい女性たち（小林聡美、入江若葉ら）を知る。

冒頭、古ぼけたオレンジ色の気動車が近づいてくる。小さな駅に到着し、青年が降り立つ。この駅は国鉄佐賀線（佐賀―瀬高《せたか》〈福岡県〉）の筑後柳河駅（駅名は「川」ではなく「河」）。

「廃市」を見たあと、月刊誌『旅』の仕事で柳川に行った。映画に出ていた国鉄柳河駅を見に行った。一九八七年の春のこと。駅に行ってみて、佐賀線はちょうど廃線になったばかりと知った。人が誰もいないのに驚いた。トタン屋根の平屋の駅舎が廃家のように残っていた。「廃市」は、このやがて廃線になる小駅をとらえたことになる。まさに廃市ならぬ廃線だった。映画は、最後、主人公の青年が筑後柳河駅から気動車に乗って町を去るところで終わる。線路に夏草が茂っているのが、今にして思えば、やがて来る廃線を暗示しているかのようだ。

写真家の荒木経惟と、若くして亡くなった陽子夫人に材を得た竹中直人監督、主演の「東京日和」（97年）は、静かな夫婦愛の物語。

竹中直人演じる写真家とその妻、中山美穂の二人は、ある夏、柳川を旅する。新幹線で博多に出て、そこから柳川に向かう。

小駅に降り立つ。田園のなかにある。大林宣彦監督の「廃市」でいえば佐賀線の筑後柳河駅に当る。しかし、前述したように佐賀線は「東京日和」の時点では、すでに廃線になっているので撮影出来ない。

そこで、この小駅が筑後柳河駅に見立てられたのだろう。撮影されたのは、唐津線（佐賀県の久保田と西唐津を結ぶ）の厳木駅（明治三十二年開設）。映画のなかのホームの駅名板にも「厳木」とある。「きゅうらぎ」と読む。難読駅名のひとつ。神聖なる木、「浄《きよ》ら木」が語源という。

無人駅だが、映画のなかでは駅員が登場する。演じているのは荒木経惟。

この駅には、蒸気機関車時代の名残り、赤いレンガ作りの給水塔が残っている。かつて蒸気機関車はここで水を補給し、筑紫山地を越えていった。カメラは、草地のなかにかかしのように立つ、役目を終えた給水塔をきちんととらえている。

唐津線の主要駅のひとつに小城《おぎ》駅がある。羊羹《ようかん》と書の町として知られる佐賀県小城市の玄関口。回廊をめぐらせた木造駅舎は趣きがある。

「男はつらいよ」シリーズ第四十二作「ぼくの伯父さん」（89年、檀ふみ主演）では、渥美清演じる寅が、佐賀県に引越し、小城町の高校に通うことになった満男の恋人、後藤久美子を訪ねたあと、この駅からまた旅に出る。

松本清張原作、橋本忍脚本、野村芳太郎監督の「張込み」（58年、助監督は山田洋次）は、冒頭のアヴァンタイトルで七分以上、鉄道の場面が続くので知られる。当時、これほど長いアヴァンタイトルは珍しい。

東京で殺人事件が起きる。犯人の男（田村高廣）は、かつての恋人（高峰秀子）がいまは銀行員の後妻となって佐賀市に住んでいるので、そこに立ちまわる可能性がある。

二人の刑事、宮口精二と大木実が東京から佐賀に行く。二人は、新聞記者を避けるために東京駅ではなく、横浜駅から東海道本線の下り夜行列車に乗る。

アヴァンタイトルは、二人の横浜から佐賀への旅を丁寧にとらえてゆく。東海道本線、山陽本線、鹿児島本線、そして長崎本線。新幹線のない時代、佐賀駅に到着するのは翌日の夜。一昼夜かかっている。二人が佐賀駅に到着し、旅館で張り込みを始めたところで、はじめて「張込み」とタイトルが出る。

九州に入り、博多から佐賀に行くには、途中の鹿児島本線の鳥栖《とす》駅で、長崎本線に乗り換えなければならない。「張込み」は、これだけ細密に、二人の刑事の鉄道の旅を描いていながら、鳥栖駅の乗り換え場面がないのが、鉄道好きとしては残念なところ。

ちなみに、鳥栖駅は「男はつらいよ」シリーズの第二十八作「寅次郎紙風船」の冒頭に出てくる。渥美清演じる寅が、例によって奇想天外な夢を見て、目を覚ます。寅がいるのは駅前の大衆食堂。とんかつを肴に酒を飲んでいるうちに、うたた寝してしまった。

そのあと、寅は食堂を出て、駅に向かって歩いてゆく。この駅が鳥栖駅（明治二十二年開設）。映画のなかの駅舎は、現在も健在の、明治四十四年に建てられた二代目駅舎。屋根から煙突が突き出ているのが特色で、そこから鳥栖駅と分かる。

「張込み」の二人の刑事は、佐賀市内の商人宿に泊って、犯人のかつての恋人を見張る。動きはほとんどない。犯人は来ないのか。しかし、七日目、女性が外出する。若い刑事があとを追う。この追跡の場面で、刑事の大木実が林のなかに入ると、そこを蒸気機関車が走る。これは、のち一九八四年に廃線になった宮原線《みやのはる》。久大本線の恵良《えら》（大分県。豊後森の隣り）と、熊本県の山間にある肥後小国《ひごおぐに》を結んだ。全長二十七キロほどのミニ鉄道（盲腸線）。

廃線になった現在、肥後小国駅があったところには道の駅が作られ、その近くには、国鉄時代に使われていた駅名板とレールが十メートルほど、遺構として保存されている。

駅から始まった映画は駅で終わるのが定石。「張込み」の最後は、二人の刑事が犯人を連行して東京行きの上り列車に乗り込む。駅のアナウンスによれば、佐世保発の東京行き急行「西海《さいかい》」。佐賀を夜の八時四十分に出て、東京には翌日の夜着く。映画はこの「西海」が佐賀駅のホームに入線してくるところで終わる。

「張込み」と同じ松本清張原作の映画に「霧の旗」(65年)がある。橋本忍脚本、山田洋次監督。九州に住む市井の若い女性(倍賞千恵子)が、殺人容疑で逮捕された兄(露口茂)を助けようと上京し、一流の弁護士(滝沢修)に弁護を頼むが、まったく相手にされない。思いあまった女性は、弁護士に復讐を企てる。

冒頭、倍賞千恵子演じる女性が、地元の小さな駅から列車に乗り、東京へと向かう。原作では駅名は明示されていないが、映画でははっきりと「上熊本」とホームの駅名標がカメラにとらえられている。

鹿児島本線の上熊本駅は熊本駅の隣り(博多寄り)。両駅とも明治二十四年の開設。上熊本駅は熊本市の北の玄関口になる。

明治二十九年、夏目漱石が旧制五高(現在の熊本大学)に英語教師として赴任した折りに降り立ったのが、この上熊本駅(当時の駅名は池田駅)。その縁で、駅前に一九九六年につくられた漱石像が立つ。駅近くには、漱石の旧居もある。

「霧の旗」の頃までは、洋風木造の駅舎が優美な姿を見せていたが、九州新幹線の開通とともに一部が移築され、現在、市内を走る路面電車、熊本市交通局の駅として使われている。


九州新幹線の博多—鹿児島中央間が開通したのは二〇一一年の春。是枝裕和監督の「奇跡」(11年)は、この新幹線開通を機に作られた。鹿児島市に住む小学六年生の兄が、博多に住む四年生の弟と、熊本県のある場所で会うことにする。

こんな都市伝説を聞いたから。

「開業の朝、博多から南下する『つばめ』と、鹿児島から北上する『さくら』、この二つの新幹線の一番列車がすれ違う瞬間に奇跡が起きる」

この話を信じた兄弟は、それを実行する。前夜、兄と友人たちが、在来線(鹿児島本線)で北上する。一方、弟と友人たちは博多から南下する。彼らは、ほぼ中間に位置する川尻駅《かわしり》(熊本市)で落ち合う。

子供たちは、駅を降りて、町を歩き、民家に泊めてもらい、翌朝、二つの新幹線がすれ違う瞬間を見ることが出来る小高い山へと登ってゆく。

川尻駅は熊本駅のふたつ先(鹿児島寄り)。新幹線は停車しない。大正六年に建てられた洋風の駅舎が現在も健在。いくつもの小さなアーチが連なる回廊の付いた駅舎はモダンで一見の価値がある。

「張込み」の二人の刑事は、長崎本線に乗って佐賀で降りたが、そのまま乗っていれば終着の長崎駅に着く。明治三十八年の開設。

ここも、門司港駅と同じく、レールがこの先で行き止まりの終着駅。県庁所在地の中心駅で終着駅の形をとっているのはここと高松駅だけ。他は東京駅が典型のように通過駅型。

長崎駅といえば、原爆で破壊された二代目駅舎にかわって、戦後、一九四九年に建てられた三代目駅舎が長く市民に親しまれてきた。

教会を思わせる三角屋根、ステンドグラス、広いコンコース。

山田洋次監督の「家族」(70年)は、長崎県の伊王島(軍艦島に近い)に住む一家(笠智衆、井川比佐志、倍賞千恵子)が、日本列島を縦断し、北海道の根釧《こんせん》原野にある開拓村まで旅するロードムービー。石炭で暮しを立ててきた一家が、石炭産業の不振と共に、離職し、住み慣れた島を離れなければならなくなった。

春。桜の花の咲く頃、一家は船で伊王島から長崎の町に出て、長崎駅から長崎本線に乗る。旅の始まりである。カメラは三角屋根の長崎駅をしっかりととらえている。

佐世保在住の作家、佐藤正午原作、根岸吉太郎監督の「永遠の1/2」（87年）の主人公の若者（時任三郎）は、自分とそっくりな男が身近に現われたために、次々に身に覚えのないことで悩まされる。長崎県の西海市《さいかい》とその周辺でロケされている。

いろいろ面倒なことがあって嫌気がさした主人公の若者は最後、故郷を離れることにする。長崎に出て、三角屋根の長崎駅から博多行きの「かもめ」に乗る。

ここで、はじめて自分に似た男に会うのだが、その場面は、長崎駅の広いコンコースをとらえている。また、この駅が、行き止まりの終着駅の形をしていることもよくわかる。

市民に長く愛された三角屋根の駅舎だが、老朽化のため取り壊され、二〇〇〇年に大型複合商業施設と合体した新しい駅舎に変った。三角屋根にかわってコンコースの上はテント状の大屋根になった。

しかし、この駅も近く、長崎新幹線が開通したらなくなるだろう。

長崎市内は、九州では熊本市、鹿児島市と並んで路面電車が健在。私鉄の長崎電気軌道。大正四年（一九一五年）に営業が始まっている。

長崎は坂の多い町であると同時に、市内を縦横に路面電車が走る昔ながらの町である。

長崎市内に住む中年女性の秘めた恋を描いた緒方明監督の「いつか読書する日」（05年）に、

長崎駅のコンコース

この路面電車が登場する。

田中裕子演じる主人公は、朝は牛乳配達で働き、そのあとスーパーのレジ係をして暮しを立てている。一人暮し。読書好き。彼女がひそかに愛しているのは中学の同級生、岸部一徳。結婚しているが、奥さん（仁科亜季子）は癌になっていて余命が短い。

彼は、市役所の児童福祉課に勤務している。朝、出勤する時、長崎電気軌道の電車に乗る。停留所には乗客の列が出来ている。日常的に市民の足になっていることが分かる。

主人公の田中裕子は、牛乳配達の仕事が終わると、自転車に乗って次の職場であるスーパーに向かう。市役所に通勤する岸部一徳が電車のなかからその姿を見る。一瞬、二人の目が合う。静かなラブシーンになっている。

長崎市内は軌道内、車の通行は禁止。路面電車が保護されている。

長崎市は実は鉄道発祥の地。一八六五年にイギリス人の商人、トーマス・グラバーが蒸気機関車を走らせてみせた。長崎市民病院前には、それを記念して「鉄道発祥の地」碑がある。ただし、これは、営業用の鉄道ではなかった。

松浦鉄道という北松浦半島をぐるっとまわるローカル鉄道がある。有田焼で知られる佐賀県の焼物の町、有田と、長崎県の佐世保を結ぶ。全長約九十四キロと長い。

もともとは国鉄の松浦線。一九八八年に第三セクターになった。

この鉄道は、途中にかつて「日本最西端の駅」を謳った、たびら平戸口駅《ひらどぐち》（長崎県平戸市田平町）があるので鉄道好きには知られている。二〇〇三年に沖縄に、沖縄都市モノレール線「ゆいレール」（那覇空港―首里）が開業したために「日本最西端」ではなくなってしまったが。ちなみに鹿児島県を走るＪＲ指宿枕崎線《いぶすきまくらざき》（鹿児島中央―枕崎）の西大山駅（昭和三十五年開設）も、以前は「日本最南端の駅」を謳っていたが、「ゆいレール」が出来たために「最南端」ではなくなった。

第三セクターの鉄道は苦戦しているところが多いが、松浦鉄道はよく健闘している。第三セクターになった時に、駅の数を大幅に増やしたことが奏功した。国鉄時代、三十二駅だったのを徐々に増やしてゆき、五十七駅までにした。これで沿線住民は利用しやすくなった。もっともそのために中佐世保駅《なかさせぼ》（昭和三十六年開設）と、佐世保中央駅（平成二年開設）のあいだは、わずか二百メートル。おそらく日本一短い駅間距離ではないか。

この愛すべき鉄道が登場する映画がある。小さな鉄道にふさわしい、インディペンデントの小さな映画。

二〇一五年に公開された、新人、杉田真一《まさかず》監督の「人の望みの喜びよ」。神戸の地震で両親を失なった幼ない姉弟の物語。生き残った二人は、長崎県の雲仙市に住む親戚の家に引取られる。

十二歳になる姉は、無論、両親が亡くなったことを知っているし、自分たちだけが助かったことに申訳ない気持ちを持っている。五歳の弟のほうは、両親の死をよく分かっていない。どこかで生きていると思っている。

親戚の家は、二人に実によくしてくれる。おばさんはとくに優しい。ところがこの家には、姉と弟のあいだの年齢になる男の子がいて、この子どもは、母親が新しくきた二人にばかり優しくするので傷ついてしまう。「あの子たちは来なければよかったんだ」と口にしてしまう。

それを聞いた姉は、弟を連れて家を出る決心をする。二人は、雲仙からフェリーで長崎に出る。そこで夜を過ごし、次の日、佐世保駅から松浦鉄道に乗る。気動車。ロングシート。弟は無心に窓の外の景色をながめる。

列車はやがて、たびら平戸口駅に着く。二人はそこで降り、海に向かって歩く。高い丘の上に立つと、青い大きな海が広がっている。はたしてこの海は、幼ない姉弟に生きる力を与えてくれるかどうか。

この映画、二人の子供のけなげな可愛さと、そして、二人が乗った松浦鉄道が心に残る。知る限り、映画のなかに松浦鉄道が出て来たのは、はじめて。

ＪＲの日豊《にっぽう》本線は小倉と鹿児島を結ぶ。旧国名の豊後《ぶんご》、豊前《ぶぜん》、日向《ひゅうが》を走るのでこの名がある。

江迎川に架けられた第一江迎川橋梁を渡る松浦鉄道

全線開通は昭和七年。全長約四百六十キロと長大路線。これに乗れば、在来線の鉄道をゆっくり楽しめる。とくに大分県、宮崎県の海沿いを走る時は、眺めのいい鉄道になる。

佐木隆三原作、今村昌平監督の「復讐するは我にあり」(79年)は、昭和三十九年一月に、逃亡中のところを逮捕された連続殺人犯(七十八日間で五人を殺害した)西口彰の辿った道を追う。緒形拳主演。父親は三國連太郎、妻は倍賞美津子。

最初の事件は、福岡県で集金車を襲って二人を殺害した。映画では、農婦が畑のなかで死体を見つけて驚く。

この畑は丘の上にあり、その下のほうを鉄道が走っていて、駅が見える。日豊本線の苅田《かんだ》駅(福岡県)。駅のアナウンスでそれと知れる。小倉から少し南に下ったところにある。「かりた」ではなく「かんだ」と読む。一時、東京の「神田」と同じ読みなので「かりた」としたが、住民の反対で「かんだ」に戻った。

「復讐するは我にあり」には、もうひとつ日豊本線の駅が出てくる。主人公は若い頃から警察の世話にばかりなっている。結婚後も悪事はやまず、ある時、詐欺事件を起し、刑務所に入る。ようやく出てきたが、遊んでばかりいる。町の噂で、入所中に妻が他の男と情を交わしたと知り、男のところに怒鳴り込みにゆき、金をゆすり取る。

この男は、ある駅の助役をしている。

小さな駅。駅舎があって、乗客は改札口を出ると石段を登って、築堤の上にあるホームに上がる。助役が他人の妻と情交したとあってはまずいのだろう、映画のなかでは、苅田駅の場合と違って駅名が明示されていない。

しかし、地上の駅舎、石段、築堤の上のホームと特色のある駅なので、日豊本線の日出《ひじ》駅と分かる。大分県の別府駅の手前（小倉寄り）。主人公の住んでいる実家は、別府に近い鉄輪《かんなわ》温泉の旅館という設定だから、日出駅は遠くない。

日豊本線は福岡県から大分県に入る。国東半島を横断し、日出駅を出る頃から左手に別府湾が見えてくる。別府を経て、湾沿いに走り、佐賀関半島を横切ってやがて臼杵《うすき》湾に面した臼杵駅に着く。町はキリシタン大名、大友宗麟の城下町。磨崖仏群で知られる。「男はつらいよ」第三十作「花も嵐も寅次郎」（82年、田中裕子、沢田研二主演）では、渥美清演じる寅が磨崖仏の前を歩いている。

大林宣彦監督の「なごり雪」（02年）は、臼杵の旧市街を舞台にしている。三浦友和演じる主人公の祐作は臼杵の出身。高校を卒業すると東京の大学に入学。はじめのうちこそ休暇ごとに帰省していたが、そのあと次第に足が遠くなった。

一方、彼を慕う雪子（新人の須藤温子）と、家業の酒屋を継いだ友人の健一郎（ベンガル）は臼杵に残り、やがて、二人は故郷に残った者どうしとして結婚した。

五十歳になる祐作は、いま、何年ぶりかで故郷に帰る。雪子が交通事故に遭い、瀕死の重傷を負ったから。そして、青春時代を思い出す。

祐作は、はじめての上京の折りをはじめ、帰省のたびに臼杵駅から日豊本線に乗って東京に戻った。ホームでは、健一郎と雪子が見送った。時が経つにつれ、出郷者と故郷に残った者とのあいだの距離は広がっていった。

この繰返される駅の別れの場面は、臼杵駅ではなく、駅舎はひとつ手前（別府寄り）の上臼杵駅で、またホームの場面は、南に下った同じ日豊本線の重岡駅で撮影された。重岡駅は町（大分県宇目町）の中心から離れたところにある山間の小駅。周辺に人家はほとんどなく、利用客は少ない。木造駅舎がいまも残る。


一九八一年に公開された「真夜中の招待状」というサスペンス・ミステリー映画がある。監督は野村芳太郎。と書くと原作は松本清張と思うが、意外や遠藤周作（『闇のよぶ声』）。

小林薫演じる主人公は、四人兄弟のいちばん下。兄たちが次々に謎の蒸発をする。次は自分の番だと不安になる。心配した婚約者の小林麻美と精神科医の高橋悦史の協力を得て兄たちの失踪の謎に迫ろうとする。

不思議なことに兄たちは同じ夢を見ていた。列車が鉄橋を走る。深い谷がある。いくつものトンネルがある。トンネルを抜けると城跡らしい石垣が見えてくる。

この夢はなんなのか。実際にこんな風景があるのか。主人公の小林薫も不安に襲われたあと、兄たちを追って蒸発してしまう。

婚約者の小林麻美と精神科医の高橋悦史が必死に行方を追う。そして、兄たちが共通して夢に見た風景の手がかりを得る。

宮崎県の日向灘に面した延岡と、熊本県との県境の山間の町、高千穂とを結ぶ高千穂鉄道。もともとは国鉄の高千穂線。昭和十四年に延岡—日ノ影が開業し、それが昭和四十七年に高千穂まで延長した。高千穂は、いうまでもなく天孫降臨の伝説の地。天岩戸《あまのいわと》駅もある。新しい鉄道だったが、経営は苦しく、平成元年に第三セクターになった。

「真夜中の招待状」に出てくるのは、国鉄時代の高千穂線。事件を追う小林麻美と高橋悦史、さらに新聞記者の下條アトムの三人が熊本市から宮崎県に入り、高千穂駅から延岡に向かう列車（気動車）に乗り込む。

高千穂線の最大の見どころは、「天の岩戸」に名を取った高千穂橋梁だった。高さ百五メートルで日本一。山陰本線の余部の鉄橋の倍以上もある。上路トラス橋。通常の鉄橋は「トラス」（三角形の鉄骨）を並べた底辺を鉄道が走るが、高千穂橋は、三角形を並べた頂点を結ぶ線の上を走る。いわば三角形のてっぺんを走る。しかも、線路はトラスによって守られていない。吹きっさらしの天空を走ることになる。だから、乗っていて怖い。高所恐怖症の人間は窓から谷底を見下ろすだけで震えがくる。

「真夜中の招待状」では、小林麻美らが乗る列車は、この橋を渡り、さらにトンネルを抜ける。やがて左手に古い石垣が見えてくる。蒸発した兄たちが共通して見ていた風景は、この高千穂線のものだったと分かる。そして、三人は日ノ影駅で降り、ある旧家に行き、そこですべての謎を知ることになる。

遠藤周作の原作『闇のよぶ声』は昭和四十一年の作品。まだ日ノ影―高千穂間が開通していない頃なので、三人が乗る鉄道は、高千穂ではなく、阿蘇の山麓を走る南阿蘇鉄道になっている。

南阿蘇鉄道は、もともとは国鉄の高森線。熊本県の立野《たての》（豊肥本線と接続する）と高森を結ぶ。昭和六十一年に第三セクターになった。

高千穂線は、高千穂駅で行き止まりの盲腸線。当初はこれを高森まで延ばし、熊本―高森―高千穂―延岡を一本に結ぶ予定だった。しかし、高千穂線は開業当初から営業不振で、この計画は実現しなかった。

延岡―高千穂間は約五十キロ。このローカル鉄道は平成十七年九月の台風十四号によって大打

日本一の高さを誇った高千穂橋梁

撃を受け、全線不通となり、その後、復興への努力が続けられたが、三年後に、廃線になってしまった。従って「真夜中の招待状」に、高千穂線が動いている姿がきちんと〝動態保存〟されているのはきわめて貴重。

地元では、高千穂線がなくなったことを惜しむ声が強く、現在、地元の人の努力で、高千穂駅から隣りの天岩戸駅、さらに高千穂鉄橋まで約二・六キロを軽トラックを改造した列車やグランド・スーパーカートが走る。「あまてらす鉄道」という。

一方、遠藤周作の原作に登場した高森線は、前述したように、昭和四十一年に第三セクターになったが、二〇一六年四月の熊本地震によって大きな被害を受け、全線不通になってしまった。現在、一部が再開しているが、全線運行再開を願ってやまない。

鹿児島県の南端、薩摩半島の海側を走るのがＪＲの指宿枕崎線《いぶすきまくらざき》。九州新幹線の始終駅である鹿児島中央駅と、西の枕崎を結ぶ。昭和三十八年に全線開通した新しい鉄道。

指宿は、天然の蒸し風呂で知られる温泉地。枕崎の町は、全国有数のカツオブシの産地として広く知られる。ちなみに、鉄道は枕崎で終わりだが、この先の港町、坊津《ぼうのつ》は「００７は二度死ぬ」（67年、ルイス・ギルバート監督）のロケ地。

指宿枕崎線が出てくる映画がある。

一九六四年公開の東映映画、鷹森立一監督の「十七才のこの胸に」。この時代によくぞ東京から遠い地でロケされたと驚くが、主演の西郷輝彦が鹿児島県出身だったからだろう。指宿枕崎線の主要駅、山川駅周辺を舞台にしている。同じ高校に通う西郷輝彦と本間千代子のういういしい恋愛を描いている。

高校を卒業して、西郷輝彦は東京の大学に進む。一方、家が貧しい本間千代子は、地元に残って働くことになる。通常なら、ここで別れるところだが、西郷輝彦は、幼なじみの恋人が忘れられずに故郷に戻る。この時、帰郷する青年は指宿枕崎線に乗る。知る限り九州最南端を走るこの鉄道が映画に登場したのは、これがはじめて。

「男はつらいよ」シリーズ第三十四作「寅次郎真実一路」(84年、大原麗子主演)では、渥美清演じる寅が、憧れの人妻、大原麗子と共に、彼女の蒸発した夫、米倉斉加年の行方を追う時に指宿枕崎線に乗っている。寅の旅の範囲が広いことに改めて驚く。

さらに「真実一路」がすごいのはラストシーン。寅とテキ屋仲間のポンシュウ(関敬六)が、枕崎あたりで商売を終えて、列車に乗ろうとする。ローカル線の小さな駅で列車を待つが、いつまでたっても来ない。

それもその筈、路線は廃線になっていて、駅の先の線路は空しくはがされて、枕木だけが残っている。

この駅は、枕崎と南の伊集院を結んでいた私鉄、鹿児島鉄道南薩《なんさつ》線の伊作《いざく》駅。南薩線は大正三年（一九一四）に開業したが、昭和五十九年（一九八四）、ちょうど「寅次郎真実一路」が公開された年に廃線になってしまった。

廃線が増える一方の時代だが、明るい事実もある。指宿枕崎線の終着駅、枕崎駅は、二〇〇六年に老朽化した駅舎が壊され、ホームだけの無人駅になってしまった。

二〇一二年に枕崎に行った時は、駅があったところにはドラッグ・ストアが出来ていて寂しい思いをした。

しかし、さすがに「駅は町の中心、駅舎を再建しよう」と町の人たちが立ち上がり、資金を集め、二〇一三年にみごと駅舎を復活させた。

2013年に復活した枕崎駅

門司港①②③
小倉④
苅田⑳
福岡
大分
豊後森⑦
日出⑳
夜明⑧
大分
臼杵㉑㉒
宮原線⑬
久大本線
上臼杵㉒
豊肥本線
日豊本線
立野
高森
高千穂線
重岡㉒
熊本
高千穂㉓
高千穂鉄道
日ノ影㉓
延岡
宮崎
日南線

九州で撮影された作品とその撮影地

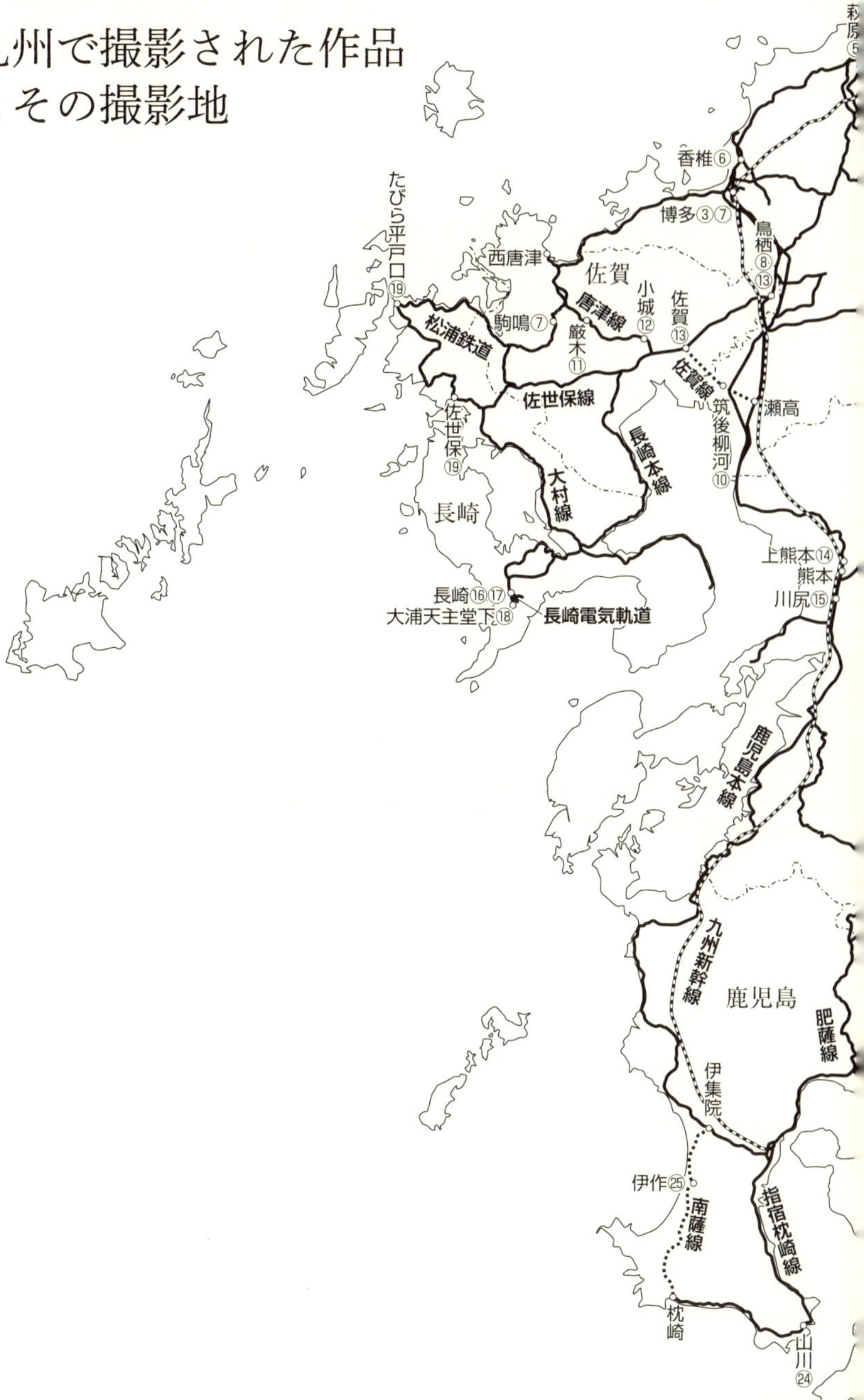

作品一覧

①あなたへ
②ロボジー
③あゝ声なき友
④無法松の一生
⑤おっぱいバレー
⑥点と線
⑦僕達急行 A列車で行こう
⑧男はつらいよ 寅次郎紙風船
⑨男はつらいよ 幸せの青い鳥
⑩廃市
⑪東京日和
⑫男はつらいよ ぼくの伯父さん
⑬張込み
⑭霧の旗
⑮奇跡
⑯家族
⑰永遠の1/2
⑱いつか読書する日
⑲人の望みの喜びよ
⑳復讐するは我にあり
㉑男はつらいよ 花も嵐も寅次郎
㉒なごり雪
㉓真夜中の招待状
㉔十七才のこの胸に
㉕男はつらいよ 寅次郎真実一路

あとがき

日本映画に登場した鉄道の数々を紹介している。映画も好きだが、鉄道の旅も好きな人間なのでこんな本が生まれた。

類書は少ないと思う。というのは、一般に映画好きの鉄道ファンは少ないし、鉄道好きの映画ファンもあまりいないから。本書が両者の架け橋になればいいと思っている。

自分のなかで鉄道と映画が結びついたのは山田洋次監督の「男はつらいよ」シリーズがきっかけだった。七〇年代に入って、「男はつらいよ」を見ては、そのロケ地を歩き、鉄道に乗るのがひそかな楽しみになった。

第七作「奮闘篇」(71年、榊原るみ主演)に出てきた五能線、第十三作「寅次郎恋やつれ」(74年、吉永小百合主演)の温泉津《ゆのつ》に向かう山陰本線、第十五作「寅次郎相合い傘」(75年、浅丘ルリ子主演)の函館本線……と「男はつらいよ」の旅を続けるうちに、その頃から、日本各地で鉄道が廃線になっていることに気づいた。そこで暇を見てはまだ健在のローカル鉄道に心して乗るようになった。今年、四月に廃線になってしまった中国地方の三江線《さんこう》をはじめ、北海道の広尾線、池北線《ちほく》、下北半島の下北交通大畑線《おおはた》、九州の宮原線《みやのはる》などなど。

そんな鉄道の旅を続けているうちに、日本映画には、「男はつらいよ」シリーズだけではなく、鉄道が出てくる映画が多いことに気がついた。

とくに日本映画が数多く作られた昭和二、三十年代の映画に多い。当時はまだ蒸気機関車が日本各地で健在だった。煙を勢いよく出して走る蒸気機関車は、映画（モーション・ピクチャー、動く絵）によく合ったのだろう。

当時の映画には、廃線になった数々の鉄道が、まだ現役時代の姿をよくとどめている。動く絵のなかにきちんと動態保存されている。そのことを記録に残しておきたいという気持も本書のモチーフになっている。

「カルメン故郷に帰る」（51年）や「山鳩」（57年）の草軽電鉄、「銀心中《しろがねしんじゅう》」（56年）の花巻電鉄、「くたばれ愚連隊」（60年）の淡路交通などなど実に多い。古い日本映画はまさに消えた鉄道の宝庫である。

二〇〇九年に古い日本映画の上映で知られる神保町シアターで「鉄道映画特集」のプログラミングをまかせられた時、こうした廃線になった鉄道や失われた鉄道風景がとらえられている作品を中心に選んだ。

「銀心中」の開巻、花巻電鉄の「馬面電車《うまづらでんしゃ》」が登場した瞬間、また「執炎」（64年）に余部《あまるべ》の鉄橋が登場した瞬間、場内で軽いどよめきが起きた。鉄道と映画が結びついた幸福な一瞬として忘れ難い。

本書を読んで、鉄道ファンが、あの映画にこの鉄道が出ていたのかと知り、また、映画ファンが、あの映画にはこういう鉄道が出ていたのかと知ってもらえればうれしい。

本書は、日本映画鉄道紀行と銘打ちたいところだが、お気づきのように東京は割愛している。というのも、東京を走る鉄道は、鉄道というより電車であり、ローカル鉄道を中心とした本書には合わないから。映画の中の東京については、宮崎祐治さんの労作『東京映画地図』（キネマ旬報社、二〇一六年）があり、そこで都電をはじめ東京の電車について詳しく書かれているので、そちらを読んでほしい。

「ローカル鉄道」（あるいは「ローカル線」）という言葉には実は若干の抵抗がある。言うまでもなく、この言葉は「上り」「下り」と同じように東京を中心として生まれた言葉であり、地元の人から見れば、決して「ローカル」ではないのだから。

ただ、それに代わるいい言葉が見つからないし、鉄道用語としてはすでに定着しているので、使わざるを得なかった。

同様に「終着駅」も気になる。地元の人にとっては当然「始発駅」になる。そこで「始終駅」を使っている箇所もあるが、「終着駅」は詩情のある言葉でもあるので捨て難く、そのままにしているところもある。

用語のことで細かい注をつけると、本書では「地上駅」を使っている。鉄道用語では「地平駅」が正しいようだが、一般的ではないので「地上駅」にしている。

また、駅の設立は「開業」が正しいようだが、これは鉄道会社から見た言葉で、利用者としては「開設」を使いたい。


私は、鉄道の旅が好きだが、「鉄」と言うほど詳しくはない。列車の形や線路の幅、時刻表などの知識に乏しい。

そこで、本書を書き終えたあと、原稿を、わが鉄道の師、田中比呂之《ひろし》さんに丁寧にチェックしていただいた。田中さんは知る人ぞ知る鉄道博士で、新潮社の編集者時代、ベストセラーになった『日本鉄道旅行地図帳』を企画、編集された方である。

田中さんに原稿、さらにゲラを見て、誤りを直していただいたのは実に有難いことだった。現在、新潮社をリタイアされ、全国各地の鉄道の駅をめぐっては写真撮影されているという「悠々自鉄」の田中比呂之さんに心から御礼申しあげる。

また、本書の装幀だけではなく、面倒な地図作りまで引受けてくれた印刷所の精興社（岩波版『荷風全集』を手がけた）、また、北海道の鉄道について御教示いただいた札幌在住の映画評論家、高村賢治さん、写真の手配に協力いただいた『旅と鉄道』誌の真柄智充《ともみち》さん、昔の日活作品のロケ地を調べていただいた元日活の佐藤美鈴さんに御礼申しあげる。

本書の企画は二年前に、キネマ旬報社の青木眞弥さんとフリー編集者の関口裕子さんと話をしているうちに決まった。当初は、ムックのような形を考えていたのだが、原稿を書いているうちに「あれもあった、これもあった」と思い出し、分量が大幅に増えてしまい単行本になった。

二年間、付き合ってくれたお二人と、資料集めの手助けをしてくれた『キネマ旬報』編集者、松本志代里さんに、ありがとう！

二〇一八年七月

川本三郎

参考文献

今尾恵介監修『日本鉄道旅行地図帳』全12号（新潮社、二〇〇八年〜二〇〇九年）
今尾恵介・原武史監修『日本鉄道旅行歴史地図帳』全12号（新潮社、二〇一〇年〜二〇一一年）
『週刊　鉄道ぺディア』全50巻（小学館、二〇一六年〜二〇一七年）
『日本国有鉄道　停車場一覧』（日本交通公社、一九八五年）
ステーション倶楽部編『駅―JR全線全駅』上・下巻（文春文庫、一九八八年）
宮脇俊三編『鉄道廃線跡を歩く』全10巻（JTBキャンブックス、一九九五年〜二〇〇三年）
岡本憲之『軽便鉄道時代』（JTBキャンブックス、二〇一〇年）
松尾定行『消えた駅舎　消える駅舎』（東京堂出版、二〇一二年）
杉崎行恭『日本の駅舎　残しておきたい駅舎建築100選』（JTBキャンブックス、一九九四年）
石井幸孝『戦中・戦後の鉄道』（JTBキャンブックス、二〇一一年）
「北の映像ミュージアム」推進協議会編『北海道　シネマの風景』（北海道新聞社、二〇〇九年）
『山陰駅旅』（今井印刷、二〇一五年）
桃坂豊『九州・鉄道ものがたり』（弦書房、二〇〇六年）
谷川一巳監修『第三セクター鉄道の世界』（宝島社、二〇一六年）
佐々木徹雄・畑暉男・三木宮彦『汽車　映画ノスタルジア』（展望社、二〇〇五年）
『旅と鉄道増刊　寅さんの鉄道旅』二〇一二年十二月号（発行・編集　天夢人）

川本三郎（かわもと・さぶろう）

評論家。一九四四年東京生まれ。東京大学法学部卒業。九一年『大正幻影』でサントリー学芸賞、九七年『荷風と東京』で読売文学賞、二〇〇三年『林芙美子の昭和』で毎日出版文化賞、桑原武夫学芸賞、一二年『白秋望景』で伊藤整文学賞、二〇一一年『小説を、映画を、鉄道が走る』で交通図書賞を受賞。『キネマ旬報』での連載ではキネマ旬報読者賞を八回受賞している。映画評論、都市論、文学論やエッセイのほか、翻訳などの著書多数。近著に『「男はつらいよ」を旅する』（新潮社）、『映画の中にある如く』（小社刊）、『「それでもなお」の文学』（春秋社）などがある。

あの映画に、この鉄道

二〇一八年十月一一日　初版第一刷発行
二〇一九年二月　九日　第二刷発行

著　者　川本三郎
発行者　星野晃志
発行所　株式会社　キネマ旬報社
〒一〇四-〇〇六一
東京都中央区銀座五-一四-八　銀座ワカホビル五階
TEL　〇三-六二六八-九七〇一
FAX　〇三-六二六八-九七一三
URL　http://www.kinejun.com

印刷・製本　株式会社　精興社

ISBN 978-4-87376-461-0

地域別索引

(都道府県—路線—駅名、橋名、車両名／**作品名**／配給会社(公開年)ノンブル)

北海道

北海道—根室本線(花咲線)—根室駅／**男はつらいよ 夜霧にむせぶ寅次郎**／松竹(1984)　10, 14, 46
北海道—根室本線(花咲線)—根室駅／**離婚しない女**／松竹(1986)　11, 46
北海道—根室本線(花咲線)—花咲駅／**離婚しない女**／松竹(1986)　11, 46
北海道—根室本線(花咲線)—初田牛駅／**アフリカの光**／東宝(1975)　12, 46
北海道—根室本線(花咲線)—茶内駅／**男はつらいよ 夜霧にむせぶ寅次郎**／松竹(1984)　14, 46
北海道—根室本線(花咲線)—茶内駅／**ハナミズキ**／東宝(2010)　15, 46
北海道—根室本線(花咲線)—釧路駅／**離婚しない女**／松竹(1986)　11, 28, 46
北海道—根室本線—釧路駅／**男はつらいよ 夜霧にむせぶ寅次郎**／松竹(1984)　14, 46
北海道—根室本線—釧路駅／**僕等がいた**／東宝＝アスミック・エース(2012)　16, 46
北海道—根室本線—釧路駅／**起終点駅(ターミナル)**／東映(2015)　20, 21, 46
北海道—根室本線—釧路駅／**消えた密航船**／東映(1960)　16, 46
北海道—根室本線—釧路駅／**ハナミズキ**／東宝(2010)　15, 46
北海道—根室本線—西庶路駅／**ハナミズキ**／東宝(2010)　15, 46
北海道—根室本線—白糠駅／**ハナミズキ**／東宝(2010)　15, 46
北海道—根室本線—帯広駅／**幸福の黄色いハンカチ**／松竹(1977)　28, 46
北海道—根室本線(石勝線)—新得駅／**幸福の黄色いハンカチ**／松竹(1977)　28, 46
北海道—根室本線—幾寅駅／**鉄道員(ぽっぽや)**／東映(1999)　30, 31, 32, 46
北海道—標津線—中標津駅／**家族**／松竹(1970)　19, 20, 46
北海道—標津線—計根別駅／**男はつらいよ 夜霧にむせぶ寅次郎**／松竹(1984)　19, 20, 46
北海道—標津線—上武佐駅／**遥かなる山の呼び声**／松竹(1980)　18, 19, 20, 46
北海道—釧網本線—塘路駅／**森と湖のまつり**／東映(1958)　18, 46, 54
北海道—釧網本線—標茶駅／**起終点駅(ターミナル)**／東映(2015)　20, 46
北海道—釧網本線—弟子屈駅(摩周駅)／**遥かなる山の呼び声**／松竹(1980)　18, 46
北海道—釧網本線—北浜駅／**網走番外地**／東映(1965)　12, 13, 46
北海道—簡易軌道久著呂線—久著呂橋／**挽歌**／松竹(1957)　17, 46
北海道—池北線—陸別駅／**幸福の黄色いハンカチ**／松竹(1977)　28, 30, 46
北海道—士幌線—タウシュベツ川橋梁／**雪に願うこと**／ビターズ・エンド(2005)　32, 33, 34, 46
北海道—夕張線(石勝線)—貨物列車／**新幹線大爆破**／東映(1975)　26
北海道—石北本線—網走駅／**幸福の黄色いハンカチ**／松竹(1977)　12, 46
北海道—名寄本線—元紋別駅／**サムライの子**／日活(1963)　12, 14, 46
北海道—宗谷本線—抜海駅／**南極物語**／日本ヘラルド映画＝東宝(1983)　29, 30, 47
北海道—留萌本線—恵比島駅／**『すずらん』**／NHK(1999)　22, 47
北海道—留萌本線—留萌駅／**駅 STATION**／東宝(1981)　25, 47
北海道—留萌本線—留萌駅／**三度目の殺人**／東宝＝ギャガ(2017)　26, 47
北海道—留萌本線—増毛駅／**駅 STATION**／東宝(1981)　24, 25, 27, 47
北海道—留萌本線—増毛駅／**魚影の群れ**／松竹(1983)　25, 27, 47
北海道—留萌本線—増毛駅／**春との旅**／ティ・ジョイ＝アスミック・エース(2010)　25, 26, 27, 47
北海道—室蘭本線—追分駅保線区／**遠い一本の道**／国鉄労働組合＝左プロ(1977)　35, 47
北海道—日高本線—西様似駅／**君よ憤怒の河を渉れ**／松竹(1976)　26, 46
北海道—室蘭本線—室蘭駅／**樹氷のよろめき**／松竹(1968)　22, 23, 47
北海道—函館本線—旭川駅／**学校Ⅱ**／松竹(1996)　41, 47
北海道—函館本線—近文駅／**硝子のジョニー 野獣のように見えて**／日活(1962)　41, 47

北海道―函館本線―滝川駅／**学校Ⅱ**／松竹(1996)　41, 47
北海道―函館本線―上砂川駅／**駅 STATION**／東宝(1981)　24, 25, 47
北海道―函館本線―上砂川駅／**『昨日、悲別で』**／日本テレビ(1984)　24, 47
北海道―函館本線―札幌駅／**白痴**／松竹(1951)　21, 47
北海道―函館本線―銭函駅／**駅 STATION**／東宝(1981)　24, 47
北海道―函館本線―小樽駅／**少年**／ATG(1969)　40, 41, 47
北海道―函館本線―小樽機関区／**男はつらいよ 望郷篇**／松竹(1970)　36, 38
北海道―手宮線(遊歩道)／**天国の本屋～恋火**／松竹(2004)　38, 47
北海道―函館本線―蘭島駅／**男はつらいよ 寅次郎相合い傘**／松竹(1979)　40, 47
北海道―函館本線―小沢駅／**男はつらいよ 望郷篇**／松竹(1970)　37, 39, 47, 66
北海道―岩内線―幌似駅／**旅路**／東映(1967)　37, 47
北海道―岩内線―岩内駅／**飢餓海峡**／東映(1964)　37, 47
北海道―函館本線―渡島大野駅(函館北斗駅)／**ときめきに死す**／ヘラルド・エース＝にっかつ(1984)　42, 47
北海道―胆振線―京極駅／**男はつらいよ 旅と女と寅次郎**／松竹(1983)　35, 47
北海道―函館本線―森駅／**伽倻子のために**／エキプ・ド・シネマ(1984)　44, 45, 47
北海道―函館本線―函館駅／**夕陽の丘**／日活(1964)　43, 47
北海道―函館本線―函館駅／**硝子のジョニー　野獣のように見えて**／日活(1962)　41, 47
北海道―青函航路―青函連絡船／**男はつらいよ 寅次郎相合い傘**／松竹(1979)　38, 47
北海道―青函航路―青函連絡船／**飢餓海峡**／東映(1964)　38, 47, 50
北海道―青函航路―青函連絡船通路／**白い悪魔**／日活(1958)　43, 44
北海道―函館市電―谷地頭～青柳町／**オーバー・フェンス**／東京テアトル＝函館シネマアイリス(北海道地区)(2016)　43, 46
北海道―函館市電―谷地頭／**キッチン**／松竹(2004)　43, 46
北海道―江差線―釜谷駅／**硝子のジョニー　野獣のように見えて**／日活(1962)　42, 47

東北

青森県―川内森林鉄道―湯野川温泉／**飢餓海峡**／東映(1965)　50, 51, 82
青森県―大湊線―大湊駅／**飢餓海峡**／東映(1965)　51, 52, 82
青森県―東北本線(大湊線―青い森鉄道)―野辺地駅／**傷だらけの天使**／松竹(1997)　72, 73, 82
青森県―南部縦貫鉄道線―七戸駅／**傷だらけの天使**／松竹(1997)　73, 82
青森県―津軽線―三厩駅／**海峡**／東宝(1982)　53, 82
青森県―奥羽本線―弘前駅／**男はつらいよ 奮闘篇**／松竹(1971)　55, 82
青森県―津軽鉄道―津軽中里駅／**俺は田舎のプレスリー**／松竹(1978)　54, 82
青森県―五能線―鰺ケ沢駅／**男はつらいよ 奮闘篇**／松竹(1971)　55, 82
青森県―五能線―驫木駅／**男はつらいよ 奮闘篇**／松竹(1971)　55, 57, 82
青森県―五能線―驫木駅／**海に降る雪**／東宝(1984)　56, 57, 82
青森県―八戸線―八戸駅／**傷だらけの天使**／松竹(1997)　72, 82
青森県―八戸線―種差駅(種差海岸駅)／**幻の馬**／大映(1955)　74, 82
岩手県―東北本線(いわて銀河鉄道／東北・北海道新幹線)―二戸駅／**息子**／松竹(1991)　68, 82
岩手県―東北本線(いわて銀河鉄道)―小繋駅／**待合室**／東京テアトル＝デジタルサイト(2006)　67, 82
岩手県―花輪線―岩手松尾駅(松尾八幡平駅)／**同胞(はらから)**／松竹(1975)　68, 82
岩手県―山田線―機関車転覆事故／**大いなる旅路**／東映(1960)　66, 70
岩手県―三陸鉄道 北リアス線―野田玉川駅／**傷だらけの天使**／松竹(1997)　72, 82
岩手県―三陸鉄道 北リアス線／**『あまちゃん』**／NHK(2013)　72, 82
岩手県―三陸鉄道 北リアス線―宮古駅／**傷だらけの天使**／松竹(1997)　70, 72, 82
岩手県―花巻電鉄 鉛線―馬面電車／**銀心中**／日活(1956)　69, 71

岩手県—釜石線—遠野駅／**待合室**／東京テアトル＝デジタルサイト(2006)　67, 82
宮城県—気仙沼線—陸前階上駅／**喜劇 急行列車**／東映(1967)　75, 83
宮城県—栗原電鉄／**男はつらいよ 寅次郎心の旅路**／松竹(1989)　74, 83
宮城県—東北本線—松島駅／**赤い殺意**／日活(1964)　75, 83
宮城県—東北本線—仙台駅〜小牛田駅／**赤い殺意**／日活(1964)　76, 82
宮城県—東北本線—仙台駅／**赤い殺意**／日活(1964)　76, 83
宮城県—仙台市電—仙台駅／**赤い殺意**／日活(1964)　76, 83
山形県—仙山線—高瀬駅／**おもひでぽろぽろ**／東宝(1991)　62, 63, 83
山形県—仙山線—山寺駅／**おもひでぽろぽろ**／東宝(1991)　63, 83
秋田県—秋田内陸縦貫鉄道—鷹巣駅／**マタギ**／青銅プロダクション(1982)　58, 82
秋田県—秋田内陸縦貫鉄道—前田南駅／**君の名は。**／東宝(2016)　60, 82
秋田県—秋田内陸縦貫鉄道—阿仁マタギ駅／**マタギ**／青銅プロダクション(1982)　58, 82
秋田県—奥羽本線—秋田駅／**少年**／ATG(1969)　56, 82
山形県—奥羽本線—大石田駅／**『おしん』**／NHK(1983)　61, 83
山形県—奥羽本線—大石田駅／**乱れる**／東宝(1964)　61, 83
山形県—奥羽本線—山形駅／**猛吹雪の死闘**／日活(1959)　61, 83
山形県—奥羽本線—山形駅／**おもひでぽろぽろ**／東宝(1991)　61, 62, 83
山形県—奥羽本線—峠駅／**さゞなみ**／松竹(2002)　64, 65, 83
山形県—山形鉄道 フラワー—長井線—荒砥駅／**スウィングガールズ**／松竹(2004)　64, 83
山形県—山形鉄道 フラワー—長井線—赤湯駅／**スウィングガールズ**／松竹(2004)　64, 83
福島県—東北本線／磐越東線／磐越西線／水郡線—郡山駅／**裸の太陽**／東映(1958)　76, 83
福島県—日本硫黄沼尻鉄道—川桁駅／**太陽が大好き**／日活(1966)　78, 80, 83
福島県—日本硫黄沼尻鉄道／**続 警察日記**／日活(1955)　77, 78, 79, 83
福島県—磐越西線—会津若松駅／**惜春鳥**／松竹(1959)　77, 83
福島県—会津鉄道 会津線—門田駅／**くちづけ 第２話 霧の中の少女**／東宝(1955)　81, 83
福島県—磐越東線／**裸の太陽**／東映(1958)　76, 83
秋田県—羽越本線—羽後亀田駅／**砂の器**／松竹(1974)　56, 58, 60, 82
山形県—羽越本線—余目駅／**おくりびと**／松竹(2008)　60, 83

関 東

栃木県—東北本線—黒磯駅／**四季の愛欲**／日活(1958)　86, 122
栃木県—烏山線—烏山駅／**ぼくたちと駐在さんの700日戦争**／ギャガ(2008)　87, 122
栃木県—烏山線—烏山駅／**檸檬のころ**／ゼアリズエンタープライズ(2007)　87, 122
茨城県—水郡線—袋田駅／**男はつらいよ ぼくの伯父さん**／松竹(1989)　88, 122
茨城県—茨城交通(ひたちなか海浜鉄道湊線)—那珂湊駅／**あなた買います**／松竹(1956)　88, 122
茨城県—茨城交通(ひたちなか海浜鉄道湊線)—那珂湊駅／**フラガール**／シネカノン(2006)　88, 90, 122
茨城県—ひたちなか海浜鉄道湊線—那珂湊駅／**婚前特急**／ビターズ・エンド＝ショウゲート(2011)　90, 122
茨城県—常磐線—土浦駅／**復讐するは我にあり**／松竹(1979)　92, 122
茨城県—常磐線—土浦駅／**男はつらいよ 寅次郎真実一路**／松竹(1984)　92, 122
茨城県—関東鉄道常総線—中妻駅／**男はつらいよ 寅次郎物語**／松竹(1987)　93, 122
茨城県—関東鉄道常総線—下妻駅／**下妻物語**／東宝(2004)　92, 122
茨城県—関東鉄道常総線—騰波ノ江駅／**下妻物語**／東宝(2004)　92, 122
茨城県—常磐線—土浦駅／**米**／東映(1957)　91, 122
茨城県—水戸線—結城駅／**夜あけ朝あけ**／独立映画(1956)　90, 91, 122
群馬県—足尾線(わたらせ渓谷鐵道)—桐生駅／**喜劇 各駅停車**／東宝(1965)　98, 122
群馬県—足尾線(わたらせ渓谷鐵道)—大間々駅／**喜劇 各駅停車**／東宝(1965)　98, 122

群馬県―わたらせ渓谷鐵道―大間々駅／**のど自慢**／東宝＝シネカノン(1999)　100, 122
群馬県―わたらせ渓谷鐵道―上神梅駅／**BUNGO～ささやかな欲望～ 第6話 幸福の彼方**／角川映画(2012)　100, 122
群馬県―わたらせ渓谷鐵道―神戸駅／**永い言い訳**／アスミック・エース(2016)　100, 122
群馬県―わたらせ渓谷鐵道―足尾駅／**海街 diary**／東宝＝ギャガ(2015)　100, 101, 122
群馬県―わたらせ渓谷鐵道／**僕達急行 A列車で行こう**／東映(2012)　100, 122
群馬県―上毛電気鉄道―大胡駅／**暗いところで待ち合わせ**／ファントム・フィルム(2006)　96, 122
群馬県―上信電鉄―高崎駅／**ここに泉あり**／独立映画＝松竹(1955)　94, 122
群馬県―上信電鉄―根小屋駅／**珈琲時光**／松竹(2004)　95, 122
群馬県―上信電鉄―吉井駅／**珈琲時光**／松竹(2004)　95, 123
埼玉県―八高線―寄居駅／**キクとイサム**／松竹＝シネマテカ・ポルチュゲーザ(1959)　104, 122
埼玉県―八高線―寄居駅／**ノン子36歳(家事手伝い)**／ゼアリズエンタープライズ(2008)　104, 122
埼玉県―八高線―高麗川駅／**その壁を砕け**／日活(1959)　105, 122
埼玉県―秩父鉄道―三峰口駅／**トワイライト ささらさや**／ワーナー・ブラザース映画(2014)　106, 123
埼玉県―東武 東上本線―玉淀駅／**ノン子36歳(家事手伝い)**／ゼアリズエンタープライズ(2008)　104, 122
埼玉県―東武 東上本線―男衾駅／**鬼畜**／松竹(1978)　104, 122
埼玉県―京浜東北線―川口駅／**キューポラのある街**／日活(1962)　102, 103, 122
埼玉県―京浜東北線―大宮駅／**キューポラのある街**／日活(1962)　103, 122
東京都―五日市線―武蔵五日市駅／**浮草**／大映(1959)　196
千葉県―千葉機関区／**指導物語**／東宝(1941)　120, 121
千葉県―千葉駅／**指導物語**／東宝(1941)　121, 122
東京都―東海道本線―東京駅・特急「富士」／**喜劇　急行列車**／東映(1967)　142
東京都―東海道本線―東京駅・東海道新幹線「こだま」／**喜劇　急行列車**／東映(1967)　142
東京都―東海道本線―東京駅・特急「第二こだま」／**天国と地獄**／東映(1963)　114, 122
神奈川県―東海道本線―川崎駅／**愛と希望の街**／松竹(1959)　107, 123
神奈川県―東海道本線―川崎駅／**めぐりあい**／東宝(1968)　107, 123
神奈川県―南武線―尻手駅／**夜の流れ**／東宝(1960)　107, 108, 123
神奈川県―南武線―矢向駅／**めし**／東宝(1951)　107, 123
神奈川県―京急大師線―小島新田駅／**キッズ・リターン**／オフィス北野＝ユーロスペース(1996)　110, 123
神奈川県―京急大師線―小島新田駅／**GO**／東映(2001)　110, 123
神奈川県―鶴見線―国道駅／**幻の光**／シネカノン＝テレビマンユニオン(1995)　108, 123
神奈川県―鶴見線―新芝浦駅／**愛情の系譜**／松竹(1961)　109, 123
神奈川県―鶴見線―海芝浦駅／**僕達急行 A列車で行こう**／東映(2012)　109, 111, 123
神奈川県―東海道本線―横浜駅・急行「さつま」／**張込み**／松竹(1958)　112, 234
神奈川県―東海道本線―横浜駅／**天国と地獄**／東宝(1963)　113, 122, 123
神奈川県―東海道本線―横浜駅・湘南電車／**やっさもっさ**／松竹(1953)　110
神奈川県―横須賀線―北鎌倉駅／**麥秋**／松竹(1951)　112, 123
神奈川県―横須賀線―鎌倉駅／**息子の青春**／松竹(1952)　112, 113, 122, 123
神奈川県―江ノ電―和田塚駅／**舞姫**／東宝(1951)　113, 123
神奈川県―江ノ電―極楽寺トンネル／**天国と地獄**／東宝(1963)　115, 123
神奈川県―江ノ電―極楽寺駅／**海街 diary**／東宝＝ギャガ(2015)　115, 123
神奈川県―江ノ電―鎌倉高校前駅／**男はつらいよ 拝啓車寅次郎様**／松竹(1994)　114, 115, 123
神奈川県―東海道本線―辻堂駅／**今日もまたかくてありなん**／松竹(1959)　116, 123, 158
神奈川県―東海道本線―辻堂駅／**愛の砂丘**／新東宝(1953)　115, 123
神奈川県―東海道本線―茅ヶ崎駅／**ライブイン茅ヶ崎**／(自主制作)(1978)　116, 122, 123
神奈川県―相模線―茅ヶ崎駅／**ライブイン茅ヶ崎**／(自主制作)(1978)　116, 122, 123
神奈川県―東海道本線―酒匂川橋梁／**天国と地獄**／東宝(1963)　114, 122

神奈川県—東海道本線—小田原駅／**女**／松竹(1948)　118, 119, 122
神奈川県—東海道本線—白糸川橋梁／**女**／松竹(1948)　119, 122
神奈川県—東海道本線—白糸川橋梁／**眼の壁**／松竹(1958)　118, 122, 198
神奈川県—東海道本線—白糸川橋梁／**日本の悲劇**／松竹(1953)　141, 198
神奈川県—東海道本線—白糸川橋梁／**東京の孤独**／日活(1959)　143, 198
神奈川県—東海道本線—真鶴駅／**女**／松竹(1948)　119, 122
神奈川県—東海道本線—真鶴駅／**黄色い風土**／ニュー東映(1961)　119, 122
神奈川県—東海道本線—湯河原駅／**日本の悲劇**／松竹(1953)　120, 122
神奈川県—箱根登山鉄道—箱根湯本駅／**女**／松竹(1948)　118, 119, 122
神奈川県—御殿場線—谷峨駅／**岸辺の旅**／ショウゲート(2015)　117, 122

中 部

新潟県—上越線—清水トンネル／**雪国**／東宝(1957)　126, 127, 198
新潟県—上越線—土樽駅／**雪国**／東宝(1957)　126, 127, 198
新潟県—上越線—越後湯沢／**雪国**／東宝(1957)　126, 127, 198
長野県—信越本線(しなの鉄道)—信濃追分駅／**高原の駅よさようなら**／新東宝(1951)　159, 198
長野県—信越本線(しなの鉄道)—信濃追分駅／**旅路**／松竹(1953)　159, 198
長野県—信越本線(しなの鉄道)—中軽井沢駅／**今日もまたかくてありなん**／松竹(1959)　157, 158, 198
長野県—草軽電気鉄道／**善魔**／松竹(1951)　159, 161, 198
長野県—草軽電気鉄道—北軽井沢駅／**カルメン故郷に帰る**／松竹(1951)　160, 198
長野県—草軽電気鉄道／**ここに泉あり**／独立映画 松竹(1955)　160, 199
長野県—草軽電気鉄道—小瀬温泉駅／**山鳩**／東宝(1957)　162, 198
長野県—上田丸子電鉄丸子線／**水で書かれた物語**／日活(1965)　166, 198
長野県—上田交通別所線(上田電鉄別所線)—別所温泉駅／**男はつらいよ 寅次郎純情詩集**／松竹(1976)　166, 167, 198
長野県—長野電鉄—長野駅／**君よ憤怒の河を渉れ**／松竹(1976)　165, 198
長野県—飯山線—飯山駅／**まぶだち**／サンセントシネマワークス(2001)　130, 198
長野県—飯山線—戸狩駅(戸狩野沢温泉駅)／**北国の街**／日活(1965)　130, 198
新潟県—飯山線—小千谷駅／**北国の街**／日活(1965)　130, 198
山梨県—富士急行—大月駅／**波の塔**／松竹(1960)　152, 198
山梨県—富士急行—富士吉田駅(富士山駅)〜河口湖駅／**東京暗黒街 竹の家**／20世紀フォックス(1955)　152, 198
山梨県—中央本線—大月駅／**君よ憤怒の河を渉れ**／松竹(1976)　151, 198
山梨県—中央本線—塩山駅〜勝沼駅／**砂の器**／松竹(1974)　152, 198
山梨県—中央本線—勝沼ぶどう郷駅／**きみの友だち**／ビターズ・エンド(2008)　153, 198
山梨県—中央本線—春日居町駅／**もらとりあむタマ子**／ビターズ・エンド(2013)　154, 156, 198
山梨県—中央本線—甲府駅／**秀子の車掌さん**／東宝(1941)　151, 198
山梨県—身延線—甲府駅／**きみの友だち**／ビターズ・エンド(2008)　154, 198
山梨県—身延線—南甲府駅／**きみの友だち**／ビターズ・エンド(2008)　153, 155, 198
山梨県—中央本線—小淵沢駅／**わかれ雲**／新東宝(1951)　150, 198
長野県—松本電気鉄道上高地線(アルピコ交通上高地線)—松本駅／**女は二度生まれる**／大映(1961)　164, 198
長野県—松本電気鉄道上高地線(アルピコ交通上高地線)—島々駅／**女は二度生まれる**／大映(1961)　164, 198
長野県—大糸線—信濃大町駅／**あした来る人**／日活(1955)　164, 198
長野県—中央本線—日出塩駅／**男はつらいよ 寅次郎夢枕**／松竹(1972)　168, 198
長野県—中央本線—奈良井駅／**男はつらいよ 寅次郎夢枕**／松竹(1972)　168, 198

岐阜県―中央西線―落合川駅／**男はつらいよ 寅次郎の告白**／松竹(1991) 168, 199
岐阜県―明知鉄道―岩村駅／**キツツキと雨**／角川映画(2012) 183, 198
岐阜県―中央西線―瑞浪駅／**眼の壁**／松竹(1958) 184, 199
岐阜県―中央西線―土岐津駅(土岐市駅)／**眼の壁**／松竹(1958) 184, 199
新潟県―信越本線―長岡駅／**故郷は緑なりき**／ニュー東映(1961) 128, 129, 198
新潟県―信越本線―来迎寺駅／**故郷は緑なりき**／ニュー東映(1961) 128, 198
新潟県―信越本線―越後岩塚駅／**故郷は緑なりき**／ニュー東映(1961) 129, 198
新潟県―信越本線―柏崎駅／**故郷は緑なりき**／ニュー東映(1961) 128, 129, 130, 133, 198
新潟県―信越本線―柏崎駅／**千曲川絶唱**／東宝(1967) 130, 198
新潟県―信越本線―青海川駅／**千曲川絶唱**／東宝(1967) 131, 198
新潟県―北陸本線(えちごトキめき鉄道)―糸魚川駅／**約束**／松竹(1972) 133, 198
新潟県―北陸本線(えちごトキめき鉄道)―親不知駅／**越後つついし親不知**／東映(1964) 131, 132, 198
富山県―北陸本線(えちごトキめき鉄道)―泊駅・急行「しらゆき」／**約束**／松竹(1972) 133, 134
富山県―北陸本線(あいの風とやま鉄道)―富山駅／**千曲川絶唱**／東宝(1967) 135, 199
富山県―富山地方鉄道―電鉄富山駅／**RAILWAYS 愛を伝えられない大人たち**／松竹(2011) 136, 199
富山県―富山地方鉄道―宇奈月温泉駅／**RAILWAYS 愛を伝えられない大人たち**／松竹(2011) 136, 199
富山県―富山ライトレール―富山駅～岩瀬浜駅／**RAILWAYS 愛を伝えられない大人たち**／松竹(2011) 137, 199
富山県―城端線―高岡駅／**父ちゃんのポーが聞こえる**／東宝(1971) 137, 199
富山県―氷見線―雨晴駅／**赤い橋の下のぬるい水**／日活(2001) 138, 139, 198
石川県―北陸本線―金沢駅・急行「北陸」／**ゼロの焦点**／松竹(1961) 169
石川県―北陸本線―金沢駅／**非行少女**／日活(1963) 178, 199
石川県―北陸本線―金沢駅／**砂の器**／松竹(1974) 192, 199
石川県―北陸鉄道金沢市内線―路面電車／**非行少女**／日活(1963) 176, 199
石川県―北陸鉄道金沢市内線―路面電車／**ゼロの焦点**／松竹(1961) 176, 199
石川県―北陸鉄道浅野川線―金沢駅／**非行少女**／日活(1963) 176, 199
石川県―北陸鉄道浅野川線―大野川橋梁／**非行少女**／日活(1963) 176, 177
石川県―北陸鉄道浅野川線―粟ヶ崎駅／**非行少女**／日活(1963) 176, 178, 199
石川県―北陸鉄道石川線―鶴来駅／**ゼロの焦点**／松竹(1961) 171, 199
石川県―七尾線―金沢駅／**ゼロの焦点**／松竹(1961) 169, 170, 175, 199
石川県―七尾線―羽咋駅／**ゼロの焦点**／松竹(1961) 170, 199
石川県―北陸鉄道能登線―羽咋駅／**ゼロの焦点**／松竹(1961) 170, 171, 172, 175, 199
石川県―北陸鉄道能登線―三明駅／**ゼロの焦点**／松竹(1961) 170, 172, 199
石川県―北陸鉄道能登線―三明駅／**あらかじめ失われた恋人たちよ**／日本ATG(1971) 172, 199
石川県―バス―富来／**ゼロの焦点**／松竹(1961) 170, 199
石川県―七尾線―良川駅／**ママ、ごはんまだ？**／アイエス・フィールド(2017) 175, 199
石川県―七尾線―輪島駅／**幻の光**／シネカノン＝テレビマンユニオン(1998) 173, 199
石川県―のと鉄道能登線―波並駅／**透光の樹**／シネカノン(2004) 174, 199
石川県―北陸本線―加賀笠間駅／**非行少女**／日活(1963) 178, 199
石川県―北陸本線―小松駅／**女のみづうみ**／松竹(1966) 179, 199
石川県―尾小屋鉄道―金平駅／**男はつらいよ 柴又慕情**／松竹(1972) 180, 199
福井県―京福電鉄永平寺線―京善駅／**男はつらいよ 柴又慕情**／松竹(1972) 181, 199
福井県―えちぜん鉄道 勝山永平寺線―永平寺口駅／**男はつらいよ 柴又慕情**／松竹(1972) 181, 199
福井県―北陸本線―敦賀駅／**約束**／松竹(1972) 134, 190, 199
福井県―北陸本線―敦賀駅／**夜叉**／東宝(1985) 190, 191, 199
滋賀県―北陸本線―米原駅／**砂の器**／松竹(1974) 192, 199
滋賀県―東海道新幹線―米原駅／**透光の樹**／シネカノン(2004) 174, 199

滋賀県—北陸本線—米原駅／**透光の樹**／シネカノン(2004)　174, 199
静岡県—東海道本線—熱海駅／**婚約指環(エンゲージ・リング)**／松竹(1950)　140, 198
静岡県—伊東線—伊東線の踏切／**婚約指環(エンゲージ・リング)**／松竹(1950)　141, 199
静岡県—東海道本線—熱海駅／**日本の悲劇**／松竹(1953)　141, 198
静岡県—伊東線—熱海駅／**日本の悲劇**／松竹(1953)　141, 198
静岡県—東海道本線—熱海駅・特急「富士」／**喜劇　急行列車**／東映(1967)　142, 198
静岡県—東海道本線—熱海駅・東海道新幹線「こだま」／**喜劇　急行列車**／東映(1967)　142, 198
静岡県—伊豆急行—伊東駅／**東京の孤独**／日活(1959)　143, 198
静岡県—伊東線—伊東駅／**婚約指環(エンゲージ・リング)**／松竹(1950)　141, 198
静岡県—東海道本線—沼津駅／**河口**／松竹(1961)　144, 198
静岡県—東海道本線—沼津駅／**男はつらいよ 奮闘篇**／松竹(1971)　55, 144, 198
静岡県—東海道本線—沼津駅／**家族**／松竹(1970)　144, 198
静岡県—岳南電車—比奈駅／**幕が上がる**／ティ・ジョイ(2015)　146, 198
静岡県—大井川鐵道—蒸気機関車 C11／**男はつらいよ 噂の寅次郎**／松竹(1978)　148, 150
静岡県—大井川鐵道／**夜汽車**／東映(1987)　148, 198
静岡県—大井川鐵道—千頭駅 蒸気機関車 C53／**細雪**／東宝(1983)　148, 149, 198
静岡県—東海道本線—浜松駅／**女**／松竹(1948)　119, 199
静岡県—東海道本線—天竜川橋梁／**お茶漬の味**／松竹(1952)　145, 198
岐阜県—高山本線—美濃太田駅／**君の名は。**／東宝(2016)　187, 199
岐阜県—長良川鉄道—深戸駅／**長い散歩**／キネティック(2006)　188, 189, 199
岐阜県—高山本線—飛騨一ノ宮駅／**ポプラの秋**／アスミック・エースシナジー(2015)　187, 199
岐阜県—高山本線—高山駅／**遠い雲**／松竹(1955)　185, 186, 199
三重県—関西本線—亀山駅／**浮草**／大映(1959)　195, 196, 199
三重県—紀勢本線—亀山駅／**浮草**／大映(1959)　195, 199
三重県—関西本線—柘植駅／**男はつらいよ 続 男はつらいよ**／松竹(1969)　196, 199
三重県—参宮線—外城田駅／**ばかのハコ船**／ビターズエンド(2003)　193, 194, 199
三重県—参宮線—二見浦駅／**砂の器**／松竹(1974)　192, 199
三重県—参宮線—鳥羽駅／**砂の器**／松竹(1974)　193, 199
三重県—参宮線／**浮草**／大映(1959)　195, 199
長野県—中央本線—蒸気機関車／**男はつらいよ フーテンの寅**／松竹(1970)　168

関 西

京都府—京都市電堀川線／**夜の河**／大映(1956)　202, 205, 222
奈良県—奈良電鉄(近鉄京都線)／**夜の河**／大映(1956)　203, 222
京都府—京阪電鉄本線—鴨川堤／**夜の河**／大映(1956)　203
京都府—京阪電車—団栗踏切／**偽れる盛装**／大映(1951)　204
京都府—山陰本線—花園駅／**無法松の一生**／東宝(1958)　222, 290
大阪府—南海阪堺線(阪堺電気軌道)—天神ノ森駅／**めし**／東宝(1951)　206, 207, 222
大阪府—南海上町線(阪堺電気軌道)—神ノ木駅／**女系家族**／大映(1963)　208, 222
兵庫県—東海道本線—神戸駅／**若い瞳**／東宝(1954)　209, 211, 222
兵庫県—東海道本線—神戸駅／**女の学校**／東宝(1955)　210, 211, 222
兵庫県—東海道本線—神戸駅／**猟銃**／松竹(1961)　210, 211, 222
兵庫県—山陽本線—明石駅／**女の園**／松竹(1954)　212, 213, 262
兵庫県—山陽本線—姫路駅／**女の園**／松竹(1954)　213, 262
京都府—宮津線(京都丹後鉄道)—天橋立駅／**少年**／ATG(1969)　223, 241
兵庫県(淡路島)—淡路交通線—福良駅／**くたばれ愚連隊**／日活(1960)　283, 284

中国

岡山県—山陽本線—三石駅／**早春**／松竹(1956)　214, 262
岡山県—山陽本線—笠岡駅／**友情**／松竹(1975)　218, 262
岡山県—山陽本線—笠岡駅／**獄門島**／東宝(1977)　218, 262
広島県—山陽本線—福山駅／**家族**／松竹(1970)　220, 221, 262
広島県—山陽本線—福山駅／**転校生**／松竹(1982)　228, 262
広島県—山陽本線—尾道駅／**東京物語**／松竹(1953)　226, 227, 262
広島県—山陽本線—尾道駅／**転校生**／松竹(1982)　228, 262
広島県—山陽本線—夜行列車さくら／**大いなる驀進**／東映(1960)　229
広島県—呉線—安芸津駅／**その夜は忘れない**／大映(1962)　231, 263
広島県—山陽本線—広島駅／**その夜は忘れない**／大映(1962)　230, 231, 263
広島県—山陽本線—広島駅／**この世界の片隅に**／東京テアトル(2016)　231, 263
山口県—山陽本線—岩国駅／**集金旅行**／松竹(1957)　233, 263
山口県—錦川鉄道清流線／**いちご同盟**／シネカノン(1997)　237, 238, 263
山口県—山陽本線—萩駅／**集金旅行**／松竹(1957)　233, 235, 263
山口県—山陽本線—小郡駅(新山口)／**張込み**／松竹(1958)　236, 263
山口県—美祢線—美祢駅／**悪の紋章**／東宝(1964)　234, 263
山口県—山陽本線—下関駅／**蜂の巣の子供たち**／東宝(1948)　236, 237, 263
岡山県—伯備線—備中高梁駅／**男はつらいよ　寅次郎恋歌**／松竹(1971)　216, 217, 262
岡山県—伯備線—備中高梁駅／**男はつらいよ　口笛を吹く寅次郎**／松竹(1971)　217, 262
岡山県—伯備線—蒸気機関車 D51／**男はつらいよ　口笛を吹く寅次郎**／松竹(1971)　217
岡山県—芸備線—備中神代駅／**八つ墓村**／松竹(1977)　216, 262
岡山県—因美線—津山駅／**秋津温泉**／松竹(1962)　249, 250, 262
岡山県—因美線—美作滝尾駅／**男はつらいよ　寅次郎紅の花**／松竹(1995)　249, 251, 262
鳥取県—因美線—智頭駅／**絶唱**／日活(1966)　246, 262
鳥取県—因美線—国英駅／**リアリズムの宿**／ビターズ・エンド(2004)　245, 246, 262
鳥取県—若桜鉄道若桜線—安部駅／**男はつらいよ　寅次郎の告白**／松竹(1991)　248, 262
兵庫県—山陰本線—豊岡駅／**佳人**／日活(1958)　239, 240, 262
兵庫県—山陰本線—城崎駅(城崎温泉)／**少年**／ATG(1969)　40, 240, 241, 262
兵庫県—山陰本線—余部鉄橋／**夢千代日記**／東映(1985)　241, 242, 243, 244, 262
兵庫県—山陰本線—余部鉄橋／**執炎**／日活(1964)　242, 243, 244, 262
兵庫県—山陰本線—餘部駅／**執炎**／日活(1964)　242, 262
兵庫県—山陰本線—浜坂駅／**夢千代日記**／東映(1985)　241, 262
鳥取県—山陰本線—岩美駅／**リアリズムの宿**／ビターズ・エンド(2004)　244, 245, 254, 262
鳥取県—山陰本線—鳥取駅／**男はつらいよ　寅次郎の告白**／松竹(1991)　250, 262
鳥取県—因美線—鳥取駅／**リアリズムの宿**／ビターズ・エンド(2004)　194, 262
鳥取県—山陰本線—御来屋駅／**銀色の雨**／エスピーオー＝マジックアワー(2009)　252, 254, 262
鳥取県—山陰本線—米子駅／**銀色の雨**／エスピーオー＝マジックアワー(2009)　252, 262
島根県—山陰本線—宍道駅／**砂の器**／松竹(1974)　254, 263
島根県—木次線—出雲八代駅／**砂の器**／松竹(1974)　255, 262
島根県—木次線—出雲三成駅／**砂の器**／松竹(1974)　254, 262
島根県—木次線—亀嵩駅／**砂の器**／松竹(1974)　254, 255, 262
島根県—木次線—八川駅／**砂の器**／松竹(1974)　255, 262
島根県—畑電車北松江線—伊野灘駅／**RAILWAYS 49歳で電車の運転士になった男の物語**／松竹(2010)　256, 263
島根県—山陰本線—馬路駅／**天然コケッコー**／アスミック・エース(2007)　259, 263
島根県—山陰本線—温泉津駅／**男はつらいよ　寅次郎恋やつれ**／松竹(1974)　260, 263

四国

香川県—高松琴平電気鉄道／**百年の時計**／ブルー・カウボーイズ＝太秦(2013)　280, 281, 284
香川県—高松琴平電気鉄道／**男はつらいよ 寅次郎の縁談**／松竹(1993)　281, 282, 284
香川県—予讃線—観音寺駅／**青春デンデケデケデケ**／東映(1992)　268, 269, 270, 284
愛媛県—予讃線—松山駅／**喜劇　団体列車**／東映(1967)　272, 285
愛媛県—伊予鉄道高浜線—港山駅／**がんばっていきまっしょい**／東映(1998)　272, 285
愛媛県—予讃線—下灘駅／**男はつらいよ　寅次郎と殿様**／松竹(1977)　266, 267, 268, 285
愛媛県—予讃線—伊予大洲駅／**男はつらいよ　寅次郎と殿様**／松竹(1977)　266, 268, 285
愛媛県—予讃線—伊予吉田駅／**大番**／東宝(1957)　273, 285
愛媛県—予讃線—宇和島駅／**喜劇　団体列車**／東映(1967)　272, 273, 285
徳島県—土讃線—小歩危駅／**青春デンデケデケデケ**／東映(1992)　270, 284
高知県—土讃線—後免駅／**あなた買います**／松竹(1956)　278, 284
高知県—土讃線—高知駅／**ボクは五才**／大映(1970)　279, 284
高知県—とさでん交通桟橋線—はりまや橋／**ボクは五才**／大映(1970)　279, 284
高知県—とさでん交通桟橋線—「とでん」のレール／**0.5 ミリ**／彩プロ(2014)　280
高知県—土讃線—窪川駅／**祭りの準備**／ATG(1975)　274, 275, 277, 285
高知県—宿毛線—有岡駅／**パーマネント野ばら**／ショウゲート(2010)　276, 285

九州

福岡県—鹿児島本線—門司港駅／**あなたへ**／東宝(2012)　288, 291, 320
福岡県—鹿児島本線—門司港駅／**ロボジー**／東宝(2012)　289, 291, 320
福岡県—鹿児島本線—門司港駅／**あゝ声なき友**／松竹(1972)　289, 291, 320
福岡県—鹿児島本線—小倉駅／**無法松の一生**／東宝(1958)　290, 320
福岡県—筑豊電気鉄道線—萩原駅／**おっぱいバレー**／ワーナー・ブラザース映画＝東映(2009)　290, 321
福岡県—鹿児島本線—香椎駅／**点と線**／東映(1958)　292, 293, 321
福岡県—西鉄貝塚線—西鉄香椎駅／**点と線**／東映(1958)　293, 321
福岡県—鹿児島本線—博多駅／**あゝ声なき友**／松竹(1972)　289, 321
福岡県—九州新幹線—博多駅／**僕達急行 A 列車で行こう**／東映(2012)　293, 321
佐賀県—鹿児島本線—鳥栖駅／**男はつらいよ　寅次郎紙風船**／松竹(1981)　300, 321
熊本県—鹿児島本線—上熊本駅／**霧の旗**／松竹(1965)　301, 321
熊本県—鹿児島本線—川尻駅／**奇跡**／ギャガ(2011)　302, 321
福岡県—佐賀線—筑後柳河駅／**廃市**／ATG(1983)　297, 298, 321
佐賀県—筑肥線—駒鳴駅／**僕達急行 A 列車で行こう**／東映(2012)　294, 321
佐賀県—唐津線—厳木駅／**東京日和**／東宝(1997)　298, 321
佐賀県—唐津線—小城駅／**男はつらいよ　ぼくの伯父さん**／松竹(1989)　298, 321
長崎県—松浦鉄道西九州線—佐世保駅／**人の望みの喜びよ**／344 Production(2015)　308, 321
長崎県—松浦鉄道西九州線—たびら平戸口駅／**人の望みの喜びよ**／344 Production(2015)　308, 321
長崎県—長崎本線—長崎駅／**家族**／松竹(1970)　19, 303, 321
長崎県—長崎本線—長崎駅・特急列車「かもめ」／**永遠の 1/2**／東宝(1987)　304
長崎県—長崎電気鉄道—大浦天主堂下駅／**いつか読書する日**／スローラーナー(2004)　321
福岡県—日田彦山線—田川伊田駅／**男はつらいよ　幸せの青い鳥**／松竹(1986)　296, 320
大分県—久大本線—豊後森駅／**僕達急行 A 列車で行こう**／東映(2012)　294, 295, 320
大分県—久大本線—夜明駅／**男はつらいよ　寅次郎紙風船**／松竹(1981)　296, 320
大分県—宮原線—C59 型蒸気機関車／**張込み**／松竹(1958)　300
福岡県—日豊本線—苅田駅／**復讐するは我にあり**／松竹(1979)　310, 311, 320
大分県—日豊本線—日出駅／**復讐するは我にあり**／松竹(1979)　311, 320

大分県―日豊本線―上臼杵駅／**なごり雪**／大映(2002)　312, 320
大分県―日豊本線―臼杵駅／**男はつらいよ 花も嵐も寅次郎**／松竹(1982)　311, 320
大分県―日豊本線―臼杵駅／**なごり雪**／大映(2002)　311, 312, 320
大分県―日豊本線―重岡駅／**なごり雪**／大映(2002)　312, 320
宮崎県―高千穂線―日ノ影駅／**真夜中の招待状**／松竹(1981)　313, 314, 320
宮崎県―高千穂線―高千穂駅／**真夜中の招待状**／松竹(1981)　313, 316, 320
鹿児島県―指宿枕崎線―山川駅／**十七才のこの胸に**／東映(1964)　317, 321
鹿児島県―南薩線―伊作駅／**男はつらいよ　寅次郎真実一路**／松竹(1984)　318, 321
佐賀県―山陽本線―鳥栖駅・急行「さつま」／**張込み**／松竹(1958)　112, 234
佐賀県―長崎本線―鳥栖駅／**張込み**／松竹(1958)　112, 321
佐賀県―長崎本線―佐賀駅／**張込み**／松竹(1958)　112, 210, 234, 299, 301, 303, 321

作品別索引

(作品名／配給会社(公開年)ノンブル)

あ

あゝ声なき友／松竹(1972)　289, 322
愛情の系譜／松竹(1961)　109, 124
愛と希望の街／松竹(1959)　107, 124
愛の砂丘／新東宝(1953)　115, 124
赤い殺意／日活(1964)　75, 84
赤い橋の下のぬるい水／日活(2001)　138, 200
秋津温泉／松竹(1962)　249, 264
悪の紋章／東宝(1964)　234, 264
あした来る人／日活(1955)　164, 200
あなた買います／松竹(1956)　88, 124, 278, 286
あなたへ／東宝(2012)　289, 322
網走番外地／東映(1965)　12, 48
アフリカの光／東宝(1975)　11, 48
『あまちゃん』／NHK(2013)　72, 84
あらかじめ失われた恋人たちよ／日本ATG(1971)　171, 172, 200
いちご同盟／シネカノン(1997)　238, 264
いつか読書する日／スローラーナー(2004)　304, 322
偽れる盛装／大映(1951)　203, 223
浮草／大映(1959)　124, 194, 195, 200
海に降る雪／東宝(1984)　56, 84
海街 diary／東宝＝ギャガ(2015)　100, 115, 124
永遠の1/2／東宝(1987)　304, 322
駅 STATION／東宝(1981)　22, 26, 48
越後つついし親不知／東映(1964)　131, 132, 200
婚約指環(エンゲージ・リング)／松竹(1950)　140, 200
大いなる旅路／東映(1960)　66, 70, 84
大いなる驀進／東映(1960)　229, 264
大番／東宝(1957)　273, 286
おくりびと／松竹(2008)　60, 84
『おしん』／NHK(1983)　61, 84
お茶漬の味／松竹(1952)　145, 200
おっぱいバレー／ワーナー・ブラザース映画＝東映(2009)　209, 322
男はつらいよ　噂の寅次郎／松竹(1978)　146, 148, 200
男はつらいよ　口笛を吹く寅次郎／松竹(1971)　217, 264
男はつらいよ　幸せの青い鳥／松竹(1986)　296, 322
男はつらいよ　柴又慕情／松竹(1972)　180, 200
男はつらいよ　続 男はつらいよ／松竹(1969)　196, 200
男はつらいよ　旅と女と寅次郎／松竹(1983)　35, 48
男はつらいよ　寅次郎相合い傘／松竹(1979)　38, 48
男はつらいよ　寅次郎紙風船／松竹(1981)　296, 297, 300, 322
男はつらいよ　寅次郎恋やつれ／松竹(1974)　260, 264
男はつらいよ　寅次郎心の旅路／松竹(1989)　74, 84
男はつらいよ　寅次郎純情詩集／松竹(1976)　166, 200
男はつらいよ　寅次郎真実一路／松竹(1984)　92, 124, 317, 318, 322
男はつらいよ　寅次郎と殿様／松竹(1977)　266, 268, 286
男はつらいよ　寅次郎の縁談／松竹(1993)　87, 282, 286
男はつらいよ　寅次郎の告白／松竹(1991)　168, 182, 200, 248, 250, 264
男はつらいよ　寅次郎紅の花／松竹(1995)　249, 264
男はつらいよ　寅次郎物語／松竹(1987)　93, 124
男はつらいよ　寅次郎夢枕／松竹(1972)　168, 200
男はつらいよ　寅次郎恋歌／松竹(1971)　216, 217, 264
男はつらいよ　拝啓車寅次郎様／松竹(1994)　114, 124
男はつらいよ　花も嵐も寅次郎／松竹(1982)　311, 322
男はつらいよ　フーテンの寅／松竹(1970)　168, 200
男はつらいよ　奮闘篇／松竹(1971)　55, 84, 144, 200
男はつらいよ　望郷篇／松竹(1970)　35, 36, 38, 48, 66
男はつらいよ　ぼくの伯父さん／松竹(1989)　87, 124, 299, 322

男はつらいよ 夜霧にむせぶ寅次郎／松竹(1984) 10, 14, 19, 48
オーバー・フェンス／東京テアトル＝函館シネマアイリス(北海道地区)(2016) 43, 48
おもひでぽろぽろ／東宝(1991) 62, 84, 124
俺は田舎のプレスリー／松竹(1978) 53, 84
女／松竹(1948) 118, 119, 124, 200
女の学校／東宝(1955) 209, 223
女の園／松竹(1954) 212, 213, 264
女のみづうみ／松竹(1966) 179, 200
女は二度生まれる／大映(1961) 163, 200

か

海峡／東宝(1982) 52, 84
河口／松竹(1961) 144, 200
佳人／日活(1958) 240, 264
家族／松竹(1970) 19, 48, 200, 219, 220, 264, 303, 322
学校Ⅱ／松竹(1996) 41, 48
伽倻子のために／エキプ・ド・シネマ(1984) 44, 45, 48
硝子のジョニー 野獣のように見えて／日活(1962) 41, 48
カルメン故郷に帰る／松竹(1951) 160, 200
がんばっていきまっしょい／東映(1998) 271, 286
黄色い風土／ニュー東映(1961) 119, 124
消えた密航船／東映(1960) 16, 48
飢餓海峡／東映(1964) 37, 38, 48, 50, 51, 52, 84
キクとイサム／松竹＝シネマテカ・ポルチュゲーザ(1959) 103, 104, 124
喜劇 各駅停車／東宝(1965) 98, 124
喜劇 急行列車／東映(1967) 75, 84, 124, 142, 200
喜劇 団体列車／東映(1967) 272, 273, 286
岸辺の旅／ショウゲート(2015) 117, 124
傷だらけの天使／松竹(1997) 70, 72, 73, 84
奇跡／ギャガ(2011) 302, 319, 322
北国の街／日活(1965) 129, 130, 200
鬼畜／松竹(1978) 104, 124
キッズ・リターン／オフィス北野＝ユーロスペース(1996) 110, 124
キッチン／松竹(2004) 43, 48
キツツキと雨／角川映画(2012) 182, 200
『昨日、悲別で』／日本テレビ(1984) 24, 48
きみの友だち／ビターズ・エンド(2008) 153, 200
君の名は。／東宝(2016) 60, 84, 187, 200
君よ憤怒の河を渉れ／松竹(1976) 26, 48, 152, 165, 200
キューポラのある街／日活(1962) 102, 124
今日もまたかくてありなん／松竹(1959) 116, 124, 157, 200
魚影の群れ／松竹(1983) 25, 48
霧の旗／松竹(1965) 301, 302, 322
銀色の雨／エスピーオー＝マジックアワー(2009) 252, 254, 264
くたばれ愚連隊／日活(1960) 282, 286
くちづけ 第2話 霧の中の少女／東宝(1955) 80, 84
暗いところで待ち合わせ／ファントム・フィルム(2006) 96, 124
高原の駅よさようなら／新東宝(1951) 159, 200
GO／東映(2001) 110, 124
珈琲時光／松竹(2004) 95, 124
故郷は緑なりき／ニュー東映(1961) 128, 129, 130, 133, 200
獄門島／東宝(1977) 218, 264
ここに泉あり／独立映画＝松竹(1955) 94, 124, 160, 200
この世界の片隅に／東京テアトル(2016) 230, 231, 264
米／東映(1957) 91, 124
婚前特急／ビターズ・エンド＝ショウゲート(2011) 90, 124

さ

さゞなみ／松竹(2002) 64, 84
細雪／東宝(1983) 148, 200
サムライの子／日活(1963) 12, 48
三度目の殺人／東宝＝ギャガ(2017) 26, 48
幸福の黄色いハンカチ／松竹(1977) 12, 26, 30, 48
四季の愛欲／日活(1958) 86, 124
指導物語／東宝(1941) 120, 121, 124
下妻物語／東宝(2004) 92, 124
執炎／日活(1964) 242, 244, 264
集金旅行／松竹(1957) 232, 233, 264
十七才のこの胸に／東映(1964) 317, 322
樹氷のよろめき／松竹(1968) 22, 48
少年／ATG(1969) 40, 48, 56, 84, 223, 240, 264
白い悪魔／日活(1958) 43, 48
銀心中／日活(1956) 69, 84

新幹線大爆破／東映(1975)　26, 48
スウィングガールズ／松竹(2004)　63, 64, 84
『すずらん』／NHK(1999)　22, 48
砂の器／松竹(1974)　56, 60, 84, 124, 152, 192, 194, 200, 254, 264
青春デンデケデケデケ／東映(1992)　268, 286
惜春鳥／松竹(1959)　77, 84
絶唱／日活(1966)　246, 248, 264
ゼロの焦点／松竹(1961)　169, 170, 171, 172, 175, 176, 200
善魔／松竹(1951)　159, 200
早春／松竹(1956)　214, 215, 264
続 警察日記／日活(1955)　77, 78, 84
その壁を砕け／日活(1959)　104, 124
その夜は忘れない／大映(1962)　230, 231, 264

た

起終点駅(ターミナル)／東映(2015)　20, 48
太陽が大好き／日活(1966)　78, 84
旅路／松竹(1953)　159, 200
旅路／東映(1967)　37, 48
千曲川絶唱／東宝(1967)　130, 131, 135, 200
転校生／松竹(1982)　228, 264
天国と地獄／東宝(1963)　113, 115, 124
天国の本屋～恋火／松竹(2004)　38, 48
点と線／東映(1958)　293, 322
天然コケッコー／アスミック・エース(2007)　256, 264
東京物語／松竹(1953)　215, 226, 264
東京暗黒街 竹の家／20世紀フォックス(1955)　152, 200
東京の孤独／日活(1959)　143, 200
東京日和／東宝(1997)　298, 322
透光の樹／シネカノン(2004)　174, 200
父ちゃんのポーが聞こえる／東宝(1971)　137, 200
遠い一本の道／国鉄労働組合＝左プロ(1977)　34, 35, 36, 48
遠い雲／松竹(1955)　185, 200
ときめきに死す／ヘラルド・エース＝にっかつ(1984)　42, 48
トワイライト ささらさや／ワーナー・ブラザース映画(2014)　105, 124

な

永い言い訳／アスミック・エース(2016)　100, 124
長い散歩／キネティック(2006)　187, 189, 200
なごり雪／大映(2002)　311, 322
波の塔／松竹(1960)　152, 200
南極物語／日本ヘラルド映画＝東宝(1983)　28, 48
日本の悲劇／松竹(1953)　119, 120, 124, 141, 200
女系家族／大映(1963)　206, 223
のど自慢／東宝＝シネカノン(1999)　98, 124
ノン子36歳(家事手伝い)／ゼアリズエンタープライズ(2008)　104, 124

は

パーマネント野ばら／ショウゲート(2010)　276, 286
廃市／ATG(1983)　297, 298, 322
ばかのハコ船／ビターズエンド(2003)　193, 194, 200
麦秋／松竹(1951)　112, 124
白痴／松竹(1951)　21, 48
裸の太陽／東映(1958)　76, 84
蜂の巣の子供たち／東宝(1948)　236, 264
ハナミズキ／東宝(2010)　15, 48
同胞(はらから)／松竹(1975)　68, 84
張込み／松竹(1958)　110, 124, 210, 234, 264, 299, 300, 301, 303, 320
遙かなる山の呼び声／松竹(1980)　18, 19, 26, 48
春との旅／ティ・ジョイ＝アスミック・エース(2010)　25, 48
挽歌／松竹(1957)　17, 48
非行少女／日活(1963)　175, 178, 200
秀子の車掌さん／東宝(1941)　151, 200
人の望みの喜びよ／344 Production(2015)　307, 322
百年の時計／ブルー・カウボーイズ＝太秦(2013)　280, 286
復讐するは我にあり／松竹(1979)　91, 124, 310, 322
フラガール／シネカノン(2006)　88, 124
BUNGO～ささやかな欲望～ 第6話 幸福の彼方／角川映画(2012)　100, 124
僕達急行 A列車で行こう／東映(2012)　100, 109, 124, 293, 322
ぼくたちと駐在さんの700日戦争／ギャガ(2008)　87, 124
ボクは五才／大映(1970)　279, 286
僕等がいた／東宝＝アスミック・エース(2012)

16, 48
鉄道員(ぽっぽや)／東映(1999)　48, 66
ポプラの秋／アスミック・エース＝シナジー(2015)　186, 200

ま

舞姫／東宝(1951)　113, 124
幕が上がる／ティ・ジョイ(2015)　146, 200
マタギ／青銅プロダクション(1982)　58, 84
待合室／東京テアトル＝デジタルサイト(2006)　66, 67, 84
祭りの準備／ATG(1975)　274, 277, 286
まぶだち／サンセントシネマワークス(2001)　130, 200
幻の馬／大映(1955)　73, 84
幻の光／シネカノン＝テレビマンユニオン(1998)　108, 124, 173, 200
ママ、ごはんまだ？／アイエス・フィールド(2017)　175, 200
真夜中の招待状／松竹(1981)　312, 313, 314, 316, 322
水で書かれた物語／日活(1965)　165, 200
乱れる／東宝(1964)　61, 84
息子／松竹(1991)　68, 84
息子の青春／松竹(1952)　112, 124
無法松の一生／東宝(1958)　223, 290, 320
めぐりあい／東宝(1968)　107, 124
めし／東宝(1951)　107, 124, 204, 206, 223
眼の壁／松竹(1958)　118, 124, 183, 200
猛吹雪の死闘／新東宝(1959)　61, 84
もらとりあむタマ子／ビターズ・エンド(2013)　154, 200
森と湖のまつり／東映(1958)　18, 48, 54

や

約束／松竹(1972)　132, 133, 134, 190, 200
夜叉／東宝(1985)　190, 200
やっさもっさ／松竹(1953)　110, 124
八つ墓村／松竹(1977)　215, 216, 264
山鳩／東宝(1957)　162, 200
友情／松竹(1975)　217, 264
夕陽の丘／日活(1964)　43, 48
雪国／東宝(1957)　126, 127, 200
雪国／松竹(1965)　127, 200
雪に願うこと／ビターズ・エンド(2005)　32, 48
夢千代日記／東映(1985)　241, 244, 264
夜あけ朝あけ／独立映画(1956)　90, 124
夜汽車／東映(1987)　148, 200
夜の河／大映(1956)　202, 203, 223
夜の流れ／東宝(1960)　108, 124

ら

ライブイン茅ヶ崎／(自主制作)(1978)　116, 124
リアリズムの宿／ビターズ・エンド(2004)　244, 245, 254, 264
離婚しない女／松竹(1986)　11, 28, 48
猟銃／松竹(1961)　210, 223
0.5ミリ／彩プロ(2014)　280, 286
RAILWAYS 愛を伝えられない大人たち／松竹(2011)　135, 200
RAILWAYS 49歳で電車の運転士になった男の物語／松竹(2010)　255, 256, 264
檸檬のころ／ゼアリズエンタープライズ(2007)　87, 124
ロボジー／東宝(2012)　289, 322

わ

若い瞳／東宝(1954)　209, 223
わかれ雲／新東宝(1951)　150, 200